Marchfeld
Das stille Paradies Österreichs

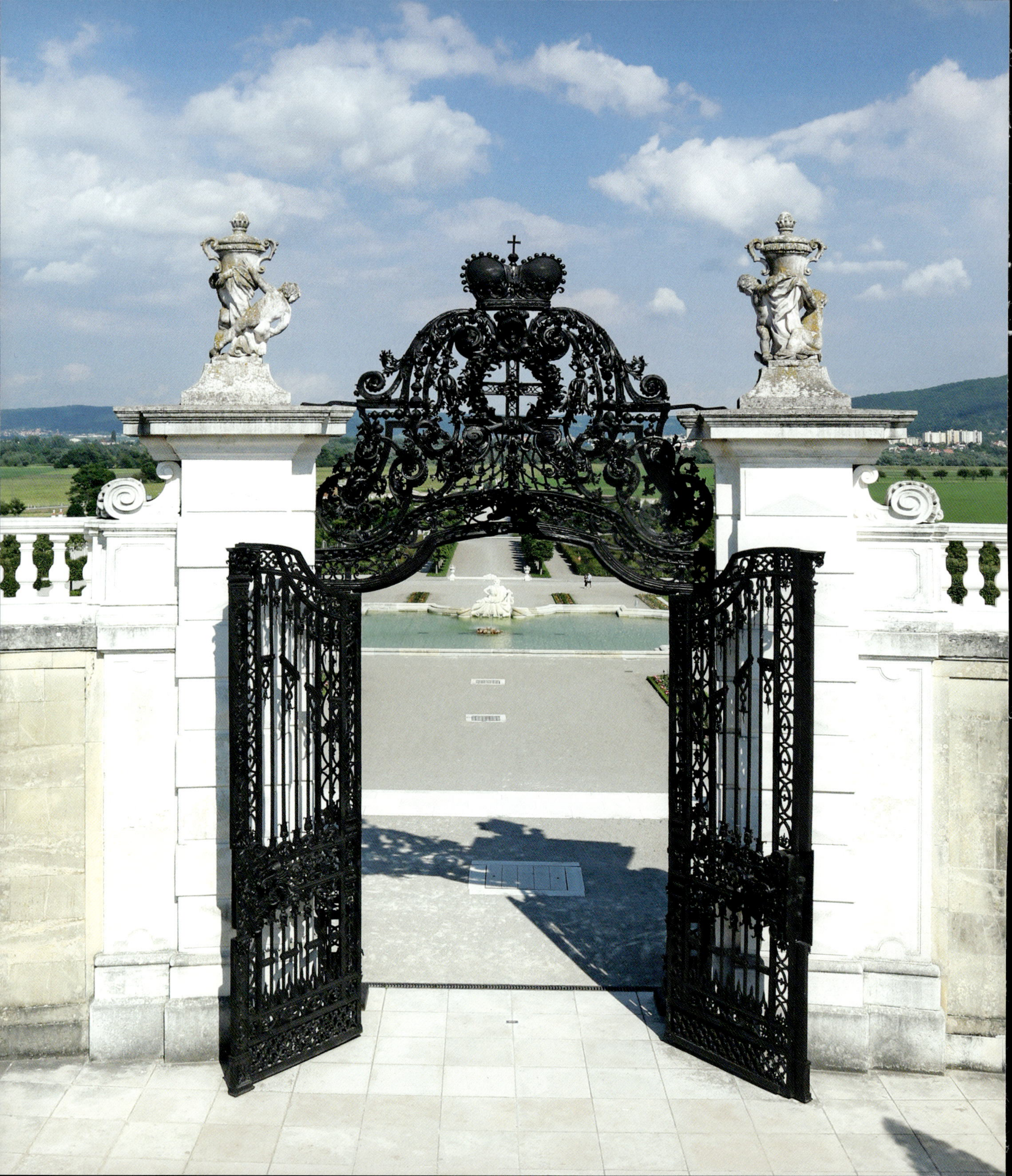

Robert Bouchal · Brigitte Huber

Marchfeld

Das stille Paradies Österreichs

KRAL VERLAG

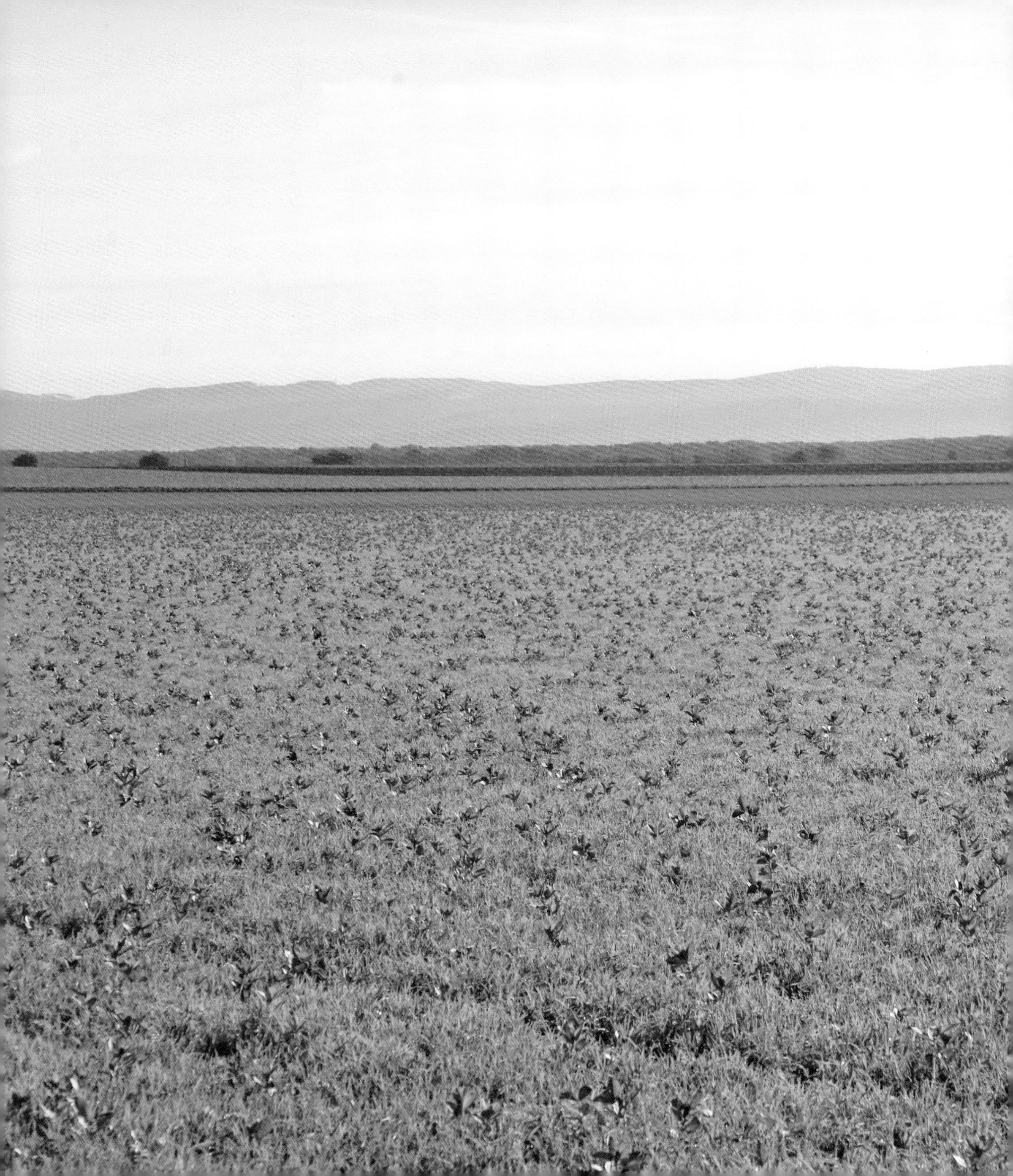

INHALT

11   VORWORT

15   Kapitel **1** · VON DER GROSSSTADT INS MARCHFELD
     Wo die Grenzen zur Stadt verschwinden

27   Kapitel **2** · LEBENSRAUM DONAU
     Eintauchen in den Nationalpark Donau-Auen

47   Kapitel **3** · AUSFLUG INS GRÜNE
     Vom Nationalpark- bis zum Uferhaus

63   Kapitel **4** · EIN JAGDSCHLOSS SCHREIBT GESCHICHTE
     Einblick in die letzten kaiserlichen Gemächer

75   Kapitel **5** · BAROCKES LEBENSGEFÜHL
     Ein pompöses Lustschloss, das sich ins Heute gerettet hat

91   Kapitel **6** · EINST KÖNIGSSTADT, HEUTE TREFFPUNKT DER STÖRCHE
     Lebensraum Marchauen

107 Kapitel **7** · WO DAS MARCHFELD FÜR DEN SCHOTTER SORGT
     Sahara-Feeling ganz ungewohnt

121 Kapitel **8** · EIN GREEN BELT VERÄNDERT SICH
     Grenze im Lauf der Jahrhunderte

141 Kapitel **9** · KATHEDRALEN FÜRS VOLK
     Wo sich statt Menschen das Korn sammelt

151 Kapitel **10** · EIN SCHATZ IM BODEN
     Vom schwarzen Gold rund um ein einstiges Gänsetreiberdorf

163 Kapitel **11** · DAS MARCHFELD ALS VORREITER
     Schnaubende Rösser auf der längsten Geraden Österreichs

179 Kapitel **12** · BEKANNT IN GANZ ÖSTERREICH
     Von barockem Prunk und weißem Gold

191 Kapitel **13** · EINMAL RUNDHERUM UND MITTEN HINEIN
     Von alten Verkehrs- und neuen Lebensadern

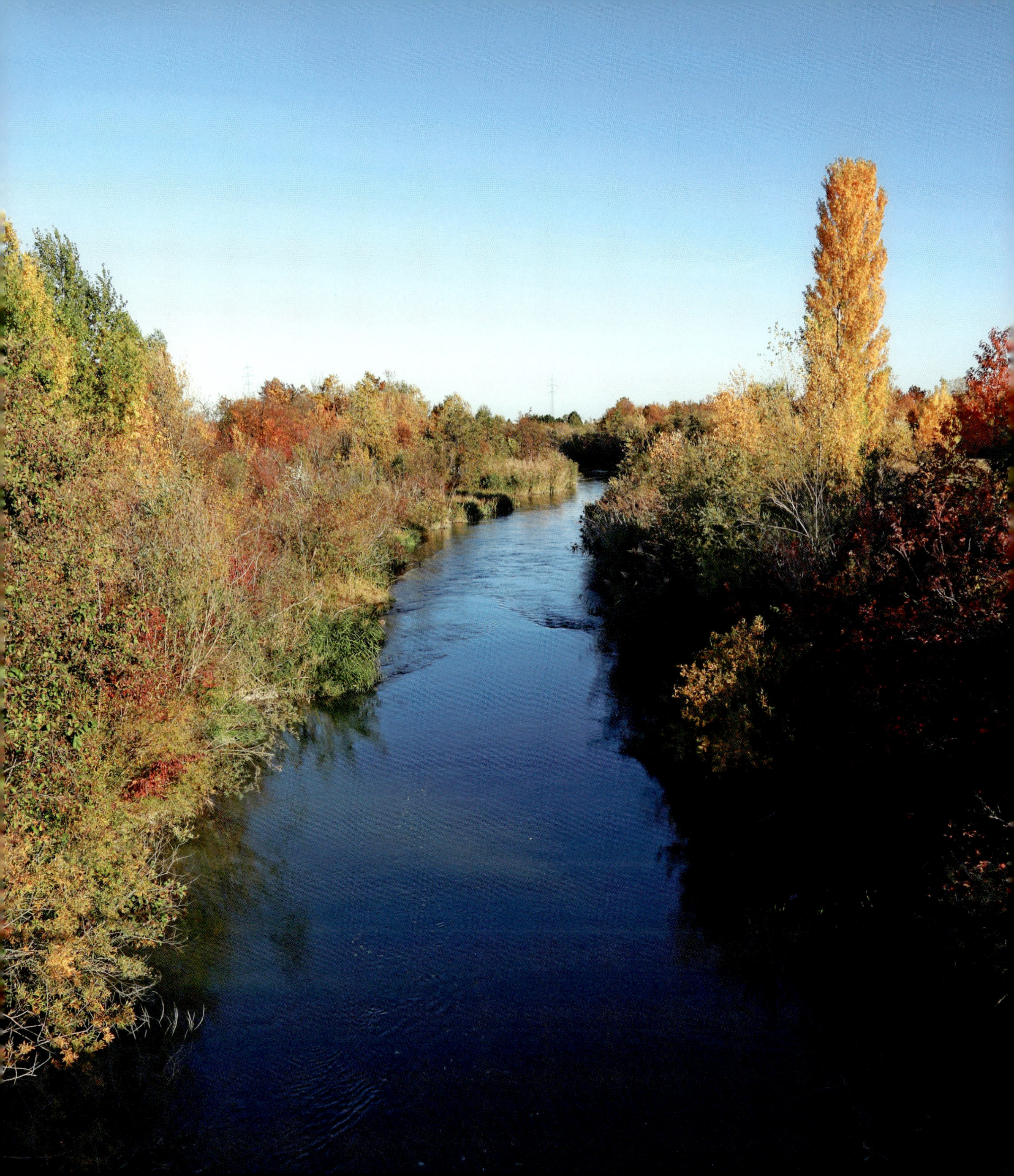

203	**Kapitel 14** · BEGEGNUNGEN DER ARMEEN	

203   **Kapitel 14** · BEGEGNUNGEN DER ARMEEN
           Das Marchfeld als Aufmarschgebiet

221   **Kapitel 15** · EIN LANDSTRICH ERNÄHRT EINE GANZE STADT
           Der Gemüsegarten Wiens

235   **Kapitel 16** · EINTAUCHEN IN GROSSMUTTERS ZEITEN
           (K)eine Sightseeing-Tour

247   **Kapitel 17** · AUF DER SUCHE NACH LOST PLACES
           Wo im Marchfeld die Zeit stehengeblieben ist

259   **Kapitel 18** · EINE REGION ALS VORREITER
           Die „neue" Landwirtschaft im Marchfeld

267   **Kapitel 19** · VON LAND UND LEUTEN
           Und alten Traditionen, die wieder aufleben dürfen

279   **Kapitel 20** · WO DAS LEBEN ZUCKERSÜSS IST
           Die letzte Kampagne, die die Stellung hält

285   **Kapitel 21** · ARTENREICHTUM WIE SONST NIRGENDWO
           Seltene Auwald- und Steppenbewohner

293   **Kapitel 22** · KUNST & KULTUR ZWISCHEN WIEN UND BRATISLAVA
           Das Marchfeld geigt auf

301   **Kapitel 23** · EIN TRAUM FÜR ALLE, DIE KURIOSES LIEBEN
           Das gibt es nur im Marchfeld

307   **Kapitel 24** · VERSTECKTES JUWEL
           Das geheime Schmuckkästchen in der Mitte des Marchfelds

319   ANHANG
319   Historischer Abriss
319   Literatur
321   Index

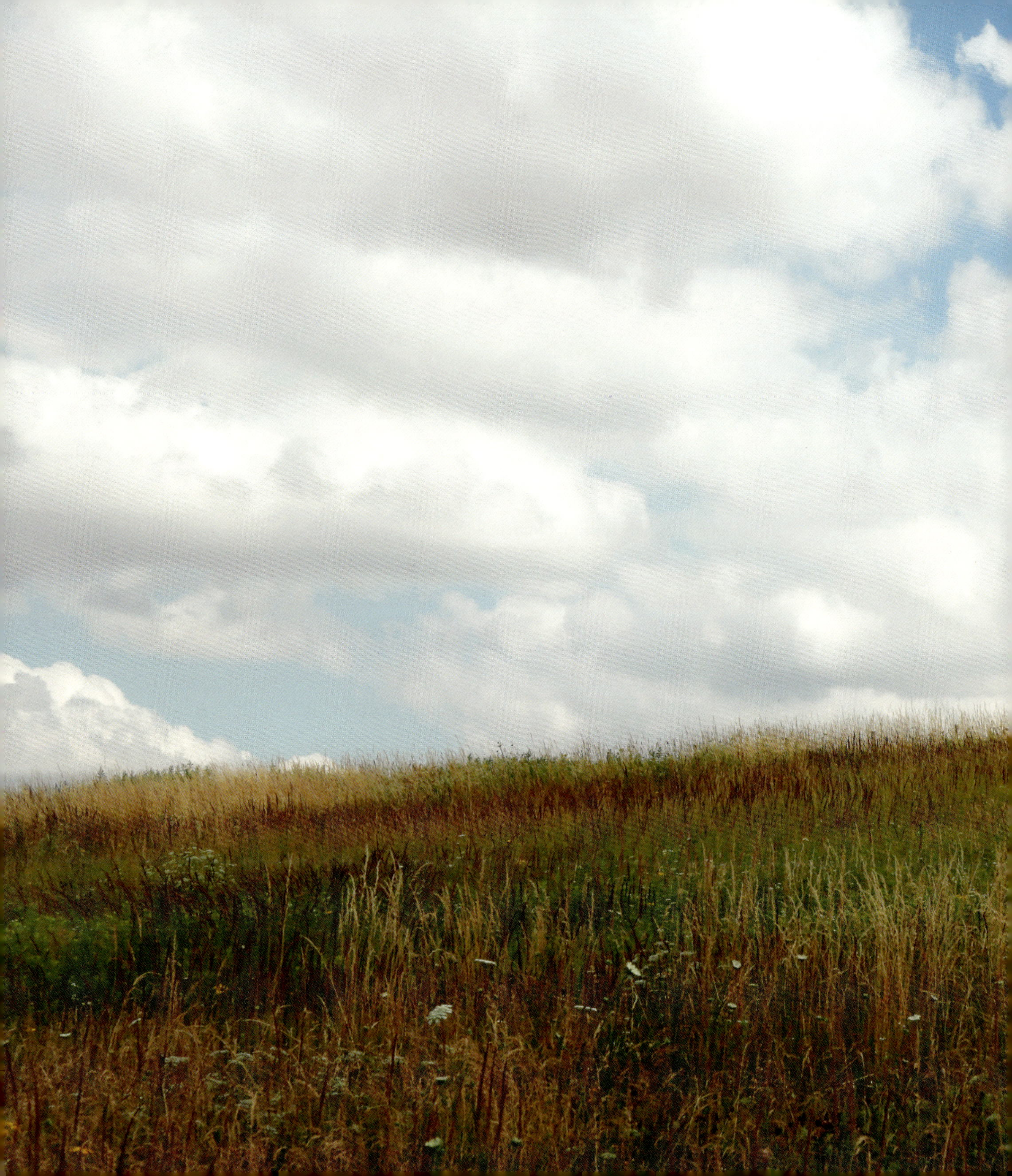

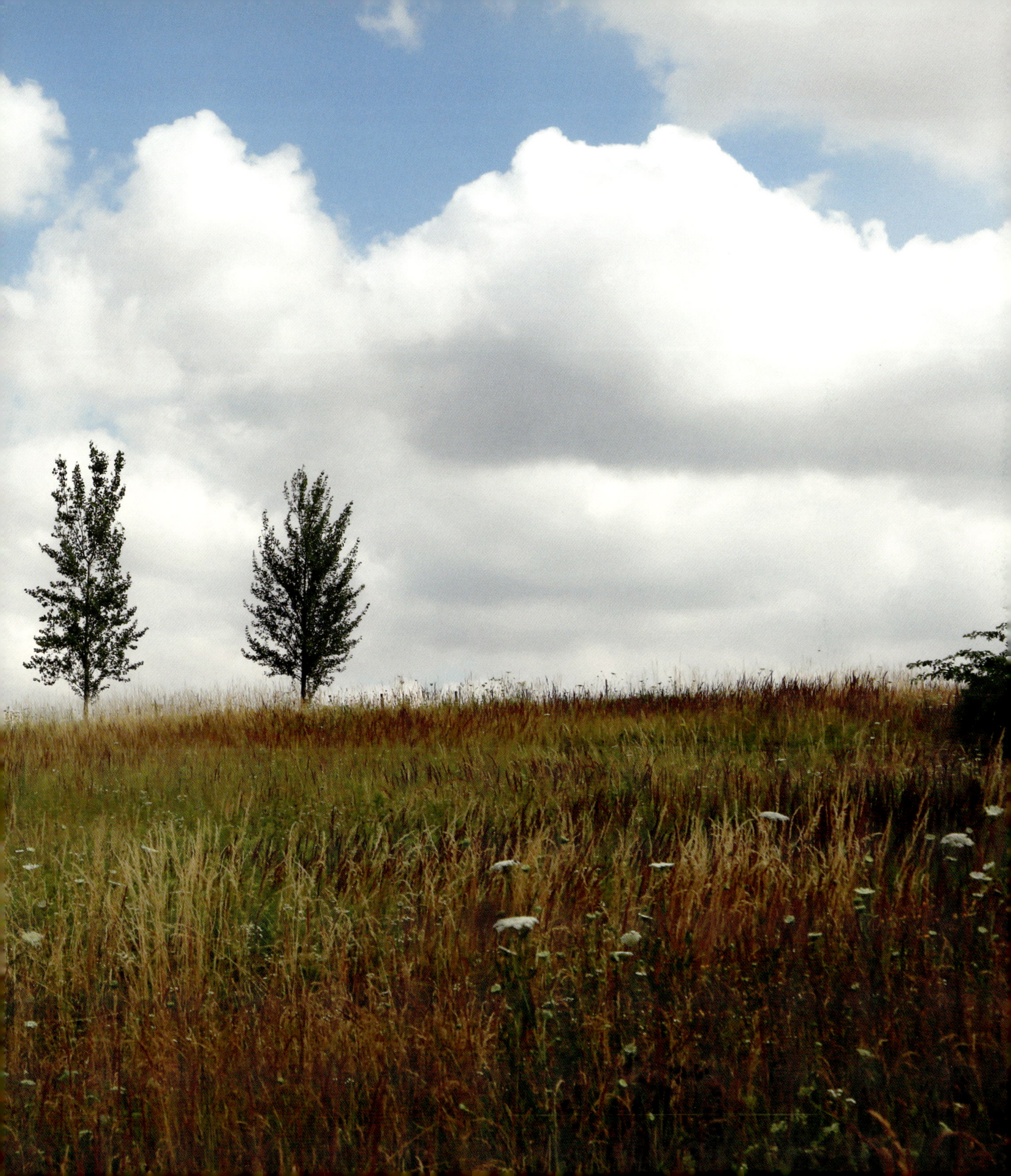

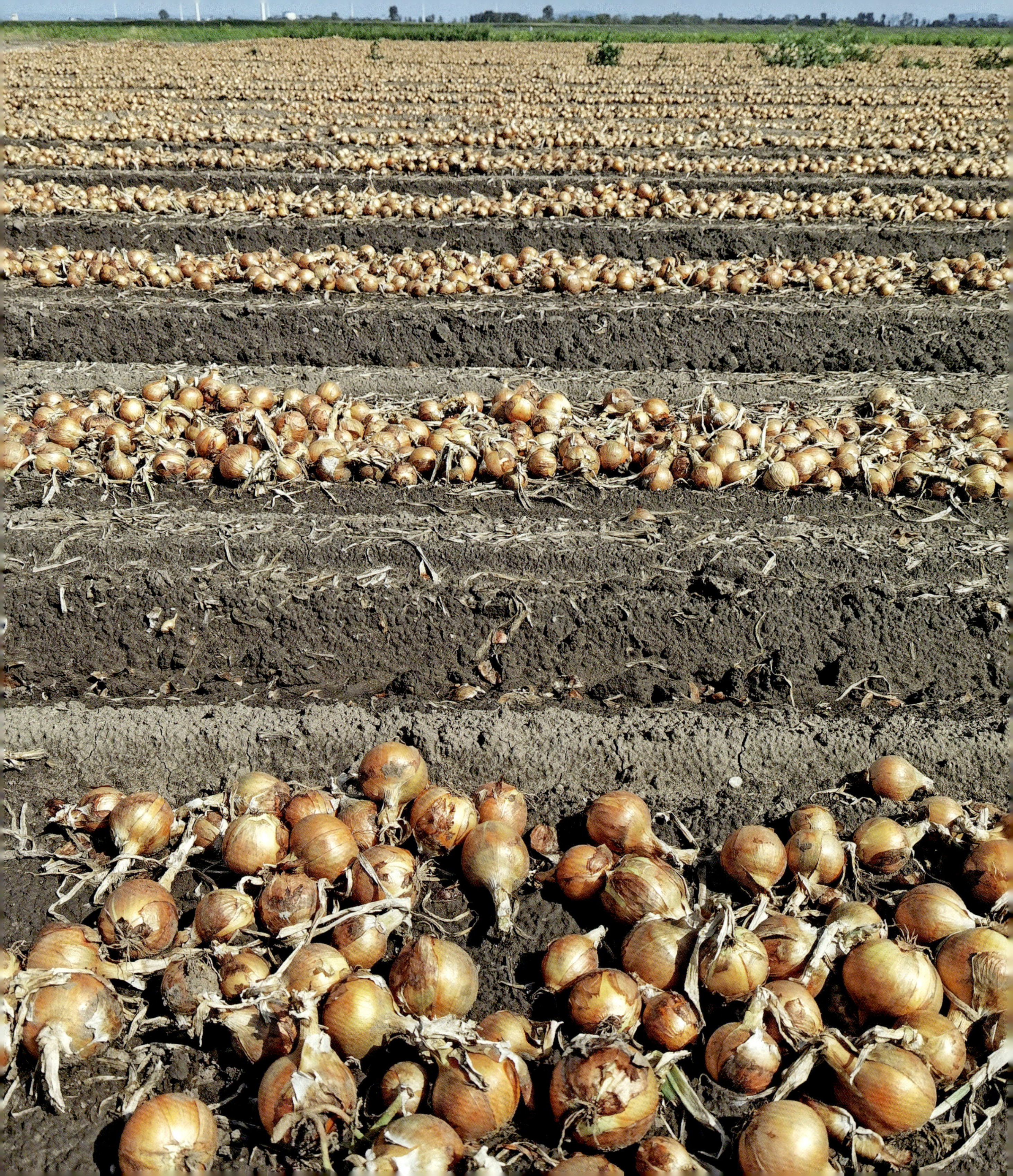

VORWORT

Spargel, Zwiebel, Erbsen und Karotten sind wohl die ersten Gedanken, die einem durch den Kopf schießen, wenn man das Wort MARCHFELD liest. Lassen doch der fruchtbare Boden und das sonnige Klima eine Vielfalt an Gemüsesorten in diesem Landstrich außerordentlich gut gedeihen.

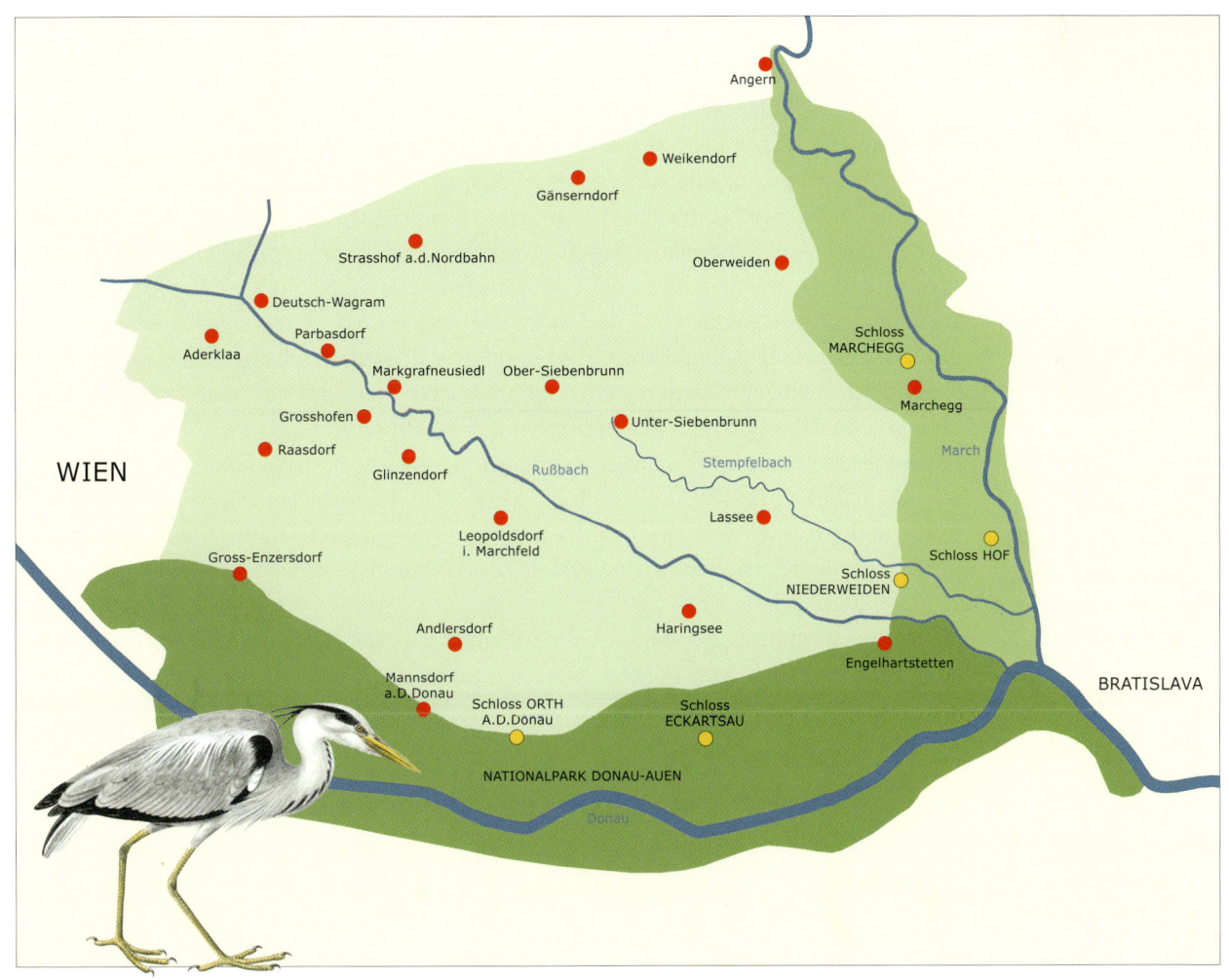

Das Marchfeld, das am östlichen Rand von Österreich etwas verträumt im touristischen Dornröschenschlaf liegt, ist eine Region stiller und großer Schönheit – und eine Region der Superlative. Die erste Dampfeisenbahnstrecke Österreichs ließ das Marchfeld zum Vorreiter der Mobilitätswende werden, aber auch das erste Naturschutzgebiet Österreichs findet sich im nordöstlichen Zipfel des Landes. Für die Bewässerung der Felder sorgt heute das größte künstliche Gewässernetz Österreichs, während die unberührten Aulandschaften von Donau und March Heimat für ganz einzigartige – und in den Sanddünen von Oberweiden sogar ganz eigenartige – Fauna und Flora bieten.

Bei einer Rundtour durchs Marchfeld ist man im wahrscheinlich längsten Straßendorf Österreichs unterwegs – darf aber ebenso die kleinsten Dörfer Niederösterreichs kennenlernen. Und gern wird man auch der größten Landschlossanlage Österreichs einen Besuch abstatten. Gerade Schloss Hof hat in den letzten Jahren im Verbund mit den anderen Marchfeldschlössern dafür gesorgt, dass heute bereits viele Ausflügler erkennen, welcher Sehnsuchtsort sich hier am Rande Österreichs verbirgt.

Wer sich neben den prachtvollen Sommerresidenzen des einstigen Adels auch für die faszinierende Geschichte unseres Landes interessiert, ist am Austragungsort bedeutender Schlachten richtig – dort, wo die Habsburgermonarchie einst ihren Beginn nahm und später ihr Ende fand. Zum Ruhm und Glanz einstiger Jahrhunderte gesellt sich wilde Schönheit in einer Region, in der noch so vieles unbekannt ist und in der es noch so viel zu entdecken gibt. Es ist ein Paradies unendlicher Größe, in dem man in der Stille der weiten Landschaft seine eigene, innere Stimme zu vernehmen vermag.

Im Wissen um diesen Naturschatz haben wir uns aufgemacht, um genauer hinzusehen und tiefer in diese Agrarlandschaft, die als Ausflugs-Eldorado überrascht, einzutauchen. Wir haben alle 23 Gemeinden des Bezirks Gänserndorf besucht, die im Regionsverband Marchfeld zusammengeschlossen sind, und in jeder einzelnen das Marchfeld von einer anderen Seite aus beleuchtet – unabhängig davon, ob es sich um eine Stadt oder um eine kleine Gemeinde handelt. Ein weiterer Ort ergänzt unsere Tour, um dem Grenzland zwischen Wien und Bratislava mit einem eigenen Kapitel Rechnung zu tragen.

Bei unserer Rundreise sind wir vom Rand bis tief ins Herz des Marchfelds gereist. Von den Aulandschaften an Donau und March bis hin zu den Trockenlebensräumen im Nordosten dieses Landstrichs. Unsere Fahrt führte uns zu den dicht besiedelten Orten am Nordrand der Region und weiter in die kleinen Dörfer des Gemüselands im Süden sowie im Zentrum des Marchfelds.

Tauchen Sie mit uns in die wundervollen Weiten des Marchfelds ein und werden Sie zum begeisterten Besucher dieses unterschätzten, aber unglaublich faszinierenden Landstrichs!

Robert Bouchal und *Brigitte Huber*

Ganz oben: MANNERSDORF, KELLERGASSE.

Oben: NATIONALPARK DONAU-AUEN. Die naturbelassene Aulandschaft stellt einen atemberaubenden Gegensatz zu den prächtigen Schlössern des Marchfelds dar. Ein faszinierender Landstrich, in dem nicht nur Kultur-, sondern auch Naturliebhaber auf ihre Kosten kommen.

Seite 2:
Aufnahmeort: SCHLOSS HOF. Gusseisernes Tor mit Blick auf die Große Kaskade.

Rechte Seite:
Aufnahmeort: SCHLOSS HOF. Luftaufnahme der barocken Gartenanlage.

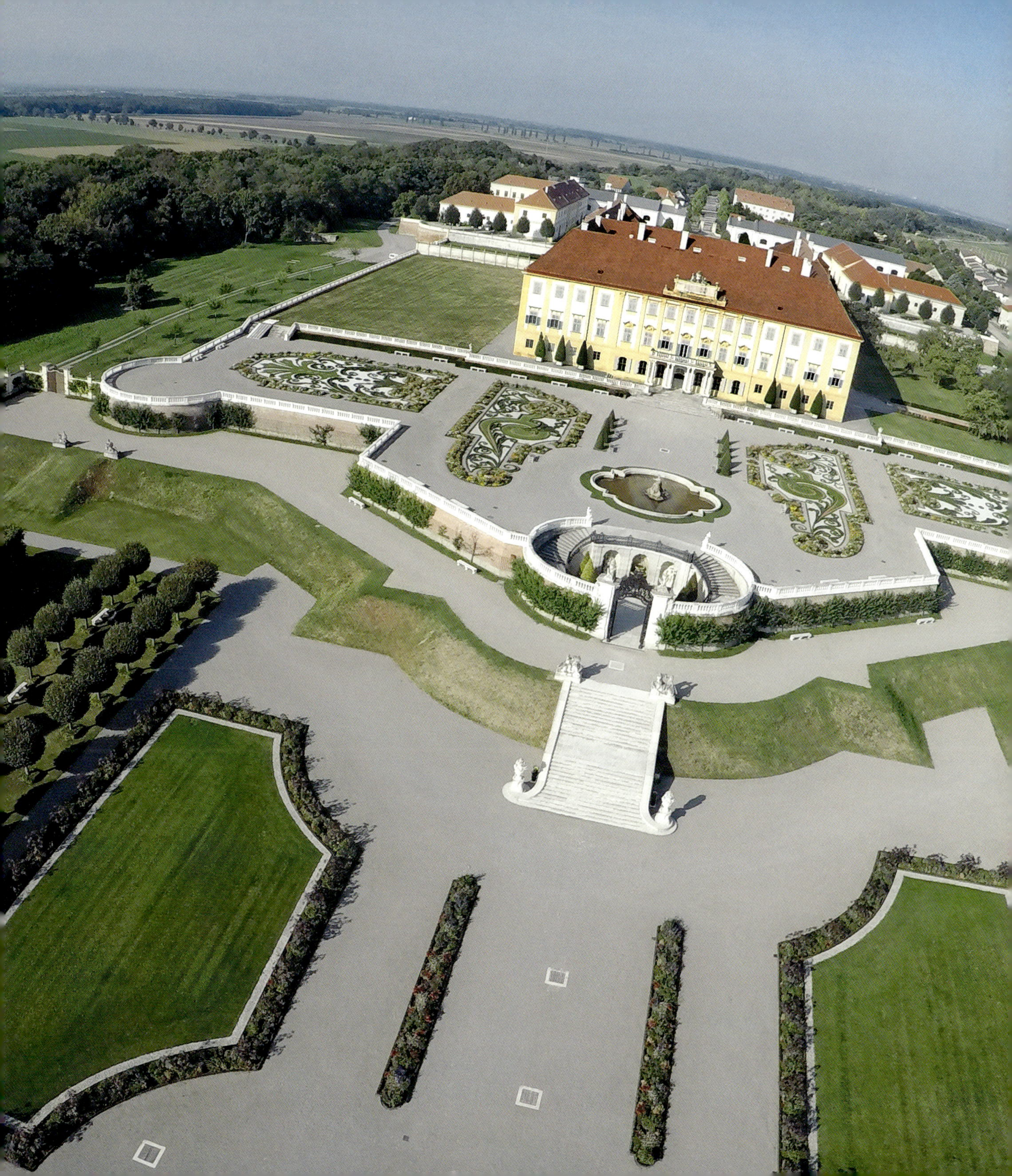

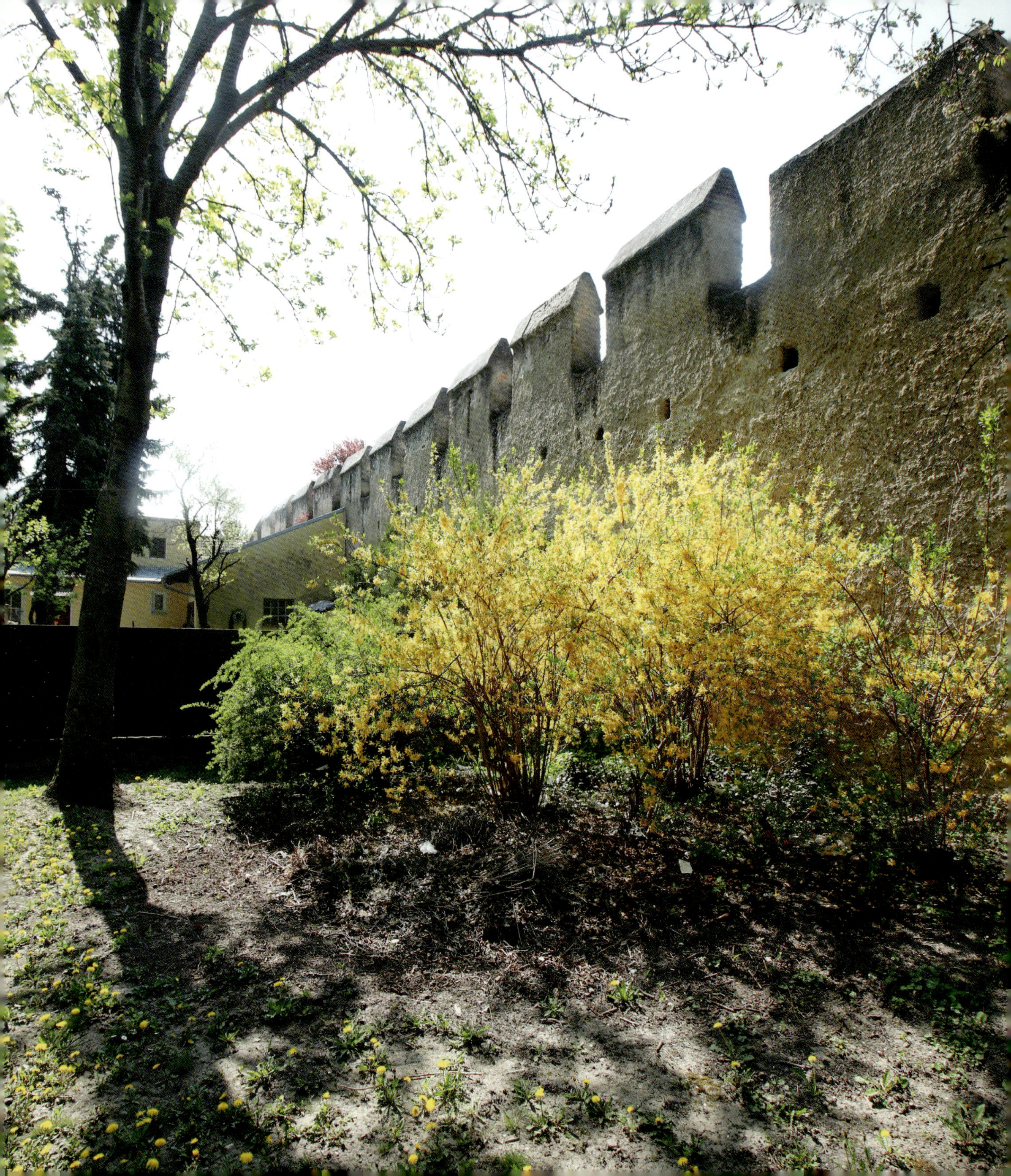

1 VON DER GROSSSTADT INS MARCHFELD
Wo die Grenzen zur Stadt verschwinden

Stadtgemeinde GROSS-ENZERSDORF

Lassen wir unsere Reise ins Marchfeld in Groß-Enzersdorf, dem „Tor zum Marchfeld", beginnen – dort, wo die Grenzen zwischen Stadt und Land ziemlich übergangslos verschwinden. Beim Stadtspaziergang taucht man gleich in die Geschichte des Marchfelds ein, und beim Streifzug durch die Donau-Auen verschwimmen die Grenzen am Rand zur Lobau.

Ein „Stadtl" als Tor zum Marchfeld

Im Norden von den Ausläufern der Weinviertler Hügellandschaft, im Osten und Süden von March und Donau und im Westen von Wien begrenzt – so in etwa lässt sich die Region der 24 Gemeinden umreißen, die wir bei dieser Rundfahrt ins Marchfeld kennenlernen wollen. Wir starten unsere Entdeckungstour dort, wo die Reise wohl für die meisten Besucher beginnt: am Rand der Großstadt.

Ein echtes „Tor" würde man wohl nicht erwarten, wenn man von Wien ins Marchfeld einfährt. Auch wenn Groß-Enzersdorf mit seinen rund 11.750 Einwohnern eine überschaubare Größe aufweist, sind natürlich auch hier die Stadtgrenzen in den letzten Jahrhunderten über den mittelalterlichen Kern hinausgewachsen. Die Tore der Stadtmauer markieren also schon lange nicht mehr den Rand, sondern nur mehr den Beginn des historischen Teils der Stadt.

Dass die Grenze zwischen Wien und dem Marchfeld – der Hauptstadt und ihrem Gemüsegarten – so übergangslos erfolgt, überrascht dann aber doch. Das „Tor" ins Marchfeld zeigt sich gerade einmal durch eine jener Willkommens-Tafeln, die man an den Randgemeinden der Region Marchfeld aufgestellt hat. Ansonsten fährt man auf der B 3 ziemlich unvermittelt ins „Stadtl" ein, wie die Groß-Enzersdorfer ihre Stadt gerne zu nennen pflegen. Aus Niederösterreich heraus zieht sich das Wohngebiet bis nach Essling – und die Großstadt streckt wiederum rund um die Seestadt Aspern ihre Fühler ins Marchfeld aus.

Interessant präsentiert sich Groß-Enzersdorf dann auch in seinem Inneren. Fährt man an der B 3 weiter, wähnt man sich bereits wie in einem Dorf – vor allem dann, wenn man links und rechts von der Durchzugsstraße abschweift. Entweder führt der Weg nun direkt zu den

---

Stadtgemeinde GROSS-ENZERSDORF

Einwohner: 11.740

Katastralgemeinden *(alphabetisch)*

Franzensdorf
Groß-Enzersdorf
Matzneusiedl
Mühlleiten
Oberhausen
Probstdorf
Rutzendorf
Schönau an der Donau
Wittau

Linke Seite:
STADTMAUER GROSS-ENZERSDORF. Gut 600 Jahre schon trutzt die Stadtmauer den zahlreichen Eroberungsversuchen. Heute weist sie Besuchern aus der Großstadt den Weg ins Marchfeld.

Oben: STADTMAUER GROSS-ENZERSDORF. Mit zahlreichen Zinnen bewehrt, steht die Mauer heute noch fast wie früher da.

Rechts:
PFARRKIRCHE MARIA SCHUTZ, GROSS-ENZERSDORF. Der „Dom im Marchfeld" spielte im Krieg gegen Napoleon eine wichtige Rolle.
Foto: Dr. Herbert Slad/ Stadtgemeinde

Rechte Seite:
SCHLOSS SACHSENGANG. Der Zugang zur ältesten Befestigungsanlage des Marchfelds, die noch im Jahr 1809 dem Beschuss durch die Franzosen standhalten musste.

Agrarflächen des Marchfelds – oder auf südlicher Seite in die Donau-Auen hinein, direkt ins Naherholungsgebiet am Rande der Großstadt.

Die Stadtgeschichte beginnt auf einer ehemaligen Donauinsel. Bereits im Jahr 870 spricht man von einem Anwesen „Encinesdorf" auf der „Insula Sahsonaganc", eine Referenz auf die punktuelle Besiedelung an den Flussläufen („Gängen") zu Zeiten Karls des Großen. Als Wegmarke für die tausendjährige Geschichte der Stadt im Zuge der Kolonisierung des Donauraums gilt die Schenkung der Insel Sachsengang an das Kloster Weihenstephan aus dem Jahr 1021. Ende des 13. Jahrhunderts ging diese an das Bistum Freising über, des bis vor 200 Jahren gültigen Herrschaftsverhältnisses gedenkt man in der Marchfeldstadt noch heute. Sehen wir uns doch bei einem Stadtspaziergang an, was die nächsten Jahrhunderte an Geschichte brachten.

Eine kleine Zeitreise innerhalb und außerhalb der Stadtmauern

Nehmen wir uns für die Umrundung der über 600 Jahre alten Stadtmauer am Promenadenweg etwas Zeit: Was mussten die alten Gemäuer, mit deren Bau nach der Stadternennung im Jahr 1396 begonnen wurde, nicht alles erdulden: den Einfall der Ungarn unter Matthias Corvinus, die Verwüstungen während der zweimaligen Belagerung durch die Türken und den verheerenden Beschuss durch Napoleon, weiters

Brände und die Pest – und im Jahr 1886 die Dampftramway, die ganz ungeniert eine Schneise durch die Stadt und somit auch durch die Stadtmauer zog. All das hat diese ausgehalten, und selbst heute verliert sie noch an Substanz: Verkehrsunfälle wie im Jahr 2020 mögen ihr zwar ein paar Meter abtrotzen, die Stadtbefestigung mit den ursprünglich drei Toren ist dennoch gut erhalten geblieben. Was versteckt sich nun im Inneren der Stadtmauern? Am alten Dorfanger und der heutigen Stadtmitte der „Dom im Marchfeld", die mächtige dreischiffige Pfarrkirche Maria Schutz aus dem 13. Jahrhundert, die, nicht untypisch für die Gegend, anfangs als Wehrkirche diente und von deren wuchtigem Wehrturm aus Erzherzog Carl die Truppen Napoleons in der Lobau beobachtete. Das frühere Rathaus der Stadt, das auf der ehemaligen Burg von Groß-Enzersdorf errichtet wurde, beherbergt heute den Stadtsaal. Unweit davon findet sich in der einstigen Bürgerspitalkirche das heutige Rathaus, in dem das Heimatmuseum der Stadt untergebracht ist.

Und die Festung außerhalb der Stadt? Schloss Sachsengang zeigt sich weder innerhalb noch außerhalb der alten Befestigung, sondern in der Katastralgemeinde Oberhausen. Die älteste Befestigungsanlage des Marchfelds (erstmals erwähnt im Jahr 1030) wurde bereits im Frühmittelalter auf der einstigen Donauschlinge der Insula Sahsonaganc errichtet, und zwar auf einem schon vor der Römerzeit aufgeschütteten „Hausberg". Mitte des 16. Jahrhunderts für kurze Zeit als Jagdschloss der Habsburger genutzt, war es noch im Jahr 1809 bei den Franzosenkriegen heiß umkämpft.

Es wird uns Zugang gewährt und wir bekommen sogar eine Führung des Hausherrn – Schloss Sachsengang ist in Privatbesitz. Wir treten über das erste Tor in den Wirtschaftshof ein, von dem über einen mächtigen Graben eine steinerne Brücke zur Feste führt, die sich vor allem im Innenhof noch in ihren mittelalterlichen Zügen zeigt. Von den drei Türmen ist heute noch der zinnengekrönte Bergfried übrig geblieben, der einen wunderschönen Ausblick ins Marchfeld bietet.

Oben: SCHLOSS SACHSENGANG. Aufgang zu den höchst gelegenen Bereichen des Bauwerks.

Rechts: Im Innenhof der im Kern mittelalterlichen Hauptburg erkennt man den vieleckigen bzw. ovalen Grundriss des Schlosses.

Auch das im Jahr 2014 geschlossene Haubenlokal „Taverne am Sachsengang", in dem schon der Schah von Persien speiste, führte die Donauschlinge im Namen. Rund um den einstigen Vorzeigebetrieb am Donau-Oder-Kanal relaxt man heute dort, wo einst ein großes Projekt der Nationalsozialisten für kurze Zeit den Ton angab. Von der Donau ausgehend und bei Angern an die March angebunden, hätte die Binnenwasserstraße auf 320 Kilometern über die Oder bis zur Ostsee verlaufen sollen. Mehr als die Kleingartensiedlung an zwei Teilstücken sowie ein weiteres Becken, das sich in der Lobau bis zum Tankhafen an der Donau zieht, ist von der Anlage nicht übrig geblieben. Dafür werden seit knapp 60 Jahren dort die „Bodenschätze" des Marchfelds im Iglo-Tiefkühlwerk tiefgefroren.

Und noch etwas verbindet Groß-Enzersdorf mit der Großstadt, und zwar ebenso seit den 1960er Jahren, dieses Mal allerdings auf der anderen Seite des Marchfeldstädtchens. Ein exquisiter Lost Place ist hier an der Grenzlinie zu Wien im Jahre 2020 wiederauferstanden: das erste und einzige echte Autokino Österreichs, das sich zwar selbst als „Autokino Wien" tituliert, allerdings noch auf niederösterreichischem Grund und Boden liegt – wenn auch nur knapp (mehr zum Kino auf großer Leinwand auf Seite 304).

SCHLOSS SACHSENGANG. Ausblick ins Marchfeld vom zinnengekrönten Bergfried. Rundum zeigen sich bereits die ersten Felder – aber auch die Donau-Auen sind von hier nicht weit.

SEESTADT ASPERN. Wo die Großstadt auf ein Naturparadies trifft: Eines der größten Stadtentwicklungsprojekte Europas streckt seine Fühler immer weiter ins Marchfeld aus. Bis 2030 wird in diesem Wiener Stadtteil Wohnraum für insgesamt 25.000 Menschen geschaffen.

Was einst getrennt wurde, wächst heute wieder zusammen

Schmunzeln muss man schon, wenn man etwa am Gasthaus „Zwa Weana" vorbeifährt. Ja, irgendwie klebt man hier doch recht nah dran an der Stadt. Heute am Rand der Donaustadt gelegen, bildete Groß-Enzersdorf im Jahr 1938 mehr als die Peripherie, nämlich einen Teil des 22. Bezirks. Bis ins Jahr 1954 war es Bezirkshauptstadt des neu gewonnenen Wiener Stadtteils, der sich aus mehreren niederösterreichischen Umlandgemeinden im „Groß-Wien" unter den Nationalsozialisten bildete.

Bereits 1904 hatte man Teile des Marchfelds im 21. Bezirk eingemeindet, um die Stadt über das linke Donauufer hinweg zu vergrößern. Erst nach dem Zweiten Weltkrieg und dem Ende der russischen Besatzung wurden 1954 die meisten der unter den Nationalsozialisten angeschlossenen Marchfeld-Gemeinden wieder nach Niederösterreich rückgemeindet. Nicht nur geologisch, sondern auch geschichtlich gesehen liegen daher nun Süßenbrunn, Breitenlee oder Essling im falschen Bundesland. Am Rand des 21. und 22. Wiener Gemeindebezirks lässt sich auch heute noch der alte Dorfcharakter feststellen.

Was im Jahr 1954 getrennt wurde, scheint heute auch wieder zusammenzuwachsen. An der B 3 lässt sich das am bereits fließenden Übergang erkennen. Wo heute das Marchfeld-Center zum grenzübergreifenden Einkaufen lockt, prägten noch vor 20 Jahren weite Felder das Bild. Arbeitsplätze und Wohnraum drängen immer stärker an den Rand des Marchfelds – am besten an der Seestadt Aspern ersichtlich, die als eines der größten Stadtentwicklungsprojekte Europas noch immer nicht ihre endgültigen Ausmaße erreicht hat. Bereits heute kratzt der 22. Wiener Gemeindebezirk an der 200.000-Einwohner-Marke.
Aber nicht nur drängt die Stadt immer weiter nach außen. Südlich von Groß-Enzersdorf findet der Übergang vom Urbanen ins Rurale ebenso ziemlich übergangslos statt. Wer einmal am Donauradweg von Wien in Richtung Bratislava geradelt ist, kommt nicht umhin, sich darüber zu wundern, wie nahe die Stadt in Form von Ölhafen und OMV-Tanklager an das Naturschutzgebiet der Donau-Auen gerückt ist.

Wo die Grenzen der Au verschwimmen

Andere Wiener Stadtteile tragen die Au nur mehr im Namen: von der Brigittenau über Leopoldau und Rossau bis hin zur Venediger Au. Bei der Lobau ist die Bezeichnung noch berechtigt. Aber wie kommt man hinein in die Lobau? Zugänge in den Wiener Teil des Nationalparks Donau-Auen finden sich über Aspern und Essling, auf niederösterreichischer Seite über die Groß-Enzersdorfer Auvorstadt, die heute bereits mit dem „Stadtl" zusammengewachsen ist. Dort nämlich, wo beim Uferhaus Staudigl ein berühmter Franzose die Gegenrichtung wählte – und bei der Schlacht bei Wagram ins Marchfeld vordrang.

Oben:
NAPOLEONSTEIN. Übergangsstelle der fanzösischen Armee 1809. In der Nacht vom 4. auf den 5. Juli fiel Napoleon bei der zweiten Marchfeldschlacht aus der Lobau ins Marchfeld ein.

Rechts oben:
UFERHAUS STAUDIGL. Das Ausflugslokal am Rand der Lobau ist ein schöner Ausgangspunkt für einen Rundweg durch den Nationalpark.

Rechts unten:
NATIONALPARKCAMP LOBAU. Die Umweltbildungseinrichtung, die Erlebnis-Wanderungen für Kinder durch die Donau-Auen anbietet, liegt gleich neben dem Uferhaus.

Die Grenzen zwischen Stadt und Land verschwimmen hier tatsächlich im Wasser. Von der Stadler Furt aus markiert der Groß-Enzersdorfer Arm in seiner ganzen Länge die Grenze, nur beim Uferhaus Staudigl schlägt das Nationalparkcamp Lobau einen kurzen Zwickel ins Niederösterreichische aus. Eine paradiesische Landschaft, die ihresgleichen sucht, ein stilles Wunder der Natur – und ein leises Kleinod in der Nähe der Großstadt Wien.

NATIONALPARKCAMP LOBAU. Naturerlebnis pur zwischen Campingwiese und Zeltplatz, Imkerei und Insektenhotel.

Bei der Gänsehaufentraverse ist dann allerdings Schluss mit der Lobau und somit der Stadt Wien, die Brücke trennt nicht nur die beiden Bundesländer, sondern auch die Altarme des Kühwörter Wassers, und beim Aussichtsturm lässt sich beim Blick auf die Flugzeuge des Schwechater Flughafens auf der anderen Seite des Donauflusses darüber sinnieren, was es eigentlich mit dieser atemberaubenden Flusslandschaft auf sich hat. Welchen Lebensraum findet man in den Donau-Auen? Und wie kann man diese am besten erforschen? Sehen wir uns dafür in der nächsten Marchfeld-Gemeinde um.

Oben:
BLAUFLÜGELLIBELLE.
Aquarell: B. Wegscheider

Rechts: LOBAU. Beim Spaziergang durch die Donau-Auen zeigen sich Baumriesen und Totholz: Lebensraum für viele bereits selten gewordene Tier- und Pflanzenarten.

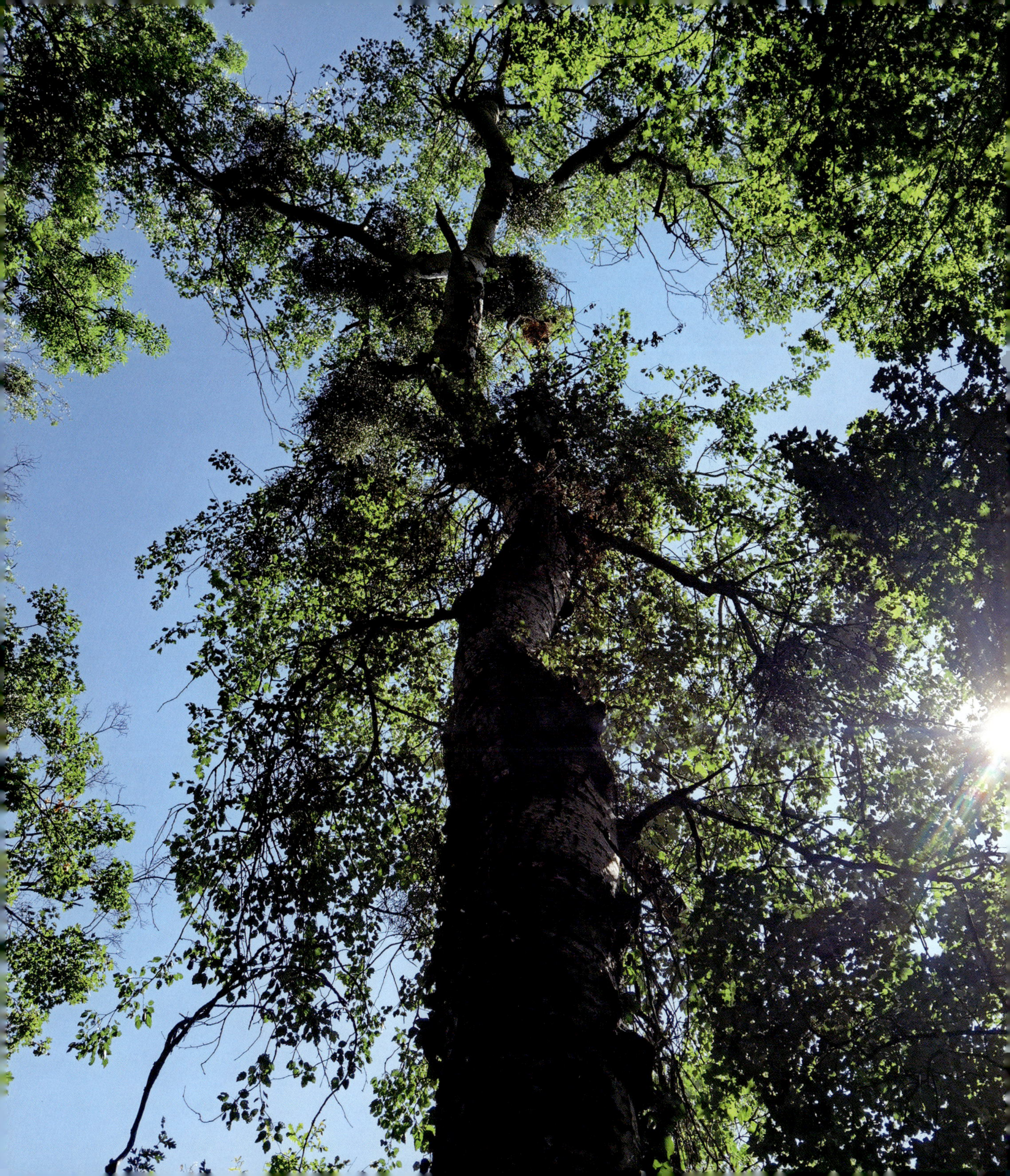

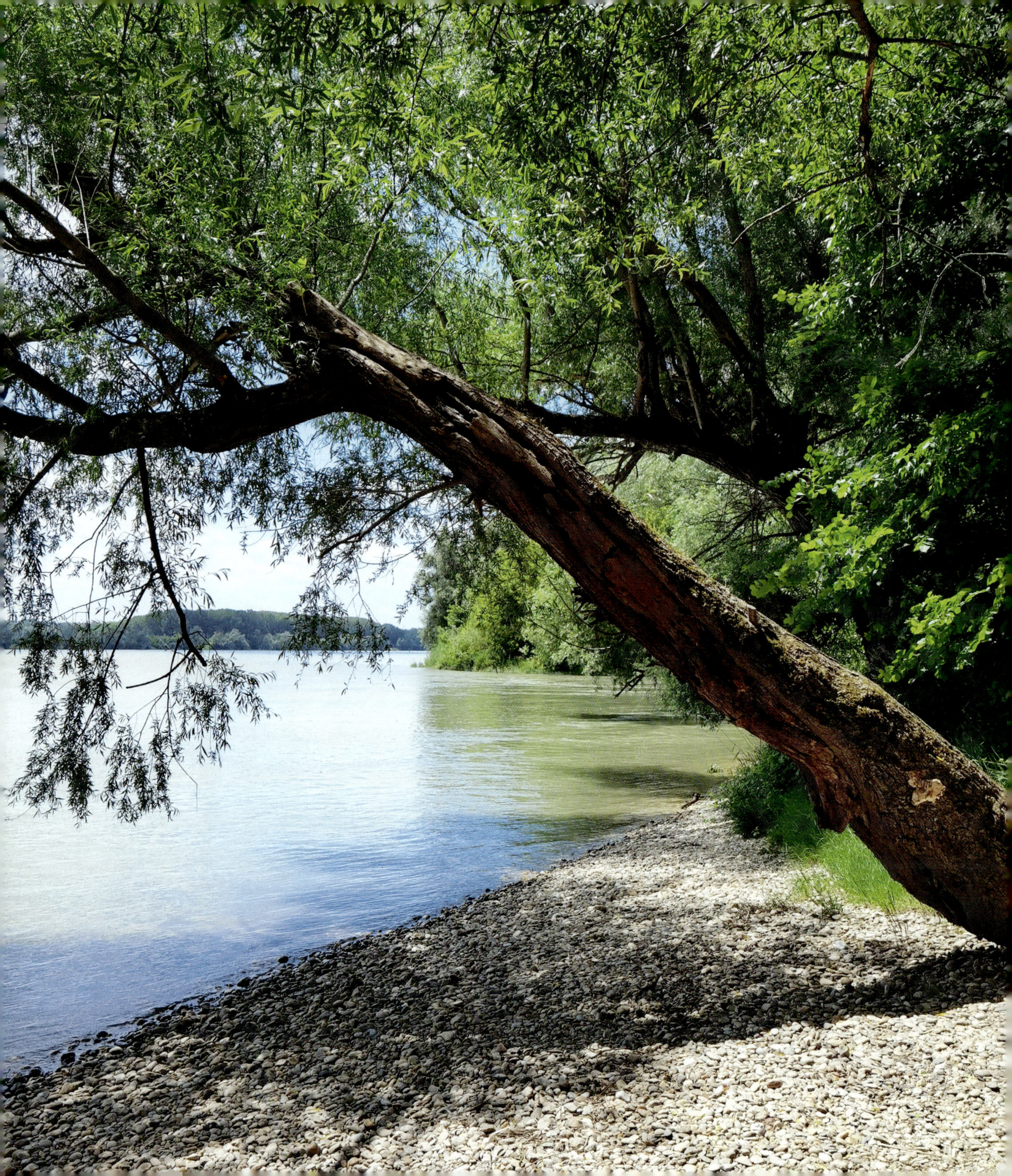

2 LEBENSRAUM DONAU
Eintauchen in den Nationalpark Donau-Auen

Gemeinde MANNSDORF AN DER DONAU

Ein besonderer Lebensraum findet sich in der letzten erhaltenen Flusslandschaft Europas. Bei einem Spaziergang in den Donau-Auen lässt sich viel über die unterschiedlichen Lebensräume erfahren, die die Donauregulierung und die späteren Renaturierungsmaßnahmen mit sich brachten. Mit offenen Augen lassen sich die Unterschiede der verschiedenen Au-Bereiche auch tatsächlich erkennen.

Gemeinde MANNSDORF AN DER DONAU
Einwohner: 355

LEBEN AN DER DONAU:
Vom Hochwasserschutz bis zur Geburt des ökologischen Gedankens

Obwohl Mannsdorf heute durch den Marchfeldschutzdamm geschützt im Hinterland der Donau liegt, hat sich diese im Namen erhalten. Das Leben in Mannsdorf an der Donau ist noch immer vom Leben am großen Strom bestimmt. Sehenswürdigkeit der kleinen Gemeinde mit ihren rund 350 Einwohnern, die zwischen 1938 und 1954 ebenso Teil des 22. Wiener Bezirks war, ist der „Haufen" – eine idyllische Landzunge an einem Donau-Altarm. Auf der Gemeinde-Homepage hält man sich über den Wasserpegel in Wildungsmauer auf dem Laufenden – aber auch über die „Flugspuren" des nahen Schwechater Flughafens.

Erfährt die Gemeinde Schutz durch den Damm, ist es für die Donau der Nationalpark, der dafür sorgt, dass sich diese seit 25 Jahren wieder frei entfalten darf. Eine der letzten großen Flussauen Mitteleuropas hat sich um die letzte freie Fließstrecke der Donau erhalten, die als einzige neben dem Abschnitt in der Wachau nicht von Kraftwerken verbaut wurde. Einst gaben aber die Regulierungen auf den 350 österreichischen Flusskilometern den Ton an, um aus dem großen Fluss eine homogene Wasserstraße für die Schifffahrt zu machen. Schließlich berührt die Donau, mit 2.850 Kilometern Länge nach der Wolga zweitlängster Fluss Europas, auf ihrem Weg ins Schwarze Meer zehn Länder.

Eine stabile Donaurinne sollte die einsetzende Dampfschifffahrt erleichtern, was feste Uferbefestigungen in Form von Blocksteinen sowie sogenannte Traversen hervorbrachte: befestigte Dämme, die die Seitenarme vom Hauptstrom abschnitten.

Die Regulierung der Donau war also in erster Linie nicht den gefürchteten Hochwässern

Oben: STOPFENREUTHER AU. Hochwassermarkierungen von 1876–2013.

Oben: DONAU-AUEN. Wo sich die Donau wieder frei entfalten darf, bieten frisch angerissene Steilufer Brut- und Nistplatz für seltene Aubewohner.

geschuldet, die im Frühsommer gerne das Umland überfluten (oder mit den winterlichen Eisstößen für verheerende Schäden sorgten). Das Marchfeld liegt tief, die Liste der Überschwemmungskatastrophen ist lang, wie Hochwassermarken in der ganzen Region zeigen. Noch im 18. Jahrhundert soll ein Hochzeitszug von Breitensee nach Lassee auf Kähnen unterwegs gewesen sein, und im Jahr 1830 zog sich das Donauhochwasser in Folge eines Eisstoßes bis hinauf nach Glinzendorf, das heute 15 Kilometer vom Einzugsgebiet der Donau entfernt liegt. Wer einen ungefähren Einblick in die verästelten Donauarme des 19. Jahrhunderts bekommen möchte, werfe einen Blick auf die mannshohe Karte der unregulierten Donau in der U-Bahn-Station Aspern Nord.

Als Abhilfe wurde ab dem Jahre 1875 der Marchfeldschutzdamm (in Wien „Hubertusdamm"

Oben: EISVOGEL. Der Vogel mit dem auffälligen Gefieder nutzt frisch angerissene Ufer und Steilwände für seine Brutröhren.
Aquarell: B. Wegscheider

genannt) errichtet. Auch Nebenarme wurden abgetrennt, sodass die Lobau, die einst von der Donau durchströmt wurde, heute ganz von der Wasserstraße abgeschnitten ist. Orte wie Mannsdorf, Wagram oder Orth – alle mit dem Namenszusatz „an der Donau" – liegen heute längst nicht mehr am blauen Strom. Zusätzlich zum Marchfeldschutzdamm wurden an den näher am Wasser liegenden Siedlungen wie Schönau oder Stopfenreuth weitere Rückstaudämme errichtet, über deren Kronen man heute neben dem Marchfeldschutzdamm selbst am Donauradweg entlang radelt.

Hochwasser führt die Donau natürlich nach wie vor, was gerade für den Lebensraum Au sehr wichtig ist – deswegen werden auch heute wieder die alten Seitenarme angebunden. Am stärksten macht sich das Hochwasser im Umland von Schloss Hof bemerkbar: Dort, wo die March in die Donau mündet, drückt das Donau-Hochwasser im Frühsommer gerne jenes der March zurück. Kein besserer Platz also für die Marchdammkapelle in Markthof: ein schöner Jugendstilbau, der 1905, im Jahr der Fertigstellung des Marchfeldschutzdamms, die Bezwingung der Natur durch den Menschen feierte und von keinem Geringeren als Kaiser Franz Joseph I. eingeweiht wurde.

Neben dem Hochwasserschutzdamm wäre noch ein weiterer Einschnitt in das sensible Ökosystem der Donau angedacht gewesen. Die Proteste gegen das geplante Donaukraftwerk bei Hainburg mündeten in der Geburtsstunde der ökologischen Bewegung, aber auch der Grünen. Heute dürfen wir 25 Jahre Nationalpark Donau-Auen feiern.

DONAU BEI SCHÖNAU. Ein kurzer Spaziergang zeigt wieder angebundene Altarme sowie neu angerissene Steilufer. Die Donau verändert ihr Gesicht in der weichen Au immer wieder von Neuem.

MARCHDAMMKAPELLE. Im Jahr 1905 durch Kaiser Franz Joseph I. höchstpersönlich eingeweiht: Der Jugendstilbau feiert den Triumph des Menschen über die Natur.

25 Jahre Nationalpark:
Die Natur wird sich selbst überlassen

Bereits im Jahr 1978 war die Lobau als Biosphären-Reservat zum Naturschutzgebiet erklärt worden. Im Jahr 1983 wurde die gesamte Aulandschaft der Donau-March-Thaya-Auen samt Unterer Lobau durch die Ramsar-Konvention, ein internationales Feuchtgebiet-Abkommen, geschützt. Ein Jahr später mit dem Bau eines Kraftwerks zu beginnen wäre viel mehr als ein Rückschritt gewesen. Es hätte zehn bis zwölf Meter hohe Dämme, ein neues Donaubett auf fünfeinhalb Kilometern Länge sowie eine auf 37 Kilometern bis zurück nach Wien eingestaute Donau erfordert. Die Rodungen für den Bau des Kraftwerks wurden im Dezember 1984 dennoch freigegeben. Tausende Umweltaktivisten und Naturschützer besetzten in der Folge die Stopfenreuther Au, was den Einsatz von 2.000 Polizisten – und weitere 40.000 Demonstranten in Wien nach sich zog: ein nie dagewesener Einsatz für die Rettung einer Naturlandschaft. Der Wasserrechtsbescheid für das Kraftwerk wurde nach einem kurzen Weihnachtsfrieden ausgesetzt und im Juli 1985 aufgehoben. Die Folge ist bekannt: die Gründung des Nationalparks Donau-Auen im Jahr 1996.

Sein 25-jähriges Bestehen durfte er also im Jahr 2021 feiern, nach Erweiterungen im Jahr 2016 (in Mannswörth und Petronell-Carnuntum) findet man heute auf mehr als 9.600 Hektar Fläche eines der letzten großen unverbauten Augebiete Europas. Dieses bietet Heimat für über 800 Pflanzenarten, mehr als 30 Säugetier- und 100 Brutvogelarten sowie 60 Fisch-, 8 Reptilien- und 13 Amphibienarten.

Anders gesagt: Der Seeadler ist wieder zurückgekehrt, die Europäische Sumpfschildkröte fühlt sich in den Donau-Auen wieder heimisch, und auch der Eisvogel findet in den neu angerissenen Steilwänden wieder Lebensraum zum Brüten. An den Flachufern und Schotterbänken entsteht neuer Lebensraum für strömungsliebende Fische, Wasservögel und Kiesbrüter. Der Biber fühlt sich bereits länger wieder wohl, und manche Arten sind schon ganz lange da, lassen sich aber erst jetzt wieder aufspüren: Erst 2021 wurde der Linsenkrebs, eine besonders seltene Form des Urzeitkrebses, in den Donau-Auen entdeckt.

Entlang der rund 40 Kilometer langen Fließstrecke, an der sich der Nationalpark hauptsächlich auf der linken Donauseite ausbreitet, überlässt man die Natur auf drei Vierteln der Fläche sich selbst. Die Donau, die hier bei Pegelschwankungen von bis zu sieben Metern und einem Gefälle von 40 Zentimetern pro Kilometer noch den Charakter eines Gebirgsflusses aufweist, prägt mit dem Auf und Ab der Wasserstände und den Überschwemmungen die Landschaft.

Baumgreise und abgestorbene Bäume, die in ihren Spalten und Rissen vom Specht bis zum Hirschkäfer vielerlei Arten Lebensraum bieten, bleiben sich selbst überlassen. Nur wenn nötig, werden Wiesen gemäht, dafür aber Altarme beständig vernetzt, um auch diese wieder in die Überschwemmungszonen zu rücken. Natürliche Uferzonen und Auwälder entstehen dort, wo alte Arme wieder angebunden werden. Hainburg ist ein gutes Beispiel für die Renaturierung der Donau-Auen: Neben dem Johler Arm, dem ersten angebundenen permanent durchströmten Altarm, zeigen sich seit Kurzem auch beim Spittelauer Arm die ersten Erfolge der Wiederanbindung – nämlich vier zusätzliche Kilometer Auwald. Ein natürlicher Hochwasserschutz, der als Speicher das Wasser bei Überschwemmung lange zurückhält.

BIBER FRASSSPUREN. Knapp hundert Jahre, nachdem die letzten Biber bei Fischamend verschwunden waren, wurden sie ab 1976 zwischen Orth und Eckartsau wieder angesiedelt.

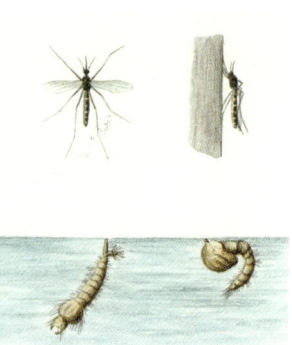

Oben: Ein „gern" gesehener Gast in den Auen: DIE STECHMÜCKE. Die im Frühling und Sommer auftretenden Hochwasser sind Ursache der Gelsenplagen, mit denen die Bewohner an Donau und March regelmäßig zu kämpfen haben.
Aquarell: B. Wegscheider

LEBENSRAUM AU:
Ein Wasserwald, der verschiedener nicht sein könnte

Mal präsentiert sie sich von ihrer harten, mal von ihrer weichen Seite: Au ist nicht gleich Au. 65 % Auwald, 20 % Wasserfläche und 15 % Wiesen sind es im Nationalpark Donau-Auen. Wobei die Au, also der Wasserwald, sich von unterschiedlichen Seiten zeigen kann.

In der weichen Au sind die Seitenarme noch an den Donaustrom angebunden und werden beständig von diesem umspült. Dadurch entstehen immer neue Flachufer, Schotterbänke und Inseln: Lebensraum für den Biber, aber auch für Kiesbrüter wie den Flussregenpfeifer oder den Eisvogel, der an den Uferanrissen brütet. Nach Hochwasser steht die weiche Au oft wochenlang unter Wasser. Nur Spezialisten wie Weiden, Erlen oder Pappeln, die von einem Dickicht aus Holunderbäumen, Brennnesseln oder dem einjährigen Drüsigen Springkraut begleitet werden, fühlen sich hier wohl.

In der harten Au sind die abgetrennten Altarme der Donau bereits verlandet und speisen sich meist nur mehr über das Grundwasser, wenn sie nicht vom Hochwasser kurzfristig

Oben:
FLUSSREGENPFEIFER. Die vom Flusswasser neu überspülten Uferbereiche und Schotterbänke der Donau zeigen mit Indikatortieren wie dem Flussregenpfeifer die neue Gewässergüte an.
Aquarell: B. Wegscheider

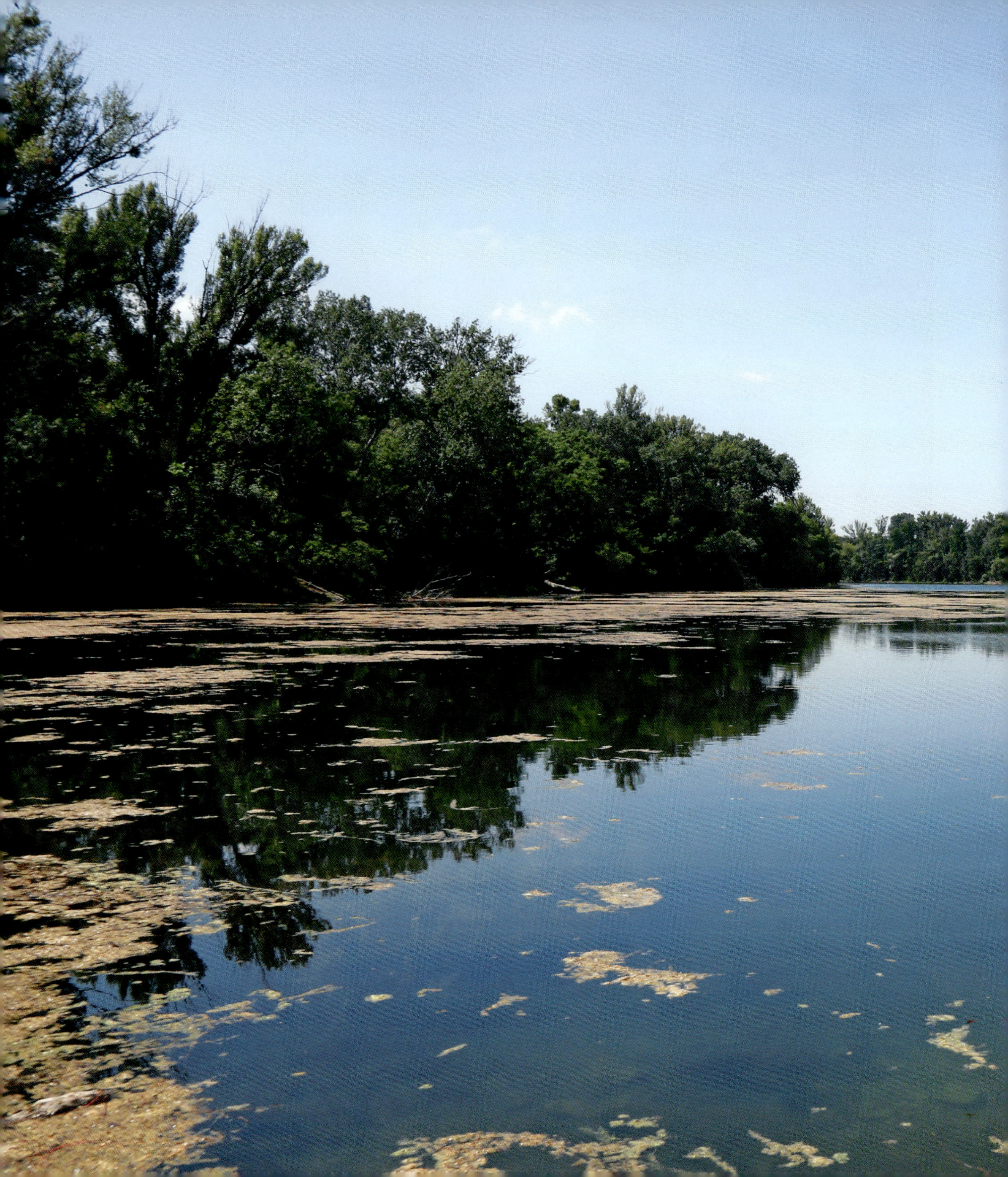

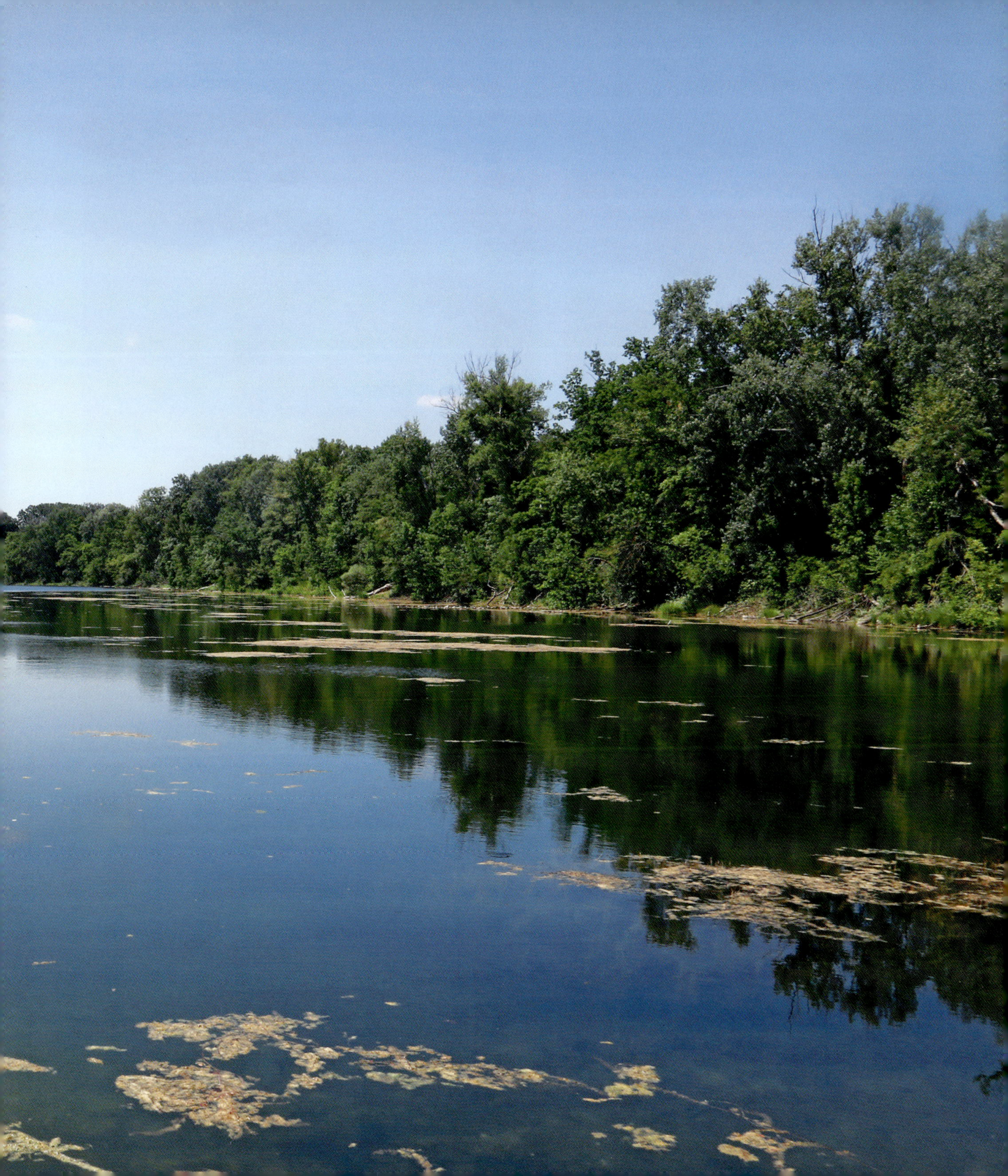

überschwemmt werden. In den stehenden Gewässern oder Autümpeln bilden sich Schwimmblatt-Teppiche aus Teichrosen oder Wasserlinsen, in denen sich zahlreiche Insekten und Amphibien wohlfühlen. Unter Ulmen, Eichen, Eschen oder Ahornen breiten sich im Frühling gerne Armeen von Schneeglöckchen oder Bärlauch aus, und im Schilfwasser fühlen sich neben Rohrsängern auch Grau- und Silberreiher zu Hause.

Wer am Donauradweg fährt, kann auch als Laie den Unterschied zwischen harter und weicher Au gut erkennen. Der Radweg, auf dem zwischen Wien und Hainburg etwa 400.000 Radler jährlich unterwegs sind, führt auf der Dammkrone des Hochwasserschutzdamms entlang – und damit auf der Trenn-

Links und ganz oben:
ANDREAS-MAURER-
BRÜCKE.

Oben:
DROSSELROHRSÄNGER.
Aquarell: B. Wegscheider

Nächste Doppelseite:
BLICK AUF HAINBURG.
Die Stadtmauerstadt ist
in unmittelbarer Nähe
zur Donau zwischen
Braunsberg *(links)* und
Schlossberg *(rechts)*
eingebettet.

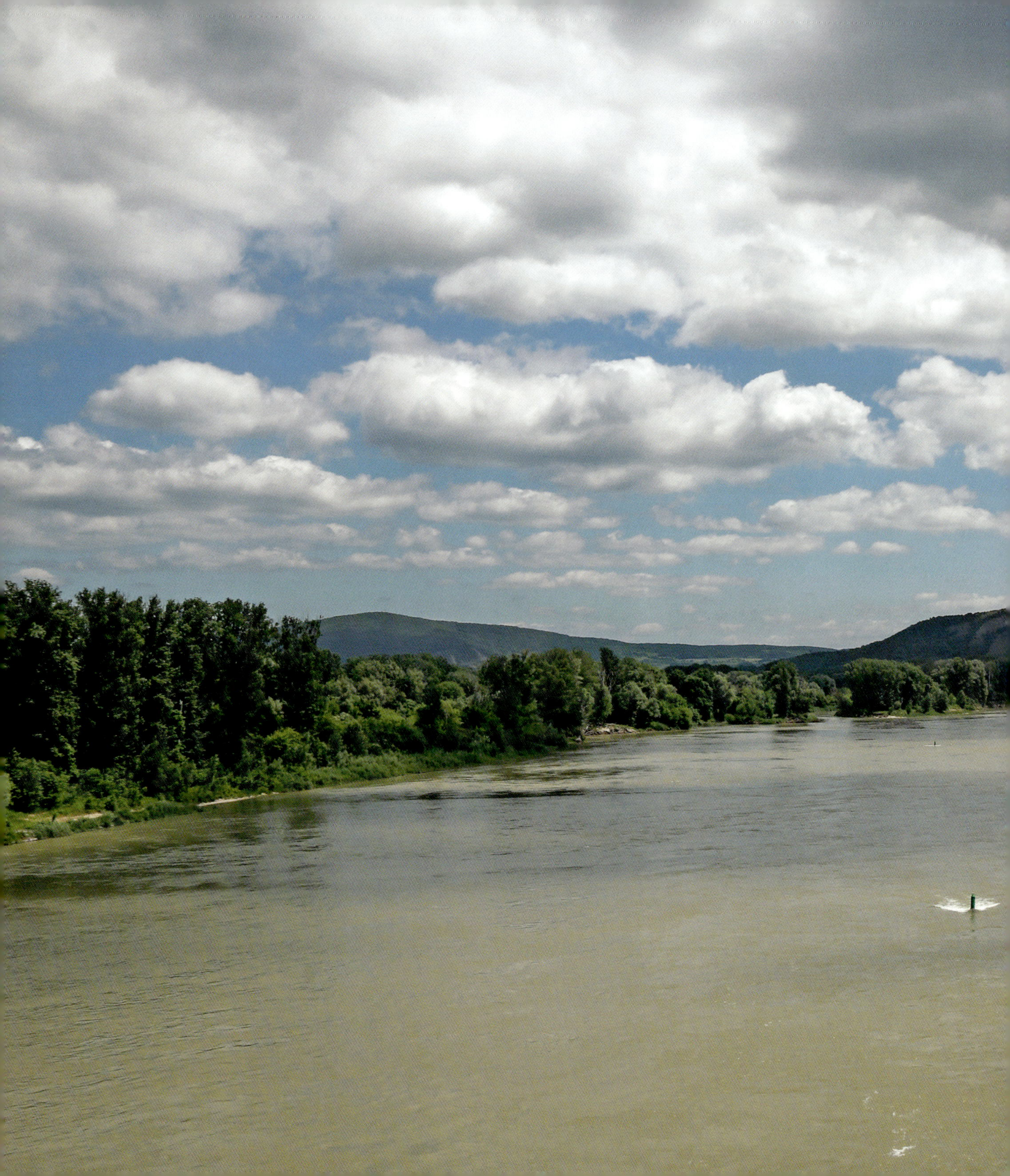

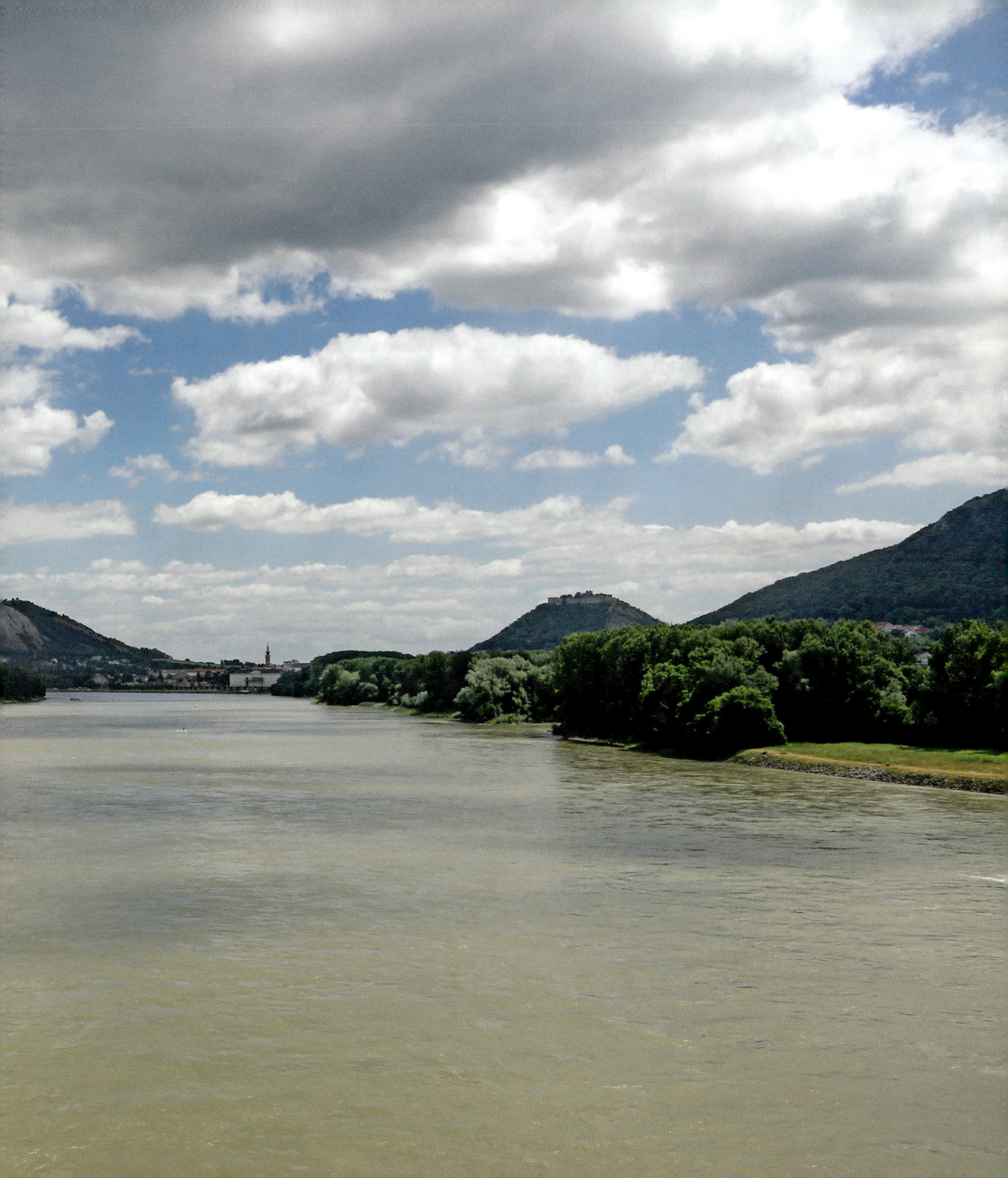

linie zwischen dem fluss- und dem landseitigen Teil des Auwalds. Also dort, wo auf der einen Seite in der weichen Au noch Seitenarme umströmt werden, die auf der anderen Seite als Altarme bereits verlandet sind. Selbst auf der Dammkrone hat sich ein spezieller Lebensraum für Gräser, Orchideen und weitere seltene Flora in der Trockenrasenzone gebildet.

Wer nicht per Rad auf dem Damm unterwegs ist, kann die Donauauen auch gut bei Streifzügen zu Fuß erforschen. An welchen Stellen darf man überhaupt hinein ins Naturschutzgebiet und den geschützten Lebensraum betreten? Und zeigt sich die Au dabei überall gleich?

DIE AU BEI EINEM SPAZIERGANG ERLEBEN:
Mal dynamisch, mal ganz gechillt

Was hier wie eine sportliche Einschätzung des Spaziergangs klingt, hat mit der Au selbst zu tun – nämlich dem Durchdringungsgrad des Donaustroms in der Aulandschaft. Fangen wir im Schönauer Auwaldstreifen an, einem der „dynamischsten" Aubereiche an der Donau. Was ist mit dieser Zuschreibung gemeint?

Wir beginnen die Schönauer Donaurunde bei Hermis Radlertreff in Schönau (oder auch „Radlertreff zur Beicht-

Oben:
HERMIS RADLERTREFF. Wer am Donauradweg zwischen Wien und Bratislava unterwegs ist, kommt beim „Radlertreff zur Beichtmutter" in Schönau nicht vorbei, ohne einen Stopp einzulegen.

mutter" genannt), überqueren dort den Rückstaudamm und folgen dem Weg in Richtung Auwald bzw. Nationalparkeingang. Eine sogenannte „Traverse" trennt hier das Kühwörther Wasser, den östlichsten Ausläufer der Lobau, von weiteren Altarmen ab – die Verlandung zeigt sich am massiven Schilfbestand. Was diesen Ort neben den Silberreihern, die sich hier gerne entdecken lassen, so besonders macht: Beginnendes Hochwasser erkennt man an der untypischen Strömung von Ost nach West, wenn das Donauwasser durch den Schönauer Schlitz (eine weiter östlich gelegene kleine Öffnung im Marchfeldschutzdamm) zurückgedrückt und die Lobau in „verkehrter" Richtung zumindest zeitweise ans Donauwasser angebunden wird – bei richtigem Hochwasser sogar bis zur Höhe des Donaukanals.

Nach der Schönauer Traverse und dem Überqueren des Marchfeldschutzdamms ändert sich das Landschaftsbild: In der nun weichen Au wartet ein schmaler Pfad in einem Dickicht aus Brennnesseln, Drüsigem Springkraut, Weiden und Totholz, auf dem wir uns bis zur Donau hin durchschlagen (das geht natürlich nur dann, wenn diese nicht gerade Hochwasser führt). Die Seitenarme sind nun durch Brücken verbunden, was das Donauwasser wieder frei fließen lässt. Inmitten von Schotterbänken und Uferanrissen bestaunen wir den Lebensraum, den die dynamische Au immer wieder von Neuem entwirft. Ganz still ist es selbst hier nicht, der Flughafen macht sich bemerkbar, und aus dem Off dringt das beständige Brummen der Ostautobahn auf der anderen Seite der Donau.

Am Treppelweg gehen wir kurz stromabwärts, um dann über Brücken, Traversen und Däm-

Oben: SCHWALBEN-SCHWANZFALTER. Auch in den Donau-Auen trifft man auf diesen gefährdeten Schmetterling. Bis zu drei Generationen können in einem Jahr schlüpfen. *Aquarell: B. Wegscheider*

Ganz oben: HARTE AU. Die Auwiesen werden nur mehr bei richtigem Hochwasser überschwemmt.

Oben: SCHACHBRETT-FALTER MIT RAUPE.
Aquarell: B. Wegscheider

SCHÖNAU.
Ein Spaziergang entlang der „Schönauer Runde" führt durch die weiche Au bis zum Donaustrand, wo durch Hochwasser entstandene Flachufer und Schotterbänke Lebensraum für Kiesbrüter oder Eisvogel sind.

me zum Ausgangspunkt zurück zu gelangen. Mit nur zwei Kilometern eine kurze, aber ziemlich lehrreiche Runde, auf der man mit Glück auch einen Blick auf Reiher, Seeadler und Kormorane werfen kann. Doch wo noch kann man in den Lebensraum der Donau-Auen eindringen?

Einen Bereich, der ständig in Bewegung ist, zeigen auch die Orther Inseln, die man stromabwärts vom Orther Uferhaus findet. Strömung und Hochwasser formen hier breite Schotterbänke aus Kiesel und Flusssand, die von Pionierpflanzen wie Silberpappeln und -weiden, aber auch von Badefreunden geschätzt werden. Von Orth selbst folgt man von der Schlossinsel auf der Fadenbachrunde einem der längsten Altarme der Donau durch Wiese und Wald, im Frühling breitet sich am Weg durch die Hartholzau ein Teppich aus Schneeglöckchen und Bärlauch aus, im Sommer zeigt sich der Fadenbach mit seiner grün schimmernden Oberfläche aus Wasserlinsen – und im Herbst sind es die Herbstzeitlosen, die die Wiesen lila einfärben.

Ein Stück weiter spaziert man aus dem Eckartsauer Schlosspark über den Fadenbach hinweg durch Wiesen und frühere Jagdgründe ebenso in der Hartholzau in Richtung Donau. Interessant zeigt sich die Au wieder in Stopfenreuth: Wer vom Forsthaus bis zur Donau wandert, findet dort zwischen den neu angebundenen Seitenarmen der weichen Au Weiden und Pappeln. Rund um die Au-Terrasse darf man nicht nur wandern und baden, sondern auch zelten und grillen.

Bei mehr als einer Million Besucher im Jahr sind vom Nationalpark-Management natürlich Lenkungsmaßnahmen in Form eines Besucherprogramms gefragt – sanfter Tourismus ist das Schlagwort. Was ist eigentlich erlaubt im Nationalpark, wo doch so viele Bereiche vor dem Zutritt geschützt bleiben sollen? Das erfährt man in Orth, der nächsten Station auf unserer Reise durchs Marchfeld.

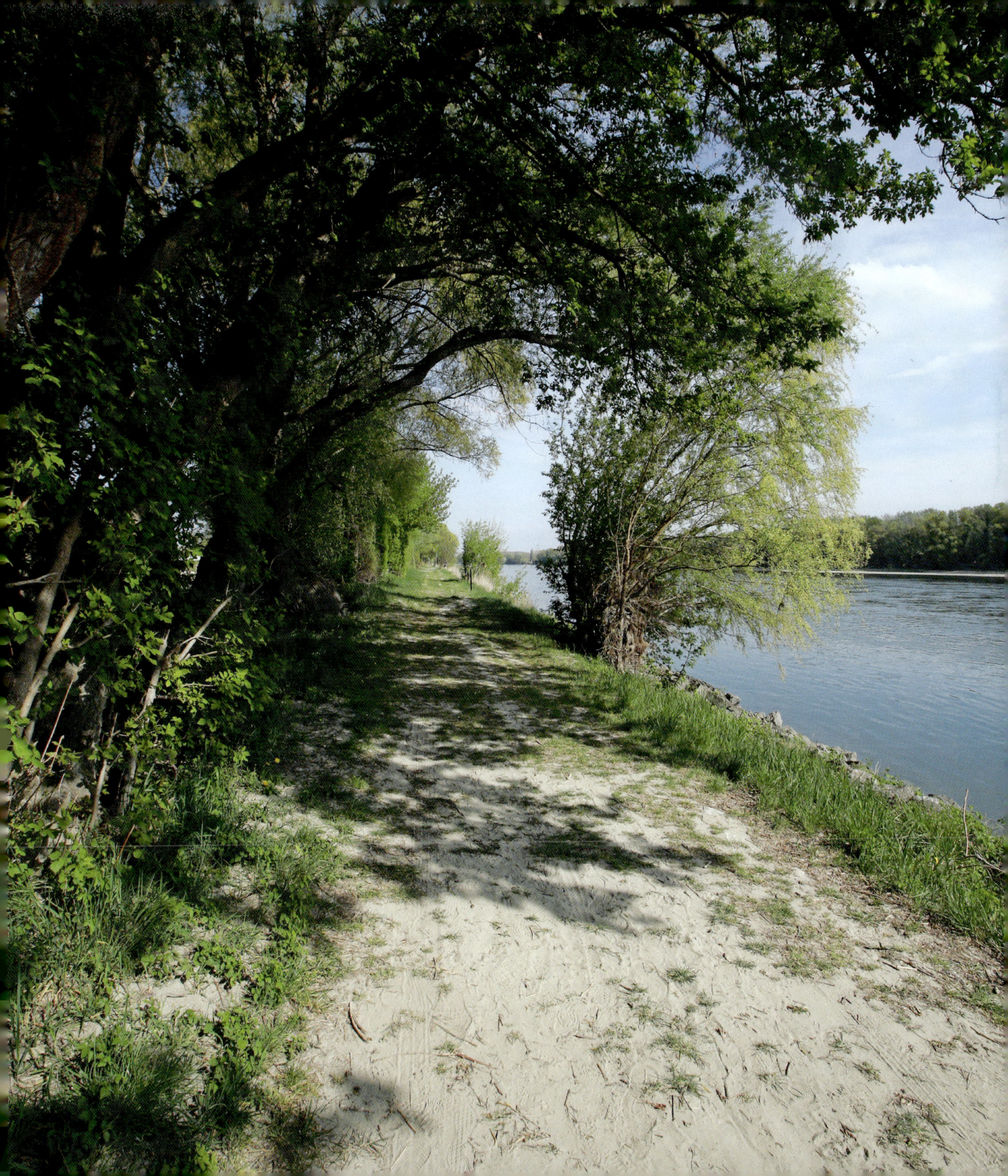

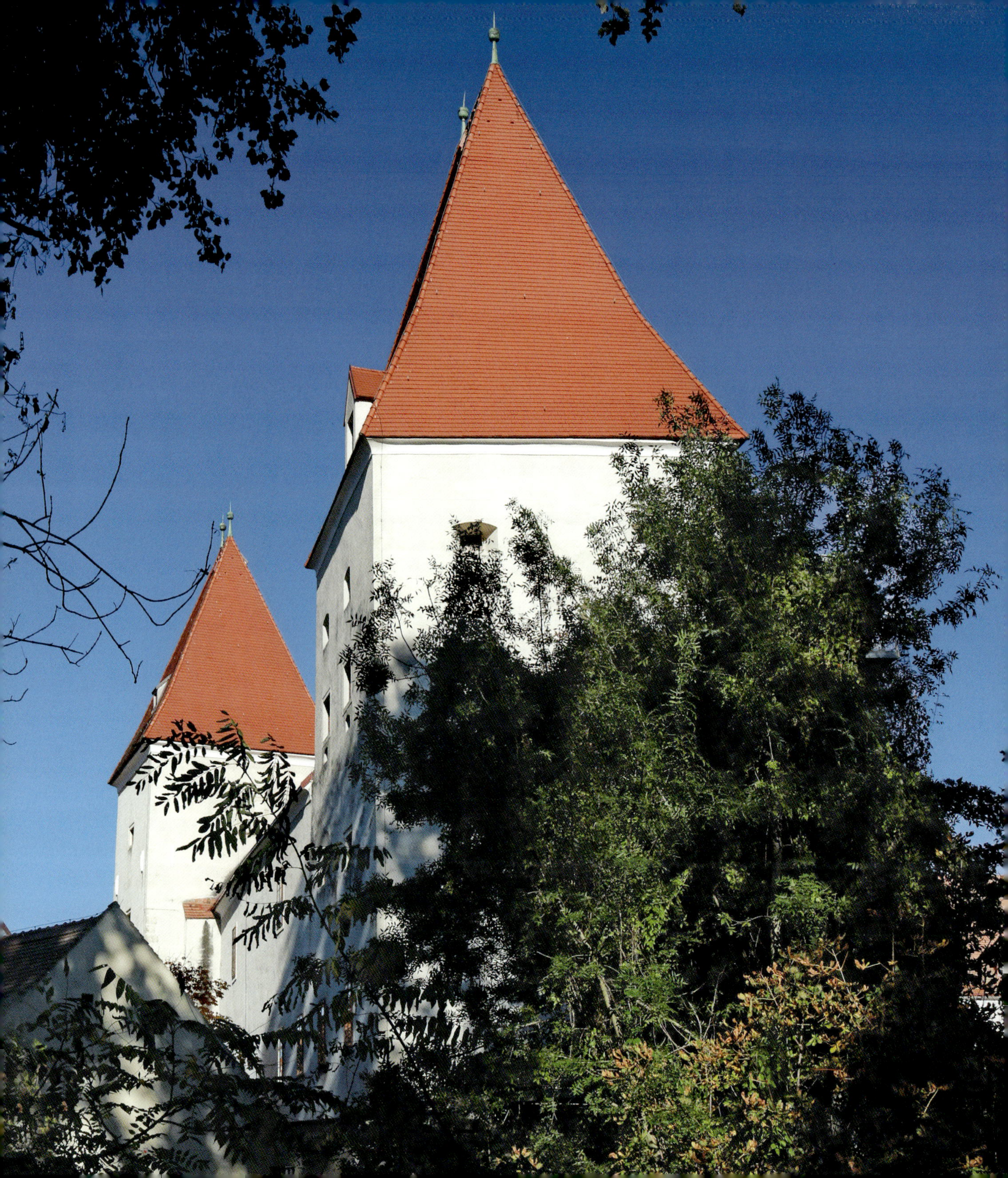

3 AUSFLUG INS GRÜNE
Vom Nationalpark- bis zum Uferhaus

Marktgemeinde ORTH AN DER DONAU

Das Nationalparkzentrum in Orth an der Donau markiert nicht nur geographisch den Mittelpunkt der Donau-Auen. Im Schloss Orth erfährt man einiges über das Leben an der Donau, auf der Schlossinsel lassen sich die Donau-Auen in Klein erleben, und zum Abschluss locken neben dem Uferhaus weitere Freizeitmöglichkeiten an der Donau.

Marktgemeinde ORTH AN DER DONAU
Einwohner: 2.173

Ein mächtiges Schloss, das einst die Hofburg kopierte

Ein wahres Ausflugsparadies für alle jene, die etwas mehr in die Donau-Auen eintauchen möchten, findet sich in Orth. Der Namenszusatz „an der Donau" lässt vermuten, dass sich die gut 2.150 Einwohner zählende Gemeinde in der Nähe der Donau-Auen befindet, doch Orth liegt wie die zuvor besprochene Gemeinde hochwassergeschützt im Hinterland. Dennoch bezeichnet es sich gerne als „Tor zur Au" – beheimatet es doch eines der beiden Nationalparkzentren der Donau-Auen.

Das erste der beiden liegt noch in der Großstadt. Wer am Donauradweg in der Lobau beim „Roten Hiasl" zum Biberhaufenweg abgebogen ist, kann dort beim Dechantweg einen Blick ins Nationalparkzentrum der Wiener werfen – macht doch die Lobau etwa ein Viertel der Gesamtfläche des Schutzgebiets aus. Im Au-Kino erlebt man den Wandel der Donau von 1726 bis heute, in der Ausstellung tonAU gibt es die Au akustisch zu erleben – und der kleine Teich um den runden Holzbau erinnert ebenso an den Wasserwald.

In Orth ist die Szenerie ähnlich, nur dass es beim hiesigen Nationalpark-Zentrum gleich eine ganze Erlebnisinsel ist, auf der (auch spielerisch) in den Lebensraum Au eingetaucht werden kann – sogar im wahrsten Sinn des Wortes. Orth an der Donau ist Grenzpunkt jener Schenkung aus dem Jahr 1021, von der auf Seite 16 bereits die Rede war. Im gleichen Jahr urkundlich erwähnt wurde das Schloss, auf dessen Areal seit 2005 das schlossORTH Nationalpark-Zentrum angesiedelt ist.

Man kann die einstige Burg auf dem Weg ins Orther Zentrum gar nicht übersehen. Nicht die Pfarrkirche (eine einstige Wehrkirche, die nach der Zerstörung durch die Türken neu

Linke Seite: SCHLOSS ORTH AN DER DONAU. Die frühere Grenzfeste mit ihren vier Ecktürmen ist bis heute eine mächtige Erscheinung. Schloss Orth ist Sitz des niederösterreichischen Nationalparkzentrums.

Oben, rechts und rechte Seite:
ORTH AN DER DONAU, PFARRKIRCHE. Die dem Erzengel Michael geweihte römisch-katholische Kirche hatte einst als Wehrkirche Schutzfunktion und wurde nach den Türkenkriegen im Jahr 1689 barockisiert. Auffällig sind die Fresken im Langhaus (Mitte des 20. Jahrhunderts von Hans Alexander Brunner erschaffen).

aufgebaut und danach barockisiert wurde), sondern die beeindruckenden Mauern des mächtigen Renaissance-Kastells dominieren den Schlossplatz. Das Erscheinungsbild des ebenfalls von den Türken im Jahr 1529 zerstörten und durch Niklas Graf Salm, den Verteidiger Wiens, umgebauten Gebäudes ist bis heute geblieben (der Zubau des Neuschlosses kam erst später dazu). Beim Zugang über den Graben wird klar, dass es sich bei dieser frühen Grenzfeste einst um eine Wasserburg gehandelt haben muss. Sie gilt als erstes Gebäude, das sich bewusst an der – damals noch frei stehenden, vierseitigen – Wiener Hofburg orientierte. Heute werden von den vier Ecktürmen nur noch drei Gebäudeflügel der dreigeschossigen Anlage eingefasst. Die Südfront, deren Mauer Ende des 18. Jahrhunderts abgetragen wurde, führt auf die Schlossinsel.

Von den Habsburgern wurde Schloss Orth im Jahr 1824 für den familieneigenen Privatfonds erworben, Kronprinz Rudolf nutzte den Bau ab 1873 gerne als Jagdschloss. Nach dem Ende der Habsburgermonarchie wurde das Schloss in einen staatlichen Gutsbetrieb umgewandelt, seit 2005 fungiert es unter dem Namen schlossORTH Nationalpark-Zentrum als Informationsstelle des Nationalparks.

SCHLOSS ORTH. Wo bis zum Ende des 18. Jahrhunderts ein vierter Gebäudeflügel die Anlage umschloss, führt heute der Weg zum Auerlebnisgelände auf der Schlossinsel.

Was man am alten Speicher von Schloss Orth entdeckt

Einen ersten Überblick über den Lebensraum Donau-Auen verschaffen wir uns im Erdgeschoß des Schlosses, in dem die Geschichte der Au in der Nationalpark-Lounge sowie in der multimedialen Ausstellung DonAUräume behandelt wird. Man sollte neben diesen Impressionen aus der Vogelperspektive aber auch einen Blick auf die Ausstellungen im zweiten Stock geworfen haben, selbst wenn diese nicht multimedial aufbereitet sind. Gerade deshalb können wir uns auch gut vorstellen, dass hier nach dem Zweiten Weltkrieg Getreide gelagert wurde. Der ehemalige Schüttkasten des Schlosses zeigt als museumORTH Einblicke in das Leben an der Donau und behandelt dabei Themen wie die Donaufischerei, die Jahrhunderthochwässer sowie den Bau des Marchfeldschutzdamms.

Informatives zu einem anderen Lebensraum finden wir im Aussichtsturm des Schlosses, in dem Fledermäuse ihre Heimat haben. Von außen über gut 100 Stufen zu erklimmen, eröffnet er den Besuchern vor allem im Frühling interessante Live-Bilder von den Nestern der ebenfalls dort ansässigen Dohlen und Turmfalken – und auch der Storch, der auf dem Kamin nebenan brütet, hat seine eigene Nest-Kamera bekommen. Wechselnde Ausstellungen, wie zur Rückkehr der Seeadler, runden das Angebot ab, und den Ausblick über das Dächermeer und den Turnierhof des Schlosses gibt es kostenlos dazu.

Oben: museumORTH. Gräberfund in der Kirche Probstdorf mit Gebeinen aus der Besiedlungszeit nach 1021.

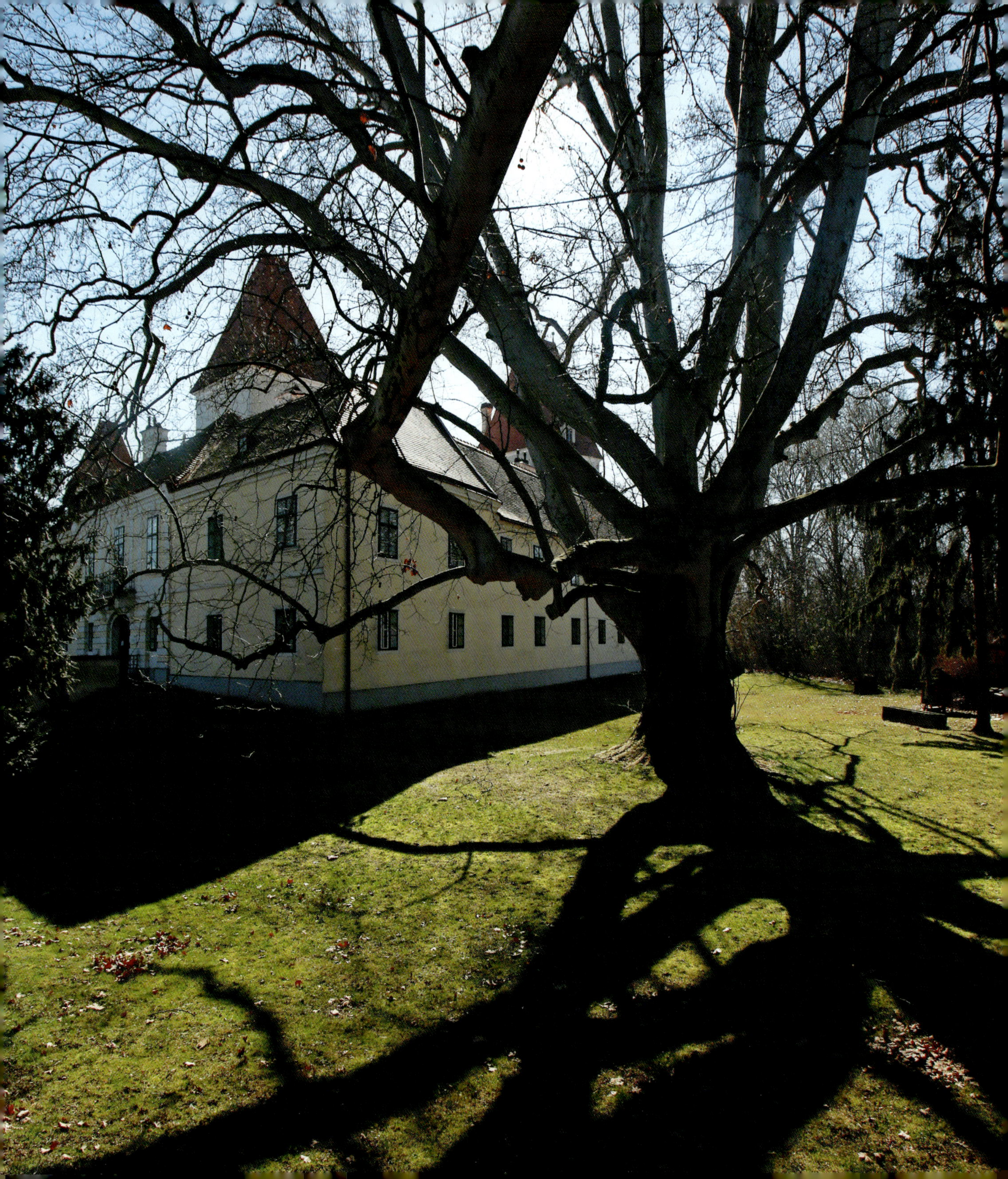

Gut überschAUbar: Eine Aulandschaft im Taschenformat

Am beeindruckendsten zeigt sich aber das Freigelände von Schloss Orth. Auf dem Auerlebnisgelände der Schlossinsel dürfen wir den Lebensraum Flussaulandschaft in Miniaturformat erfahren.

Herzstück – und auch Maskottchen des Nationalparks – ist die Europäische Sumpfschildkröte, deren Gehege sich gleich links vom Eingang befindet. Bis ins 18. Jahrhundert in ganz Europa verbreitet, findet dieser Wasserbewohner in den Donau-Auen noch einen seiner letzten Rückzugsräume. Was man vielleicht nicht vermuten würde: Nicht nur ihren Lebensraum hat der Mensch ver-

Links:
UNTERWASSERSTATION. Ein Lebensraum zum Kennenlernen: Auge in Auge mit den Bewohnern der Donau-Auen.

Oben: EUROPÄISCHE SUMPFSCHILDKRÖTE. Dank Artenschutzprojekt darf sie heute wieder beruhigt ein Sonnenbad nehmen.
Foto: Brigitte Huber

53

nichtet, sondern auch die Schildkröte selbst ausgerottet – als Fastenspeise ging das Wassertier auch am Wiener Fischmarkt über den Ladentisch. Seit 2007 sorgt nun ein Artenschutzprojekt für die Erhaltung ihrer Gelege. Auf der Schlossinsel entdeckt man große, aber auch noch ganz kleine Exemplare vor allem dann, wenn sich die Sonne zeigt: Die Europäische Sumpfschildkröte liebt es, auf Baumstämmen ein Sonnenbad zu nehmen.

Weitere Aubewohner lassen sich beim Amphibientümpel und Schlangengehege, im Insektenhotel oder an den Biberbäumen antreffen. Und wer sehen möchte, wie die Natur wieder Besitz vom Leben ergreift, ist in der Station „Tod und Leben" richtig. Da kann schon einmal ein seit Wochen verwesender Kadaver eines Bibers zu bewundern sein, der nun Aasfressern als Nahrungsquelle dient.

Highlight auf der Schlossinsel ist aber die begehbare Unterwasserstation, in der Besucher auf Tauchstation gehen können, um Fische sowie Uferbewohner über ein Panoramafenster in ihrem Lebensraum zu beobachten. Eine weitere Attraktion, vor allem für Kinder, findet sich dann in der Ziesel-Kolonie oder bei den Zwergschafen – gleich neben dem Kinderspielplatz.

Die Geschichte zu den verspeisten Sumpfschildkröten erfährt man übrigens bei einer sachkundigen Führung mit den Nationalpark-Rangern. Das Nationalparkzentrum bietet ein vielfältiges Besucherprogramm, um die Auen erlebbar zu machen. Abenteuerlicher als der Rundgang auf der Schlossinsel ist natürlich eine vom Ranger begleitete Schlauchboot-Tour in den Seitenarmen der Donau. Oder man begibt sich selbst auf Erkundungstour und spaziert am abgetrennten Altarm des Fadenbachs in Richtung Donau, der sich, wenn er von Wasserlinsen bedeckt ist, in atemberaubend flächendeckendem Grün zeigt.

Dieser sowie die bereits vorgestellten Au-Spaziergänge bei Schönau, Eckartsau oder Stopfenreuth können auch durch den Weitwanderweg 07 über den Marchfeldschutzdamm miteinander verbunden werden. Wichtig ist dabei nur, auf den erlaubten Wegen zu bleiben, um die Fauna und Flora in den geschützten Bereichen des Nationalparks nicht zu stören. Gerade zu Hochwasserzeiten informieren Infopunkte am Damm über den Zustand der Wege in die Auen.

LEBEN AM DONAUSTROM EINST UND JETZT:
Von der alten Überfuhr zu Boots- und Badespaß

Wer die Auen einfach nur genießen möchte und dabei den gemächlichen Donaufrachtern oder dem flinken Twin City Liner auf ihrem Weg auf dem großen Strom zusehen möchte, ist im Gastgarten des Orther Uferhauses an der richtigen Stelle. Liegt dieses doch direkt

Oben: SCHLOSSINSEL. Ziesel, Zwergschafe, ein Körbchen für Zappelphilippe: Nicht nur für „kleine" Kinder ist das Auerlebnisgelände auf Schloss Orth ein perfektes Ausflugsziel.

am Strom selbst und nicht im geschützten Hinterland wie das Nationalpark-Zentrum. Hier muss man mit Überflutungen geradezu rechnen wie beim Jahrhunderthochwasser im Jahr 2002. Aber das gehört hier an der Donau einfach dazu und steht dem Genuss der traditionell zubereiteten Fischspezialitäten normalerweise auch nicht im Wege.

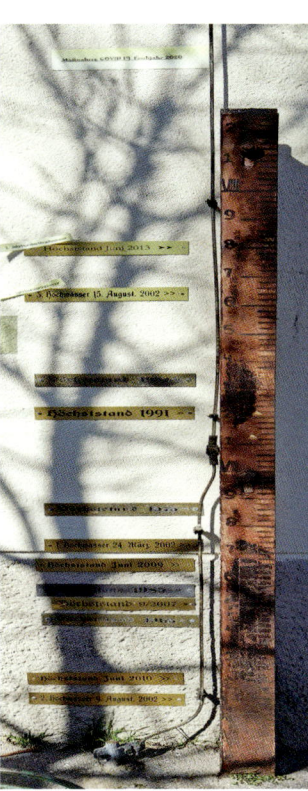

Oben: HOCHWASSER-MARKEN. Während Orth noch geschützt im Hinterland liegt, wird der Austreifen rund um das Uferhaus wie beim Jahrhunderthochwasser 2002 regelmäßig von Überschwemmungen heimgesucht.

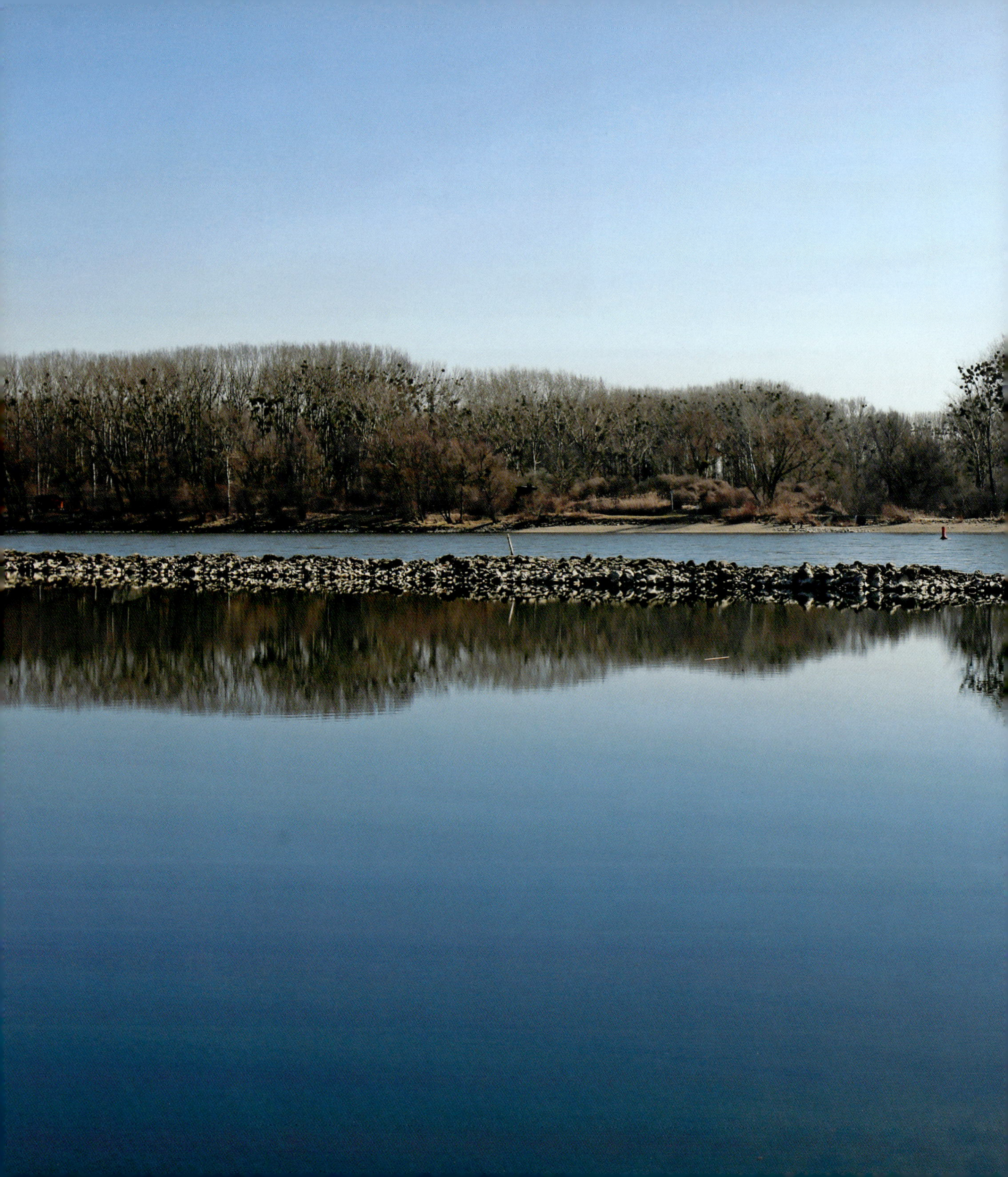

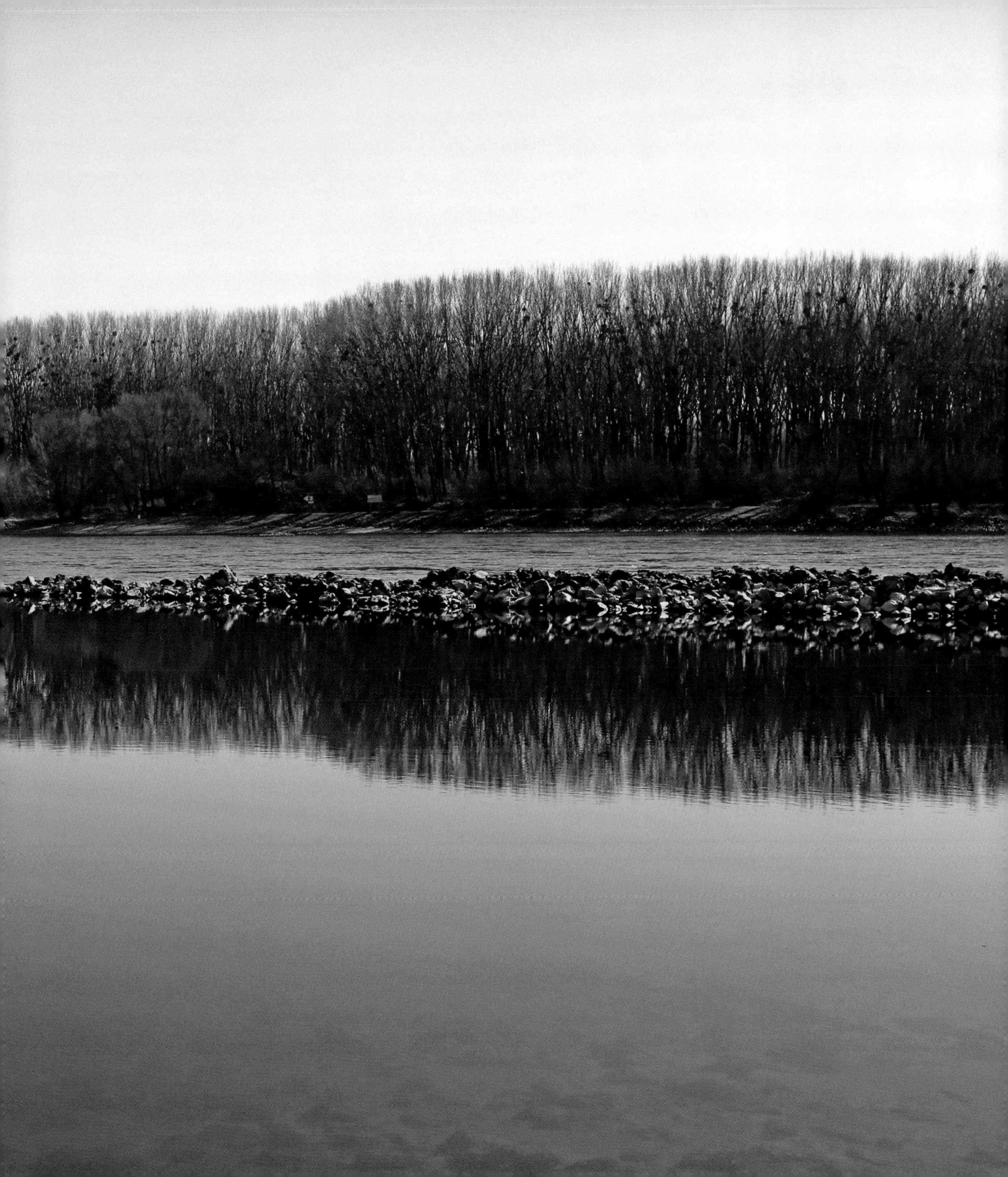

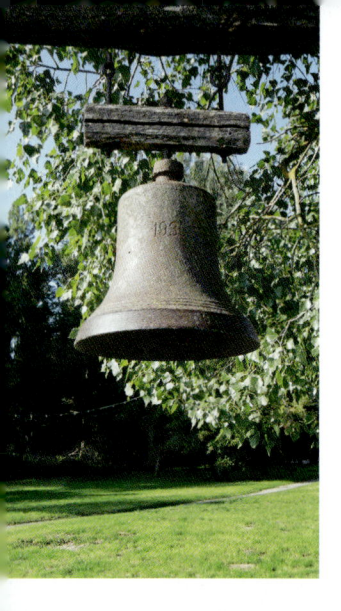

Oben:
ÜBERFUHRGLOCKE. Zur Erinnerung an den bis ins Jahr 1968 laufenden vollen Fährbetrieb wurde die Glocke neben dem Orther Uferhaus aufgestellt.

Das Uferhaus an der alten Furt diente früher als Warteraum für Schiffspassagiere, die Überfuhrglocke neben dem Gastgarten erinnert noch an den einstigen Standort an der gegenüberliegenden Seite. Heute ist Orth die einzige Möglichkeit, die Donau zwischen der Praterbrücke in Wien sowie der Donaubrücke in Hainburg zu queren. Ausnahme ist nur die Steinspornbrücke über die Neue Donau (wie in Orth allerdings nur für Fußgänger und Radfahrer). Bis 1968 existierte in Orth tatsächlich noch voller Fährbetrieb, aber auch heute werden ins gegenüberliegende Haslau Bedarfsfahrten am schwimmenden Café unternommen – natürlich nur dann, wenn die Donau es zulässt. Vom Fährbetreiber werden auch Fahrten mit der Donauzille oder dem Speedboot angeboten. Oder man besteigt ein Kriegsschiff, wobei gar nicht das Piratenschiff in der Wiese gemeint ist, das Kindern etwas Abwechslung und Action bietet, sondern die Tschaike gleich daneben.

Die ruder- oder segelbaren Donaukriegsschiffe waren vom 16. bis ins 19. Jahrhundert Teil der habsburgischen Donauflotte. Auf dem Orther Nachbau nach Plänen aus dem Jahr 1530 haben 20 Personen Platz und dürfen mit Glück sogar selbst das Ruder in die Hand nehmen. Ein Erlebnis ist auch die Orther Schiffsmühle. Die 2001 originalgetreu auf zwei Mühlschiffen errichtete Orther Mühle funktionierte noch bis ins Jahr 2008, als Treibgut ein Leck schlug. Heute dient sie in einem Seitenarm als Schiffsmühlen-Museum.

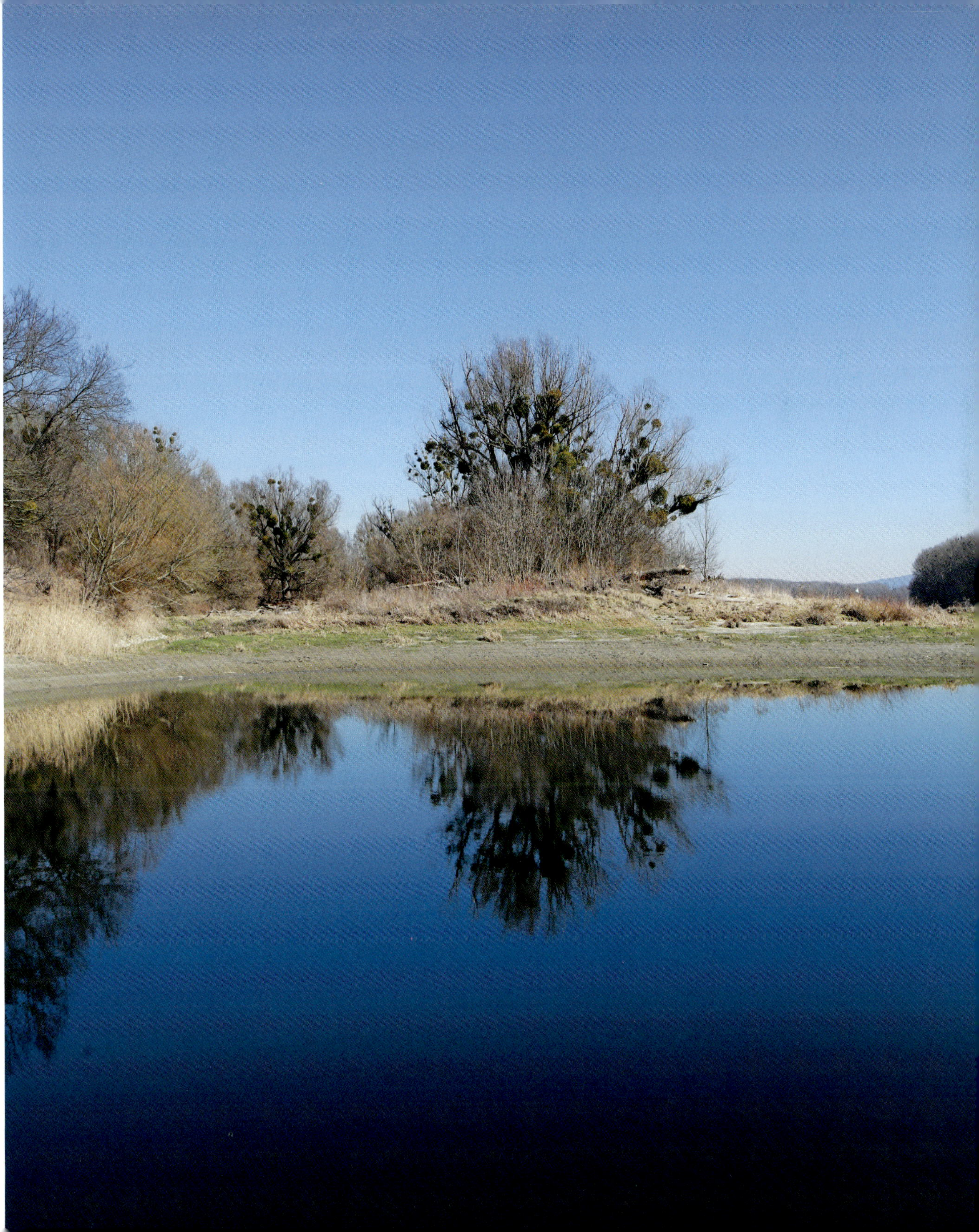

Oben: DONAU. Der große Strom Österreichs zeigt sich zu jeder Jahreszeit schön. Seit 25 Jahren sorgt der Nationalpark dafür, dass sich die Natur ohne Eingriff von Menschenhand wieder frei entfalten darf.

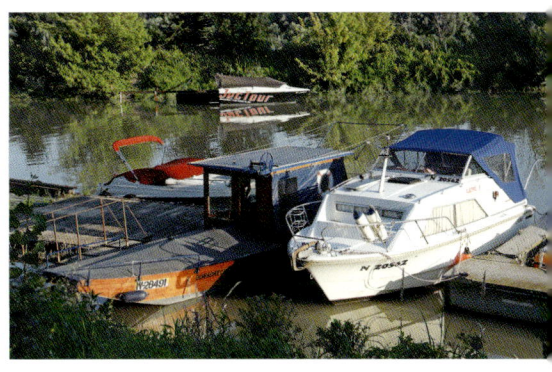

Und sonst? Ein Stück weiter stromabwärts lässt es sich auf den Orther Inseln naturnah im Donauwasser plantschen – das darf man übrigens nur an ausgewiesenen Stellen im Nationalpark. Naturbadeplätze finden sich in Groß-Enzersdorf rund um Stadler Furt, Donau-Oder-Kanalbecken II und III, an der Schönauer Au sowie an der Au-Terrasse in Stopfenreuth. In der Lobau darf in der Panozza- sowie Dechantlacke gebadet werden.

Wer mit dem Schlauchboot unterwegs ist, darf nur in gekennzeichnete Seitenarme der Donau einfahren. Am besten begibt man sich bei geführten Kanu- oder Schlauchboot-Touren in die kundigen Hände der Nationalpark-Ranger. Davon, wie man früher seine Freizeit an den Donau-Auen verbrachte, erzählt das nächste Kapitel und führt uns dafür zu den Jagdgebieten der Habsburger.

Oben:
FREIZEIT AN DER DONAU. Im Nationalpark werden Bootsausflüge in die Donau-Auen angeboten.

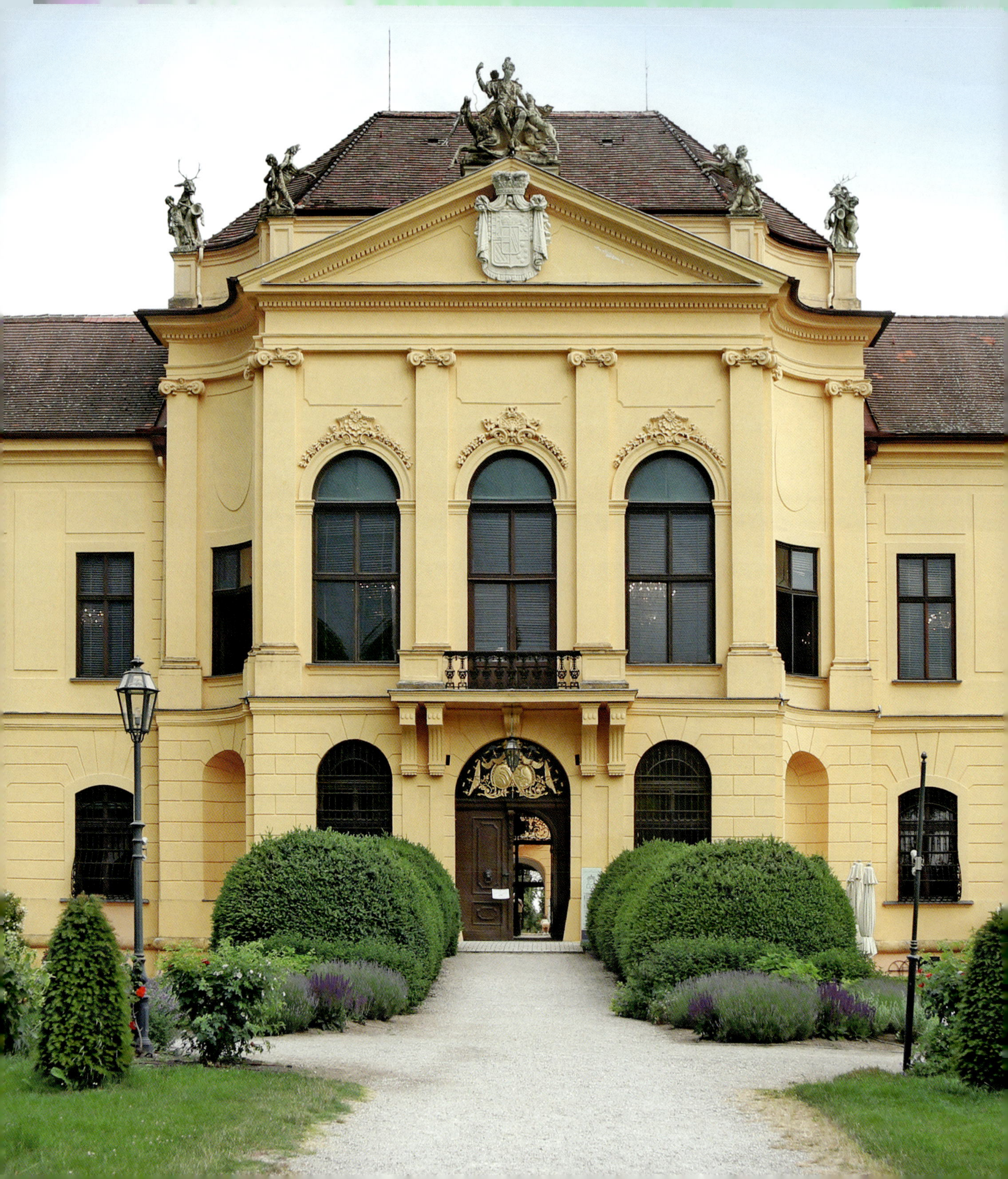

4 EIN JAGDSCHLOSS SCHREIBT GESCHICHTE
Einblick in die letzten kaiserlichen Gemächer

MARKTGEMEINDE ECKARTSAU

Der Schlosspark von Eckartsau ist für sich einen Besuch wert. Wer sich aber auch durch die Innenräume des Jagdschlosses führen lässt, taucht bei den Geschichten über die letzten Bewohner so richtig ins Leben der Habsburger ein. Ein Ausflug, der sich lohnt – noch dazu, wo Eckartsau als kleiner Geheimtipp gilt.

Ein verstecktes Märchenschloss im einstigen Jagdgebiet der Habsburger

Eckartsau ist das nächste Ausflugsziel unserer Rundtour durchs Marchfeld. Nach Orth erinnert zuerst Wagram mit dem Namenszusatz „an der Donau" daran, wie weit der Strom sich früher ins Land ausbreitete. Die alte Ortsbezeichnung „Kroatisch-Wagram", die der Besiedelung nach den Türkenkriegen gedenkt (siehe Seite 270) und Wagram vom Namensvetter Deutsch-Wagram abgrenzte, ist heute nur mehr Geschichte. Aber das eigentliche Ziel in der 1.350 Einwohner zählenden Gemeinde ist das Kaiserliche Jagdschloss in Eckartsau, Schicksalsort der Habsburgermonarchie – daher biegen wir nach Süden in Richtung Donau ab. Nach Schloss Orth handelte es sich bei Eckartsau um den zweiten Privatbesitz der Habsburger. Maria Theresia reiste gerne per Schiff mit Franz Stephan von Lothringen, für den sie das Schloss erworben hatte, aus Wien an. Die Allee, die von den Donau-Auen aus in Richtung Schloss führt, trägt heute ihren Namen. Kronprinz Rudolf nutzte das Jagdschloss ebenso, doch sein wahres Steckenpferd war die Ornithologie, und damit die zahlreichen Vogelarten in den Naturräumen des Marchfelds. Die Donau-Auen hat er in seinem „Kronprinzenwerk" 1888 genauestens beschrieben.

Den echten Vogel abgeschossen hat wohl Erzherzog Franz Ferdinand, und zwar im wahrsten Sinne des Wortes. Auch wenn die Treibjagd Bestandteil des höfischen Lebens war, muss sie wohl mehr als eine reine Verpflichtung für ihn gewesen sein. Bei knapp 280.000 Wildtieren, die er hier im Laufe der Jahre erlegte, und dem Rekord von 2.775 geschossenen Möwen an einem Tag wird wohl schon eher der Freizeitgedanke ausschlaggebend gewesen sein.

Marktgemeinde ECKARTSAU

Einwohner: 1.353

Katastralgemeinden *(alphabetisch)*

Eckartsau
Kopfstetten
Pframa
Wagram a. d. Donau
Witzelsdorf

Linke Seite:
SCHLOSS ECKARTSAU. Über dem Westtor thront Diana, die Göttin der Jagd. Hirsche und Jagdhunde zu beiden Seiten sind ihre Begleiter.

SCHLOSSPARK ECKARTSAU. Der weitläufige Park, der auf seiner Südseite als Auwald in die Donau-Auen übergeht, ist heute im Besitz der Österreichischen Bundesforste.

Neben den Jagdvorlieben der Habsburger hat Eckartsau noch weitere spannende Geschichten zu erzählen. Zum Beispiel, woher das Sprichwort „auf den Hund gekommen" stammt, warum uns heute noch etwas durch die Lappen geht – oder warum wir beim kleinen Bedürfnis von vier Buchstaben sprechen. Es hat etwas mit dem Damentöpfchen zu tun, so viel sei verraten. Wer mehr dazu wissen möchte, erfährt dies bei einer Schlossführung.

Ein verfallenes Traumschloss als Ort der Moderne

Wir nähern uns dem Jagdschloss durch den Schlosspark. Noch vor gut 100 Jahren soll hier alles Wildnis gewesen sein, auch nach dem Zweiten Weltkrieg musste der 27 Hektar große Garten durch die Österreichischen Bundesforste wieder aus dem Dornröschenschlaf geholt werden. Schön versteckt liegt die ehemalige Wasserburg aus dem 12. Jahrhundert da, als Wehrburg war sie einst von einem doppelten Wassergraben umgeben. Zwar handelt es sich nach dem Umbau unter Graf Kinsky (nach Entwürfen von Fischer von Erlach in den 1720er Jahren) nun um ein barockes Jagdschloss, aber im Gegensatz zum großen Bruder Schloss Hof kommt es so gar nicht pompös, sondern klein und fein – und etwas verspielter – daher.

Über 100 Jahre lang standen die Gemäuer nach Maria Theresia leer, Donau-Hochwasser wie im Jahr 1830 sorgten für einen überfluteten Keller, und Süd- sowie Osttrakt waren zer-

Oben: GROSSES STIEGENHAUS. Bereits beim Aufgang zu den Privatgemächern zeigt sich Barock vom Feinsten: Stuckarbeiten zum Thema Jagd und ein auffälliges Fresko.

stört. Erst Erzherzog Franz Ferdinand nahm sich im Jahr 1897 des Schlosses an, schüttete den Graben zu und ließ den weitläufigen Schlosspark anlegen. Er errichtete die beiden Trakte neu und ließ Wasserrohre für Bad und WC sowie Strom- und Telefonleitungen einbauen. Letztere natürlich nicht ans öffentliche Netz angebunden, denn dieses existierte im ländlichen Raum noch nicht. Für den Strom sorgte ein benzinbetriebener Motor, die Telefonleitung wurde extra aus Wien hierher verlegt.

Den Schlosspark ließ er als englischen Landschaftsgarten anlegen. Die Hauptallee teilt den in Richtung Eckartsau verlaufenden nördlichen Teil (Schlosspark) vom Auwald in südlicher Richtung (Nationalpark Donau-Auen) ab. Man könnte hier gut den Tag zwischen dem einladenden Hochzeitspavillon, dem Buchenbaldachin und den im großräumigen Areal verstreuten Liegen verbringen. Tischgruppen laden an einem sonnigen Tag dazu ein, Kaffee und Kuchen zu genießen. Wer im Frühling kommt, darf dazu einen üppigen Blütenteppich aus Narzissen und Veilchen im Auwald erwarten.

Eine Schlossführung, die ganz tief ins Innerste blicken lässt

Wir treten über das Westtor ein, das von Diana, der Göttin der Jagd, samt Hirschen und Jagdhunden bewacht wird. Mit zahlreichen Jagdszenen geht es auch im Inneren des Schlosses weiter: In der Säulenhalle zeigt das Deckenfresko Szenen einer Falkenjagd, im Festsaal, Zentrum des barocken Westtrakts, ist es die Aufnahme Dianas in den Olymp. Dass Schloss Eckartsau gerne als Filmlocation dient, hat einen Grund: Das in purpurroten und dunkelbraunen Tönen gehaltene Interieur vermittelt mit seiner authentischen Kulisse eine wunderbare Mischung aus höfischem und privatem Leben der Habsburger. Der sternförmig verlegte Parkettboden im barocken Prunkraum stammt noch aus der Zeit Kinskys, und die dunkelroten Tapeten im Tafelzimmer haben sich aus dem 18. Jahrhundert erhalten.

Eines der Highlights im Schloss ist jener Tisch im Grauen Salon, an dem einst Kaiser Karl I. seine Verzichtserklärung auf die ungarischen Regierungsgeschäfte unterzeichnete. Originalgetreu renoviert wurden die Privatgemächer des letzten Kaiserpaares. Hinter blauem und gelbem Schlafzimmer entdecken wir Badezimmer, in denen sich Tapeten und Kachelofen erhalten haben – die dazugehörigen Toiletten wirken fast wie zeitgemäße Exemplare. Im Chinesischen Kabinett faszinieren wiederum die restaurierten, über 260 Jahre alten Tapeten aus chinesischer Seide.

Im neuen Trakt des Schlosses entlockt der Waffengang ein Staunen. Die Wände des Durchgangsraums sind mit einigen hundert Jagdtrophäen aus der Zeit Franz Ferdinands überzogen. Wie bereits erwähnt, war er der schießwütigste unter den Habsburgern – aber wir erfahren auch, dass Kaiser

FESTSAAL. Das Zentrum des barocken Westtrakts beeindruckt vor allem durch sein Deckenfresko „Aufnahme Dianas in den Olymp" von Daniel Gran.

Oben: KAISERLICHES SPEISEZIMMER. Schloss Eckartsau wird heute gerne als Kulisse für historische Filme genutzt. Das Ambiente versetzt Besucher authentisch in die letzten Tage der Habsburger als Herrscherdynastie.

Rechts und rechte Seite unten: BIBLIOTHEK. Unter Erzherzog Franz Ferdinand entstand der vertäfelte Aufenthaltsraum zur Jahrhundertwende.

Oben: ROTER SALON. Nach einem ausgiebigen Jagdtag ließen Bewohner und Gäste den Tag gerne hier ausklingen. Karl I. nutzte den Roten Salon auch für Besprechungen.

Oben:
SCHLAF- UND BADEZIMMER der kaiserlichen Familie. Der technische Fortschritt zeigt sich neben der Zentralheizungsanlage vor allem in den hochmodernen Waschräumen der damaligen Zeit.

Rechte Seite:
WAFFENGANG. Einige hundert Jagdtrophäen von Erzherzog Franz Ferdinand. Der „schießwütigste" unter den Habsburgern soll in Eckartsau rund 280.000 Wildtiere erlegt haben.

Wilhelm II., der die gleiche Leidenschaft teilte, bei seinem zweitägigen Besuch im Jahr 1908 rund 70 Hirsche erlegen durfte.

Augenfällig im neuen Trakt ist auch die Zentralheizung, eine jener Modernisierungen, die unter Franz Ferdinand durchgeführt wurden. Im Dienerzimmer gibt es mit einem 70 Kilogramm schweren Ungetüm einen von nur zwei Prototypen eines Staubsaugers aus der damaligen Zeit zu bewundern (sein Pendant ist übrigens in Schloss Esterházy in Eisenstadt zu finden).

Wer noch tiefer in die spannenden Räumlichkeiten von Schloss Eckartsau eintauchen möchte, bucht am besten eine Spezialführung: Neben den Kaiserappartements kann man dabei auch einen Blick auf den Dachboden und den Keller werfen und Einblick in den Dienstbotenalltag nehmen.

Das Schloss als Gesamtkunstwerk lässt sich auch als Hochzeitslocation erleben. Neben dem Schlossfest im Juni lädt die Sommernacht im Juli mit Live-Musik und Lampions zum stimmungsvollen Lustwandeln durch den Park – Aufstieg im Heißluftballon inklusive. Und beim wein.wild.weinviertel Festival gedachte man erstmals im September 2021 kulinarisch der Tradition des Jagdschlosses mit Schmankerln aus der Weinviertler Wildküche.

71

Oben:
SCHLOSSKAPELLE. Hier feierte das Kaiserpaar kurz vor seiner Abreise ins Schweizer Exil die letzte heilige Messe.

640 JAHRE HABSBURGER:
Wie in Eckartsau das Ende besiegelt wurde

Welch Ironie der Geschichte, dass im Marchfeld, in dem die Habsburgermonarchie im Jahr 1278 ihren Anfang nahm, auch gleichzeitig das Ende dieser Dynastie besiegelt wurde. Die Schlacht bei Dürnkrut und Jedenspeigen verlegte den Mittelpunkt Europas für kurze Zeit an den Rand Österreichs. Mit dem Sieg über den Böhmenkönig Ottokar II. Přemysl begründete Rudolf I. von Habsburg die 640 Jahre währende und teils weltumspannende Macht dieses Herrschergeschlechts (siehe Seite 207). Vom Mittelpunkt Europas, geschweige denn des Habsburgerreiches, konnte man nicht mehr sprechen, als der letzte Kaiser Österreichs im Jahr 1919 über den Bahnhof von Kopfstetten das Land in Richtung Schweizer Exil verließ. Wie war es dazu gekommen?

Nach dem Ende des Ersten Weltkriegs und dem Beschluss der Provisorischen Nationalversammlung zur Formierung des Staates Deutschösterreich am 30. Oktober 1918 war es nur mehr eine Frage der Zeit, bis auch das Kaiserhaus Taten setzten musste. Anders als gerne angenommen wird, handelte es sich um keine Abdankung des Kaisers, sondern lediglich um einen Verzicht auf die Regierungsgeschäfte, der ihm am 11. November im Schloss Schönbrunn abgetrotzt wurde. Tags darauf wurde die 1. Republik Österreich ausgerufen, noch einen Tag darauf forderte eine ungarische Delegation in Eckartsau das Gleiche für ihren Teil der Reichshälfte. Die Österreich-Ungarische Monarchie fand am 13. November 1918 im Grauen Salon von Schloss Eckartsau ihr Ende.

Drei Jahre nachdem Kaiser Karl mit seiner Familie am 23. März 1919 mit dem kaiserlichen Hofzug das Land in Richtung Schweiz verlassen hatte, starb er in seinem Exil auf Madeira. Seinem Sohn Otto Habsburg-Lothringen wurde die Ehrenbürgerschaft Eckartsaus im Jahr 2008 bereits zum zweiten Mal verliehen – unter den Nationalsozialisten war sie ihm aberkannt worden.

Auch andere Herrschaftsgebiete zeugen an den Rändern des Marchfelds vom Glanz vergangener Tage. Eine kleine Zeitreise ins 4. Jahrhundert nach Christus kann man auf der anderen Seite der Donau in Carnuntum, der Hauptstadt Pannoniens, erleben: Das wieder aufgebaute römische Stadtviertel, das samt Fußbodenheizung und funktionstüchtigen Küchen rekonstruiert wurde, ist nicht nur mit Kindern einen Besuch wert.

Am anderen Ende des Marchfelds wartet nördlich von Hohenau in Tschechien das Herrschaftsgebiet der Liechtensteiner, die bis zum Beginn des 20. Jahrhunderts am Rand von Mähren eine der größten Kulturlandschaften Europas ihr Eigen nannten. Auch die barocken und neugotischen Schlösser im einstigen Feldsberg (Valtice) und Eisgrub (Lednice) wurden in den letzten Jahren aus dem Dornröschenschlaf geholt und sind ein Traum für alle Liebhaber früherer Baukunst. Wir setzen unsere Reise durchs Marchfeld nun aber in einem anderen Barockschloss fort. In der nächsten Marchfeld-Gemeinde gilt es, die größte Landschlossanlage Österreichs zu entdecken.

Oben: SCHLOSSPARK. Schloss Eckartsau lädt zum Verweilen und Entspannen ein: Ob bei den Sitzgruppen beim Schlosseingang oder rund um Hochzeitspavillon oder Buchenbaldachin.

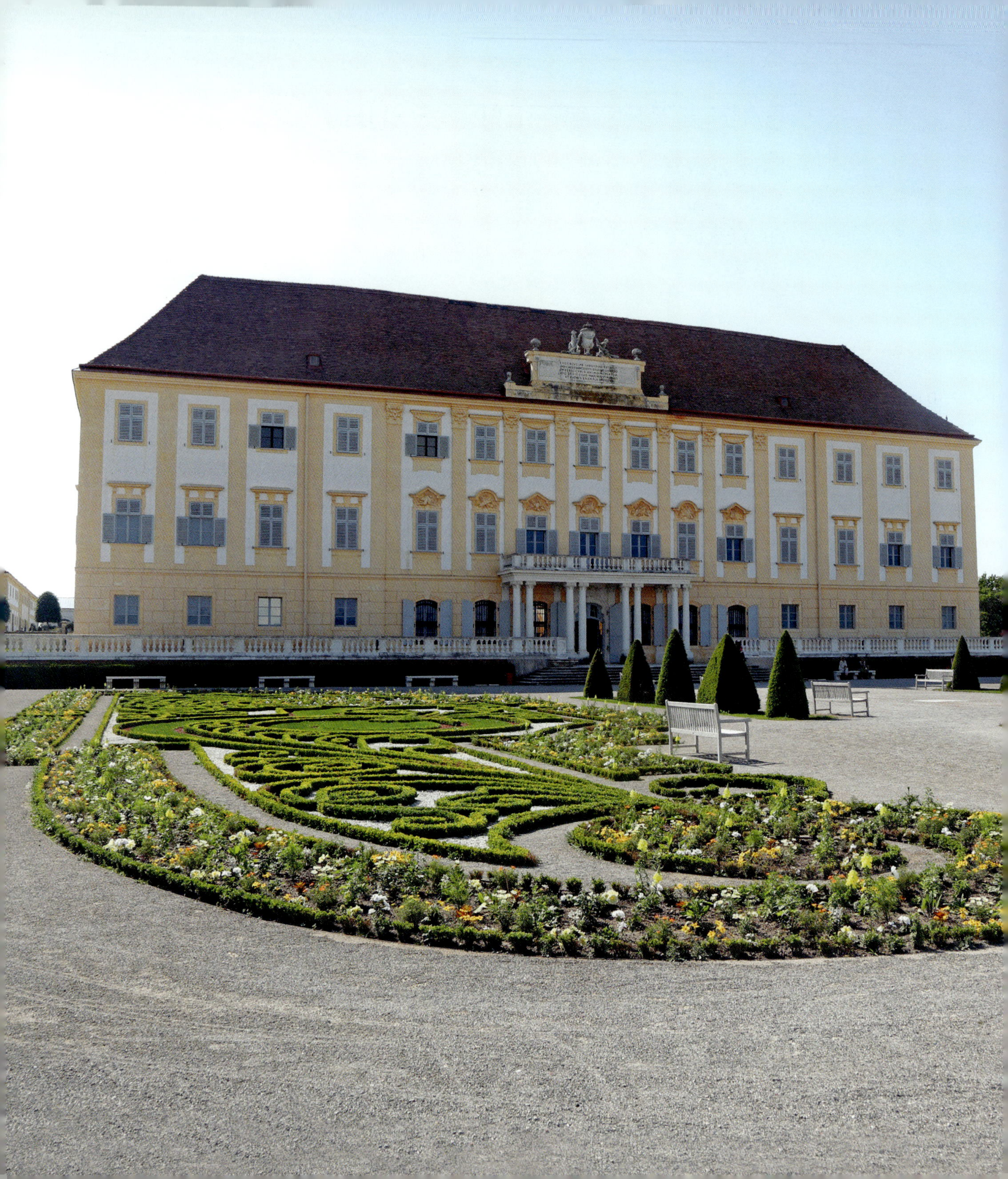

5 BAROCKES LEBENSGEFÜHL
Ein pompöses Lustschloss, das sich ins Heute gerettet hat

Marktgemeinde ENGELHARTSTETTEN

Der Klassiker schlechthin: Schloss Hof hat sich in den letzten Jahren zu einem richtigen Publikumsmagneten gemausert, auf dessen Areal vor allem Familien schon einmal den ganzen Tag verbringen können. Wir haben uns genau umgesehen – und dabei nicht nur Interessantes zum Schloss, sondern auch zur Rekonstruktion der Gartenanlage erfahren.

KENNT MAN EINS, WILL MAN ALLE:
Vom Porzellanschlösschen zum imperialen Lustschloss

Zugegeben, der Spruch ist von den Marchfeldschlössern selbst gestohlen. Die fünf Schlösser vermarkten sich gut und sind ein Zugpferd der Region. In der knapp 2.100 Einwohner zählenden Gemeinde Engelhartstetten stoßen wir dabei das erste Mal in den Grenzraum vor. Dort, wo nach den Türkenkriegen viele Kroaten angesiedelt – und die einstigen Grenzfesten in Schlösser umgestaltet wurden.

In Stopfenreuth ist schon die Donaubrücke gut zu sehen, die sich mit ihren knapp 1.900 Metern über das Augebiet und den Fluss spannt. Im Hintergrund kann man Hainburg mit dem Braunsberg, Schlossberg sowie den Hundsheimer Bergen nicht übersehen. Bei Engelhartstetten schlagen wir an der alten Bernsteinstraße den Weg nach Norden ein.

Unübersehbar schiebt sich an der B 49 mit Schloss Niederweiden nun das dritte der Marchfeldschlösser nach Orth und Eckartsau ins Bild, bevor wir in Groißenbrunn ins Herzstück, nämlich nach Schloss Hof, abbiegen. Übrigens: Schloßhof und Markthof nannten sich bis ins Jahr 1906 noch „Hof an der March". Wer sich nun ob der Schreibweise wundert: Im Gegensatz zum Barockschloss handelt es sich bei Schloßhof um die dazugehörige Ortschaft. Vermarktet werden die fünf Schlösser (Marchegg wird auf unserer Reise noch folgen) gerne als „Schlösserreich". Wer sich nun also entschlossen hat, alle der Reihe nach anzusehen, wird erfreut bemerken, dass sie sich nicht weit voneinander befinden. Da wäre die ehemalige Wasserburg in Orth, die heute in Form eines Renaissance-Kastells das Nationalpark-Zentrum der Donau-Auen beherbergt. Schloss Eckartsau (ebenso eine alte Wasserburg)

Marktgemeinde ENGELHARTSTETTEN

Einwohner: 2.093

Katastralgemeinden *(alphabetisch)*

Engelhartstetten
Groißenbrunn
Loimersdorf
Markthof
Schloßhof
Stopfenreuth

**Linke Seite:
Aufnahmeort:
SCHLOSS HOF.**
Ein barocker Traum, den man so gar nicht am Grenzsaum im Osten des Landes vermuten würde.

**Aufnahmeort:
SCHLOSS HOF.**

Oben:
NEPTUNBRUNNEN.
Der im 19. Jahrhundert abgetragene Brunnen auf der ersten Terrasse wurde wieder rekonstruiert und ziert die Westansicht des Schlosses.

Rechte Seite:
MARCHTOR. Schmiedeeiserne Tore öffnen den Blick in die Weiten des unbesiegbaren Feinds. Einen schönen Abschluss zur Grenze hin bildet das Marchtor.

zeigt sich mitten im Nationalpark als barockes Jadgdschloss von seiner verspielten Seite. Mit Schloss Niederweiden (errichtet anstelle der alten Burg und Grenzfeste Grafenweiden) überrascht ein französisches Lustschlösschen ungewöhnlich nah an der Bundesstraße. Etwas abseits davon und direkt an der Grenze zur March pflegt Schloss Hof ein pompöses Dasein als barockes Gesamtkunstwerk. Den Abschluss macht Schloss Marchegg, eine ebenfalls einstige Burg und Grenzfeste, die sich heute in einem schönen Barockkleid zeigt.

Alle Marchfeldschlösser bzw. deren Vorgänger-Bauten wurden einst zur Sicherung des Grenzlandes errichtet – und mancherorts nach dem Ende der Türkenkriege und dem Frieden von Karlowitz, als die Gefahr aus dem Osten gebannt war, in pompöse

Jagd- oder Lustschlösser umgewandelt. Vor allem Prinz Eugen verdanken wir das heutige Erscheinungsbild der Marchfeldschlösser (er besaß neben Schloss Hof und Niederweiden auch Schloss Obersiebenbrunn). Aber auch die Habsburger sowie einzelne Adelsfamilien wie die Pálffys oder Kinskys waren Schlossherren dieser Juwele im Osten Österreichs. Lange lagen die Marchfeldschlösser nach dem Zweiten Weltkrieg im Dornröschenschlaf, wurden aber nach und nach wiedererweckt und sorgsam restauriert.

EINE KOMPOSITION DER GEOMETRIE:
Barock, wohin das Auge schaut

Wir betreten Schloss Hof vom Besucherparkplatz aus. Der erste Eindruck: Es herrscht rege Betriebsamkeit. Nicht nur zahllose Ziesel flitzen auf den Wiesen herum, sondern auch mehrere Gärtner

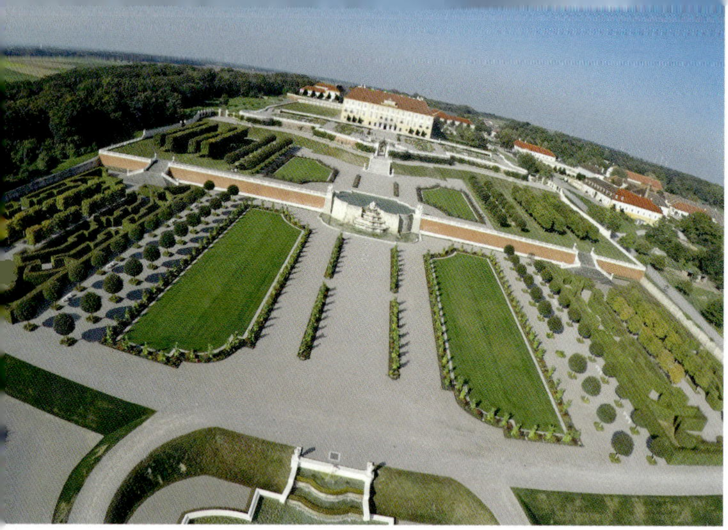
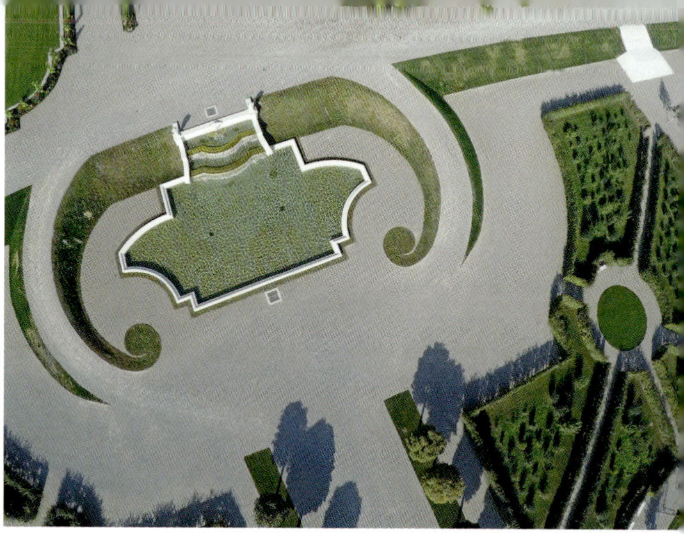
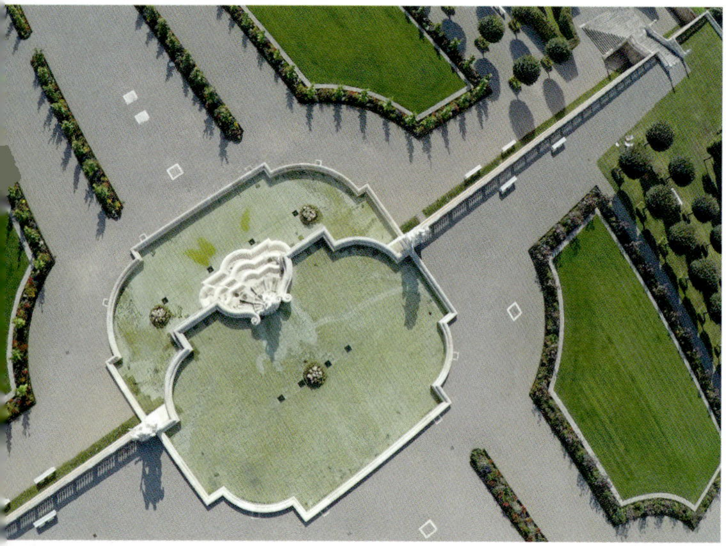
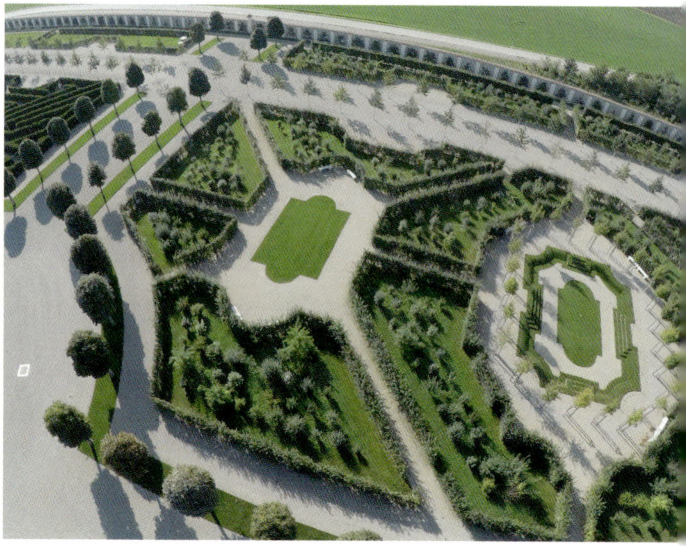
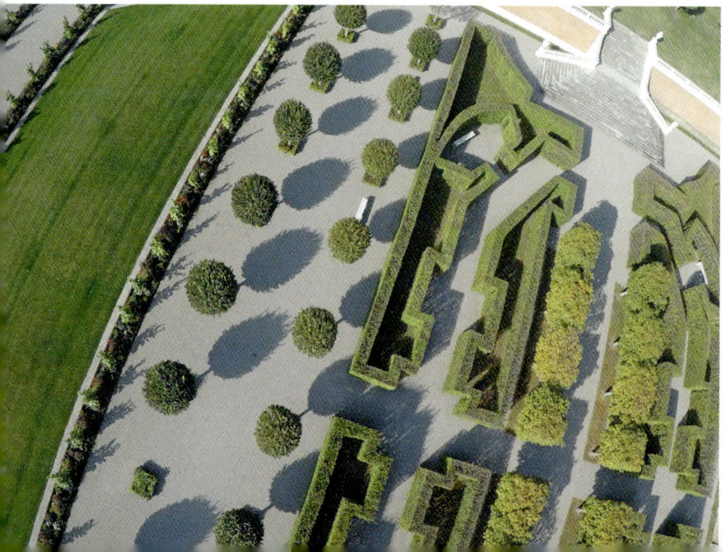
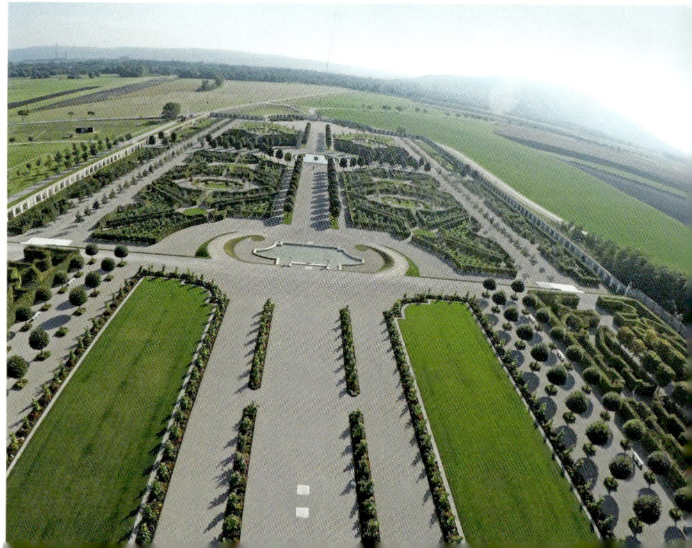

und Stallburschen, die gerade mit dem Hecken- oder Baumschnitt und der Pflege der Pferde beschäftigt sind. Man merkt sofort, dass es sich bei Schloss Hof nicht nur um die größte Landschlossanlage Österreichs, sondern auch um einen der größten noch erhaltenen Meierhöfe Europas handelt. Es tut sich also was, als Ausflugsziel für Groß und Klein hat Schloss Hof nicht nur innerhalb der Schlossmauern, sondern vor allem außerhalb viel zu bieten.

Der erste Blick auf die außergewöhnlich schönen barocken Gartenanlagen zeigt neben der wunderbaren Pracht (bis zu 40.000 Blumen werden zweimal im Jahr u. a. in wunderschön angelegten Broderieparterres verpflanzt) aber auch eines: Veränderung. Die letzte der sieben Gartenterrassen wurde erst in den vergangenen Jahren restauriert. Und dort, wo einst Prinz Eugen in die unendlichen Weiten hinter der March blickte, stechen heute die bunten Plattenbauten von Devínska Nová Ves sowie das Volkswagen-Werk auf der slowakischen Seite der March unübersehbar ins Auge.

Das zu Beginn des 17. Jahrhunderts an der Stelle der mittelalterlichen Feste Hof errichtete Renaissance-Kastell wurde vom bedeutenden Feldherrn einst in eine barocke Sommerresidenz umgebaut. Nach der Herrschaft Obersiebenbrunn, die er von Karl VI. erhalten hatte, vergrößerte Prinz Eugen sein Jagdgebiet um die Schlösser Hof und Niederweiden. Genauso, wie er einst vom Garten des Wiener Belvedere auf den Kahlenberg blickte, steckt auch in Schloss Hof der Blick über die Marchgrenze in Richtung des bezwungenen Feindes voller Symbolik.

Aufnahmeort: SCHLOSS HOF. BRODERIEPARTERRES. Im Vordergrund die wunderschön angelegten Gärten, im Hintergrund die Plattenbauten von Devínska Nová Ves.

Aufnahmeort: SCHLOSS HOF.

Rechte Seite:
KLEINE KASKADE. Seit dem Jahr 2010 fließt das Wasser wieder in die darunterliegenden Becken.

Aber auch wegen der zur Marchniederung hin abfallenden Terrassen hat sich der Feldherr, der hier als Bauherr glänzte, Schloss Hof ausgesucht. Teiche waren im nahen Groißenbrunn verfügbar, und nach Errichtung eines Schöpfwerks, zusätzlicher Reservoirteiche und Rohrleitungen stand seinen barocken Wasserspielen nichts mehr im Wege. Diese zeigen sich noch heute entlang der Zentralachse rund um die Kleine und Große Kaskade, und beim Anblick der zahlreichen Figuren im Barockgarten wird man ebenso daran erinnert, mit wem man es hier zu tun hat. Antike Götter und Fabelwesen dienen der Verherrlichung des großen Feldherrn und erzählen bei den Löwenskulpturen von Herkules und Antaeus von der Bezwingung der Türken durch Prinz Eugen – oder von den Kräften von Donau und March, die in der Brunnengrotte zusammenfließen. Abgerundet wird das Ensemble am Ende des Gartens vom gusseisernen Marchtor – der Grenze zur wilden Landschaft im Außenbereich.

1725 wurde der Umbau des einstigen Renaissance-Kastells unter Johann Lukas von Hildebrandt begonnen und der 16 Hektar große Garten auf sieben Terrassen nach französischem Vorbild errichtet. Bis zu 300 Gärtner sollen dabei beschäftigt gewesen sein, im Frühjahr 1730 spricht man von 800 Handwerkern und Taglöhnern. Die Gesamtanlage bekam der wohltätige Gutsherr Prinz Eugen, der dafür auch seine ausgedienten Veteranen beschäftigte, nicht mehr zu Gesicht: Er verstarb im Jahr 1736.

Unter Maria Theresia aufgestockt und wie bereits unter Prinz Eugen als Jagdschloss verwendet, verfiel die Anlage in den nachfolgenden Jahren. Erst unter Kaiser Franz Joseph I. wurde Schloss Hof wieder in Form eines k.u.k. Reit- und Fahrlehrinstituts genutzt. Auf der ersten Terrasse findet sich in den dafür angelegten Reitställen heute eine interessante Fotoausstellung, die den jetzigen Zustand mit Bildern aus den 1980er Jahren vergleicht. Das Schloss war nach der Benutzung durch k.u.k. Soldaten und Wehrmacht sowie der anschließenden Besatzung durch die Rote Armee in argem Zustand – einer der Innenräume ist heute noch in seiner ramponierten Erscheinungsform zu sehen.

Eine Kehrtwende brachte die Niederösterreichische Landesausstellung im Jahr 1986. Schritt für Schritt wurden Schloss und Gartenanlagen vor allem ab den frühen 2000er Jahren restauriert. Heute bietet der Garten mit seinen zahlreichen Figurengruppen wieder einen Anblick wie im 18. Jahrhundert – ein harmonisches Spiel des kontrollierten Pflanzenwuchses.

Warum man weiß, wie die barocken Anlagen samt Innenräumen früher ausgesehen haben? Bernardo Bellotto, besser bekannt als Canaletto, haben wir drei Ansichten von Schloss Hof um 1760 zu verdanken. Auch genaue Inventarlisten existieren aus der Zeit, als das Mobiliar unter Kaiser Franz Joseph I. ins Wiener Hofmobiliendepot überstellt wurde.

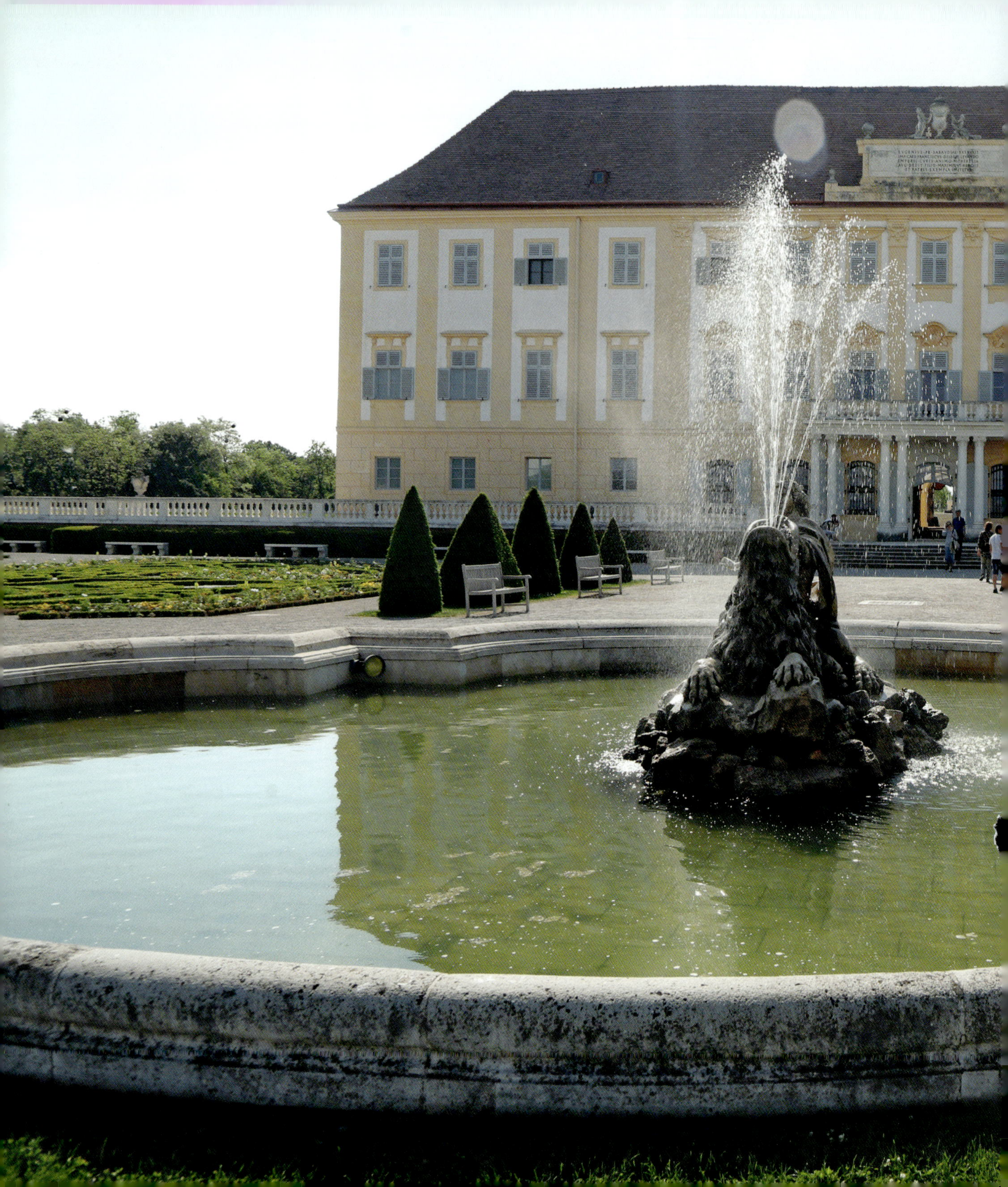

Aufnahmeort: SCHLOSS HOF.

KYBELEBRUNNEN. Die Erd- und Fruchtbarkeitsgöttin stellt wie viele der antiken Figuren und Fabelwesen einen Bezug zum Schloss des Prinzen Eugen her.

**Aufnahmeort:
SCHLOSS HOF.**

BRUNNENGROTTE.
Donau und March rahmen den Wandbrunnen ein, der noch aus der Zeit Prinz Eugens stammt.

Interessant ist die Geschichte zur Rekonstruktion der siebten Gartenterrasse. Erst im Jahr 2019 wurde die mit knapp sechs Hektar größte Stufe mit Labyrinth und Irrgarten eröffnet, die sich zum Beginn des 20. Jahrhunderts völlig verwildert gezeigt hatte. Der originale Gartenplan aus 1765 war erst im Jahr 2006 entdeckt und danach durch Grabungen bestätigt worden. Staunen muss man auch bei der Brunnenanlage an der Großen Kaskade, die in mühseliger Restaurationsarbeit im Jahr 2018 wieder zusammengesetzt wurde. Wer sich wundert, wo die fehlenden Steine am Wandrelief zu beiden Seiten der Wassertreppe verblieben sind, findet sie unter anderem im Amtshaus von Groß-Enzersdorf.

VOM WASSERSPEKTAKEL BIS ZUM DRACHENFEST:
Ein Lustschloss, das alle Stückln spielt

Was gibt es neben den sieben Gartenterrassen, den imposanten Brunnenanlagen und den antiken Götterfiguren noch Bemerkenswertes zu sehen? Im Schloss selbst neben den Privatgemächern von Maria Theresia, dem Festsaal und der beeindruckenden Sala Terrena auch das Kellergewölbe, in das man bei Spezialführungen eintauchen kann. Empfehlenswert ist auch der Besuch der Orangerie, die Prinz Eugen für seine Sammlung exotischer Pflanzen anlegen ließ. Ob es der Blick auf das Gebäude mit der schrägen Glasfassade von außen ist oder die trockene Luft, in der man den Duft der vielen Blüten genießt – die Orangerie lädt nicht nur Pflanzenfreunde zum Entspannen ein. Wer hingegen aufblüht, wenn er von Tieren umgeben ist, braucht sich nur ein paar Schritte weiter im barocken Meierhof umzusehen. Von weißen Barockeseln und Brillenschafen, aber auch von Pflanzen mit Schokoladeduft werden wir auf Seite 243 noch berichten.

Zwischen Ostermarkt und Weihnachtsmarkt laden zahlreiche Events wie die Gartentage, das Pferde- oder Familienfest zum Feiern ein. Das Ambiente des 18. Jahrhunderts lässt sich beim Großen Barockfest nach historischem Vorbild oder auch beim Wasserspektakel im Sommer erleben, wenn die verspielten Wasserfontänen mit Licht, Sound und Artistik die gesamte Schlossanlage in Szene setzen. Verliebte kommen zu den Vollmondnächten, Verspielte zum Drachensteigfest samt Bastelworkshop. Und auch die Philharmonie Marchfeld spielt in Schloss Hof groß auf.

Wer die „Fahrradbrücke der Freiheit" über die March sehen möchte (siehe Seite 125), kann Schloss Hof auch von außen umrunden, um bei dem Gewaltmarsch zu realisieren, was es mit dem Begriff „größte Landschlossanlage Österreichs" auf sich hat.

85

DIE KLEINE SCHWESTER:
Das Porzellanschlösschen direkt an der Bernsteinstraße

Vom großen Landgut zum kleinen Lustschlösschen: Natürlich statten wir auch Schloss Niederweiden einen Besuch ab. Der Weg führt über Groißenbrunn, ehemals Schlachtfeld gegen die Ungarn, heute mit Mariabründl Startpunkt der grenzüberschreitenden Wallfahrtsroute nach Marianka (siehe Seite 276).

In der unendlichen Weite des Marchfelds gelegen, ist der Standort des Schlosses direkt an der Bundesstraße doch recht ungewöhnlich. Dementsprechend kann man Schloss Niederweiden auch gar nicht übersehen, wenn man an der B 49 von Hainburg

Aufnahmeort: NIEDERWEIDEN.

Ein ziemlich einzigartiges Ensemble direkt an der B 49: Am Porzellanschlösschen mit seinem ovalen Mitteltrakt und dem schindelgedeckten Mansardendach sollte man nicht einfach nur vorbeifahren.

aus nach Norden fährt. Ziemlich breit liegt es da mit seinem auffällig schindelgedeckten Mansardendach, den vielen Fensterläden und dem ovalen Mitteltrakt, der sich mit seinem Balkon von den beiden Seitenflügeln abhebt. Ein ziemlicher Hingucker also, dieses Porzellanschlösschen – vor allem dann, wenn man in der Gartenanlage dahinter mit einem Kaffee in der Hand eine Sonnenstunde verbringt und die Rückansicht betrachtet, die den einstigen majestätischen Glanz des Schlosses noch besser vermittelt.

Den entzückenden Beinamen hat Schloss Niederweiden den früheren Porzellanausstellungen zu verdanken. Was man nicht vermuten würde: Schloss Niederweiden wurde schon zehn Jahre nach der Zweiten Türkenbelagerung sowie sechs Jahre vor dem Frieden von Karlowitz ab 1693 durch Ernst Rüdiger von Starhemberg gänzlich neu errichtet (Architekt war kein Geringerer als Fischer von Erlach). Und zwar genau dort, wo im Mittelalter die Burg Grafenweiden als Grenzfeste die Furt über die March sowie die Bernsteinstraße gesichert hatte.

Niederweiden wurde als Teil der Herrschaft Engelhartstetten im Jahr 1726 von Prinz Eugen sowie 29 Jahre später von Maria Theresia erworben, doch wie in Schloss Hof setzte nach ihrem Tod auch hier der Verfall ein. Das Untergeschoß wurde im Ersten Weltkrieg als Pferdestall genutzt, und so richtig aus dem Dornröschenschlaf geholt wurde das Lustschlösschen erst wieder für die Landesausstellung im Jahr 1986, die dem siegreichen Türkenbezwinger gewidmet war. Im ovalen Kuppelsaal beeindrucken die illusionistischen Wandmalereien à la chinoise.

MOHNFELD BEI SCHLOSS NIEDERWEIDEN. Gerade rund um Schloss Niederweiden präsentieren sich die Felder zu jeder Jahreszeit in prächtigsten Farbschattierungen. Das zeigt auch ein Blick aus dem Fenster des kleinen Schwesterschlosses von Schloss Hof.

Doch auch der Blick aus dem Fenster ins weite Land ringsum fasziniert. Endlose Felder in allen Farbtönen, so weit das Auge reicht – wo, wenn nicht hier, wird das Marchfeld seinem Namen gerecht? Man sollte nicht vergessen, einen Blick in die authentisch eingerichtete barocke Wildküche im Seitentrakt (ein Werk von Johann Lucas von Hildebrandt) zu werfen. Und wer's romantisch mag, kommt an einem lauen Sommerabend zum Sternschnuppenpicknick.

Doch was hat die Region neben den fünf Marchfeldschlössern noch an Burgen und Schlössern anzubieten? Neben Schloss Sachsengang sowie Schloss Rutzendorf (beide in der Gemeinde Groß-Enzersdorf) überrascht in Weikendorf ein barockes Pfarrschloss. Den Rand des Marchfelds begrenzen am Zusammenfluss von March und Donau die Ruine Devín sowie am nördlichen Ende die Schlösser Dürnkrut und Jedenspeigen (siehe Seiten 142, 128 und rechts). Neben Schloss Hof und Niederweiden gibt es noch ein weiteres Barockjuwel, das im Besitz von Prinz Eugen und Maria Theresia stand. Als koptisches Kloster ist Schloss Obersiebenbrunn heute nicht mehr zugänglich (wir haben uns dennoch im Schlosspark umgesehen, siehe Seite 314). Eines der Marchfeldschlösser fehlt nun noch in der Riege: Schloss Marchegg mit seinen liebenswerten Bewohnern.

SCHLOSS JEDENSPEIGEN. Ein weiteres Schloss, das sich am nördlichen Rand der Region zu den Marchfeldschlössern gesellt.

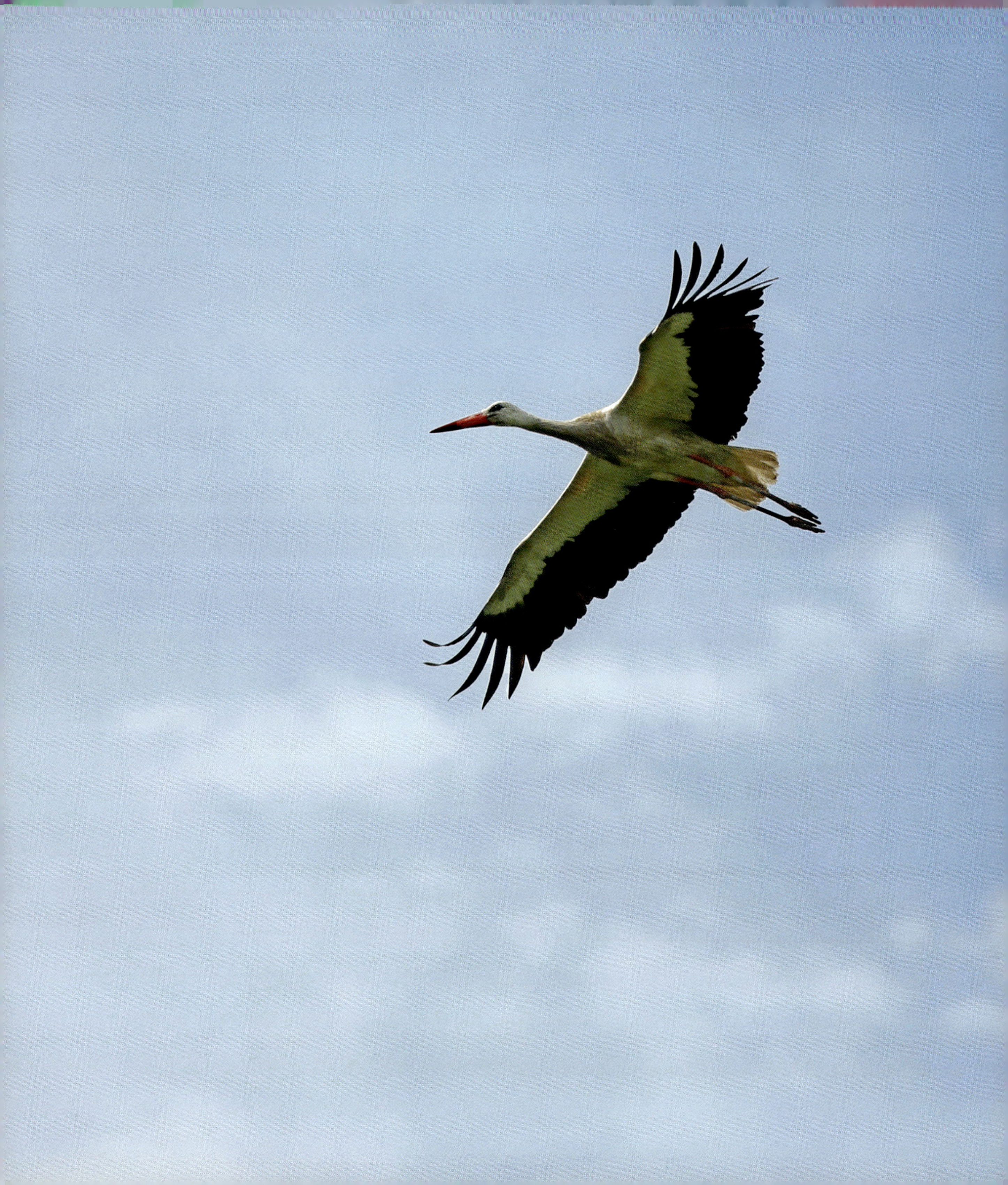

6 EINST KÖNIGSSTADT, HEUTE TREFFPUNKT DER STÖRCHE
Lebensraum Marchauen

Stadtgemeinde MARCHEGG

Marchegg hat seit der Landesausstellung 2022 Spannendes zu bieten: Das Schloss wurde wiederbelebt, die Marchauen sorgen für interessante Einblicke in die Lebenswelt der Störche – und mit der neuen Fahrradbrücke über die March kann man seit Neuestem wieder einen Blick über die Grenzen werfen.

Stadtgemeinde MARCHEGG

Einwohner: 2.988

Katastralgemeinden *(alphabetisch)*

Breitensee
Marchegg

Ein altes Märchenschloss ist neu auferstanden

Schon bei der ersten Begegnung wird an den schmalen Einfahrten klar, dass es sich bei Marchegg um eine besondere Stadt handelt. Im Jahr 1268 (laut neuesten Erkenntnissen bereits 1261) unter König Přemysl Ottokar II. als Grenzfeste gegen die Ungarn angelegt, galt sie damals als die größte befestigte Stadtanlage Mitteleuropas. 70 Jahre danach war Marchegg fast unbesiedelt – heute leben hier immerhin 3.000 Einwohner, davon allerdings nur mehr ein kleiner Teil innerhalb der Stadtmauern, die einst als Bastion für 10.000 Personen gedacht waren

So viele Störche sind es dann doch nicht in Marchegg. Die Weißstorchkolonie, die bereits im Jahr 1890 urkundlich erwähnt wurde, gilt heute als größte baumbrütende ganz Mitteleuropas. Aber auch das barocke Schloss ist ein Hingucker, und seitdem es für die Niederösterreichische Landesausstellung 2022 aufgehübscht wurde, erstrahlt es wieder in neuem Glanz. Wobei: Schön war es schon immer in seinem alten Schönbrunner-Gelb, das Märchenschloss, das hier am Rande Österreichs einen leicht verwunschenen Zauber zeigte. Denn über Jahrzehnte war nichts los im Grenzstreifen der Marchauen – ein Green Belt, der schöner nicht sein könnte.

Nur wenige Jahre nachdem der Böhmenkönig Přemysl Ottokar II. die Marchegger Wasserburg errichtet hatte, verlor er bei der Schlacht bei Dürnkrut und Jedenspeigen nicht nur sein Reich, sondern auch sein Leben – und die Burg 500 Jahre später nach vorigen Adaptierungen ihren ursprünglichen Charakter. Sie wurde unter den Pálffys zu einem barocken Jagdschloss umgebaut. Weitere 300 Jahre später wurde das Schloss nun wieder adaptiert.

Unten: WEISSSTORCH. Ein jährlich wiederkehrender Gast, der sich in Marchegg sehr wohl fühlt. *Aquarell: B. Wegscheider*

Die Fassade verwandelte man in den ursprünglichen gebrochenen Weißton zurück, Zwischenmauern der Sozialwohnungen wurden weggebrochen, das Schloss entkernt und die alte Burg freigelegt. Einer der drei Rundtürme der mittelalterlichen Burg wurde durch einen Steg erschlossen und der einstige schmale Innenhof, aus dem die Jungstörche bei ihren Flugübungen oftmals befreit werden mussten, mit einem Glasdach überspannt. Vermauerte Fenster sowie die Bögen der Sala Terrena wurden geöffnet, was nun wieder einen Blick nach draußen zulässt.

Im ehemaligen Fürstenappartement im Obergeschoß zeigt die Landesausstellung im Jahr 2022 die Wechselwirkung zwischen Mensch, Natur und Kultur. Die Räumlichkeiten dienen weiters als Sitz des Gemeindeamts sowie als Regional- und Tourismusbüro. Auch das Storchenhaus ist aus dem Pförtnerhaus ins Hauptgebäude eingezogen.

Apropos Störche: Bei einem bereits recht knappen Zeitraum von nur 14 Monaten musste bei der Revitalisierung auch auf die auf dem Dach des Schlosses brütende Storchenkolonie Rücksicht genommen werden. Erst nach Abflug der gefiederten Schlossbewohner wurden die 20 Kaminköpfe restauriert (und dabei zehn Horste erneuert). Auch auf die Fledermauskolonie unter dem Dach hat man dabei Rücksicht genommen.

Der Schlosspark wurde in das Besucherprogramm mit einbezogen. Im von den Pálffys erweiterten Garten, in dem heute das Familienmausoleum untergebracht ist, finden sich über 350 Jahre alte Baumriesen. Highlights sind „The Big One", die mächtige Platane, für die es zehn Feuerwehrmänner braucht, um sie zu umfassen, sowie der Tulpenbaum, dessen Abkömmlinge bereits in Neuseeland wachsen. Was es damit auf sich hat, erzählt die Gartenführung. Wo außer auf den Kaminen des Schlosses lassen sich nun aber die Störche finden? Hinter dem Schloss liegen die einstigen Jagdgründe des Fürsten, die seit 50 Jahren als Naturschutzgebiet „Untere Marchauen" Heimat für bedrohte Fauna und Flora sind – und auch für die Störche. Anfang der 1970er Jahre waren es noch 20 Storchenpaare, heute freut man sich über 40 bis 50 Pärchen, die jedes Jahr in Marchegg bis zu 150 Jungstörche auf den alten Eichenbäumen aufziehen. Ende März trudeln die Saisongäste ein und kümmern sich ab April um ihren Nachwuchs, der dann Anfang bis Mitte Mai das Licht der Welt erblickt – pro Horst übrigens zwischen drei und fünf Jungstörche. Mitte August geht es für die Ostzieher bereits über den Bosporus zurück nach Afrika. Zwei Monate sind die Störche für die 10.000 Kilometer lange Strecke unterwegs, im Schnitt legen sie dabei 150 bis 200 Kilometer pro Tag zurück. Leider schaffen nur 10 Prozent der Jungstörche den gesamten Weg bis ans Ziel. Im Storchenhaus erfährt man neben einem Kamerablick ins Storchennest mehr.

Oben:
GRAUES LANGOHR.
Aquarell: B. Wegscheider

Linke Seite:
ALT UND NEU. Schloss Marchegg im alten Schönbrunner-Gelb, bevor es für die Landesausstellung 2022 rundum erneuert wurde.
Fotos linke Seite oben u. rechte Seite links u. oben: B. Wegscheider

Oben: Bei der Revitalisierung des Schlosses wurden auch die Horste erneuert.
Foto: Bruno Wegscheider

Geschützter Lebensraum für Eisvogel, Storch & Co

Die March: Der Fluss, der bereits seit dem 11. Jahrhundert die Landesgrenze bildet (auch als Binnengrenze zur ungarischen Reichshälfte), entspringt ebenfalls in einem Grenzgebiet, nämlich dem Dreiländereck Schlesien, Böhmen und Mähren. Auf ihren 350 Kilometern bis zur Einmündung in die Donau trennt sie Österreich auf 91 Kilometern Flusslauf (bzw. 50 Kilometern Luftlinie) von seinem slowakischen Nachbarn ab. Neben der Thaya ist sie Österreichs einziger pannonisch geprägter Tieflandfluss – im Vergleich zur Donau fließt sie langsamer und bietet daher einen etwas anderen Lebensraum für Fauna und Flora. In den 40 Jahren, in denen der Eiserne Vorhang die Grenze versperrte, konnte sich eine rege Artenvielfalt in den Marchauen erhalten – heute findet man rund um die March-Thaya-Auen eine der naturnahesten Aulandschaften Mitteleuropas.

Die besondere Schutzbedürftigkeit dieses sensiblen Ökosystems hat man schon früh erkannt: Im Jahr 1970 wurden 1.100 Hektar zwischen Marchegg und Zwerndorf als Naturreservat „Untere Marchauen" unter Schutz gestellt. 1983 folgte die Ausweisung der Donau-March-Thaya-Auen als Ramsar-Schutzgebiet, seit 2007 wurde das Gebiet grenzüberschreitend zu Tschechien und der Slowakei auf 54.000 Hektar erweitert. Einen gelungenen Abschluss setzte das March-Thaya-Zentrum, das erst vor Kurzem in Hohenau eröffnet wurde. Was wir zu den Donau-Auen bereits auf Seite 42 erfahren haben, gilt auch für die March: Der Lebensraum Au benötigt Dynamik. Erst wechselseitiges Überschwemmen und Trockenfallen schafft Lebensraum für jene Tiere, die überströmte Kiesbänke oder neu geschaffene Steilufer für ihre Brutpflege benötigen.

Doch auch die March war im 20. Jahrhundert von Regulierungsmaßnahmen betroffen. Der einst stark mäandernde Fluss wurde begradigt (18 abgeschnittene Arme und Fluss-Schlingen verkürzten die March um elf Kilometer), Ufer wurden verbaut, und auch ein Hochwasserschutzdamm durfte nicht fehlen. Wo sich früher die March auf ihren letzten drei Kilometern vor der Einmündung auf bis zu 300 Meter Breite ausdehnte, blieb nach der Regulierung nur noch ein 70 Meter breites Flussbett übrig. 40 Prozent der Auwälder und -wiesen verschwanden, das Überschwemmungsgebiet reduzierte sich von gut acht auf maximal drei Kilometer – und aus der March konnte man danach nur mehr 50 Kilogramm Fisch (statt bis zu einer Tonne vor der Regulierung) pro Hektar holen.

Zwischen 2011 und 2019 wurde die March zwischen Angern und ihrer Mündung wieder renaturiert. Bereits sieben Kilometer Nebenarme wurden angebunden, weiters Wasserbausteine abgetragen. Im Vergleich zur Donau stellt sich die Wiederherstellung naturnaher Lebensräume an der March als schwieriger dar, da man nicht einfach die Staatsgrenze in der Flussmitte verändern kann. Auch Kampfmittel aus dem Zweiten Weltkrieg wurden schon an der March gefunden.

Oben: UFERSCHWALBE
Aquarell: B. Wegscheider

Unten: MARCHUFER. Die March ist bereits seit mehreren Jahrhunderten Grenzfluss: einst Landesgrenze, später Binnengrenze zur ungarischen Reichshälfte, heute wieder Staatsgrenze.

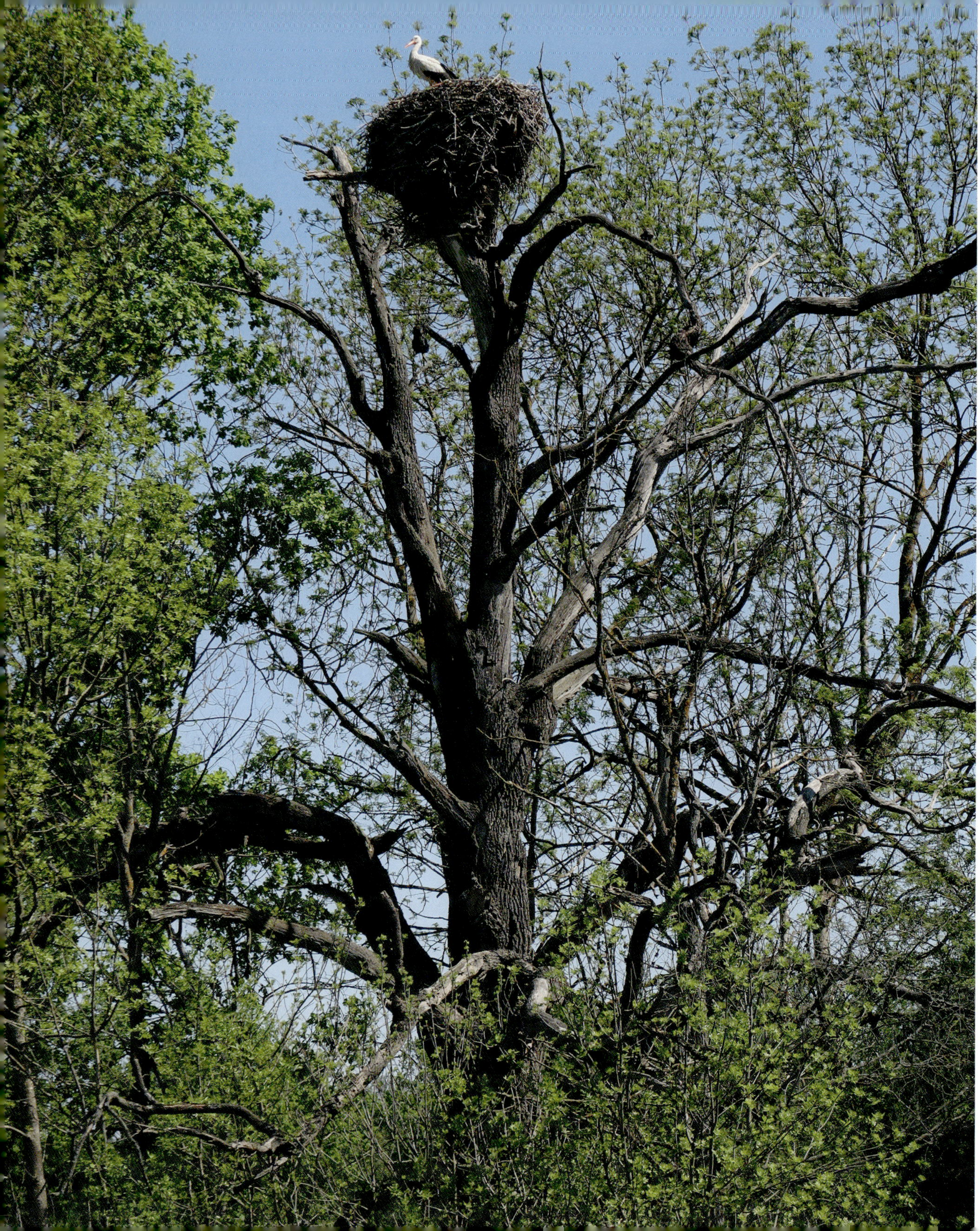

Die Renaturierungsmaßnahmen in den March-Thaya-Auen dienen dem Erhalt des Lebensraums für über 500 bedrohte Tier- und Pflanzenarten. Neben dem Weißstorch nistet der Schwarzstorch in den Auen. Auch Rot- und Schwarzmilan findet man, den Eisvogel sowieso, und mit Glück lässt sich auch ein Seeadler erspähen. Der Biber ist nach über 100 Jahren in den 1980er Jahren wieder zurückgekehrt, auch die rote Federhaube des schwarz-weiß gestreiften Wiedehopfs winkt wieder aus dem Augebiet. Selbst wenn die Eier des Urzeitkrebses in den feuchten Senken austrocknen, überstehen sie die Trockenheit bis zu 30 Jahre lang, um sich dann innerhalb weniger Tage zum Krebs zu entwickeln (eine gute Strategie, die seit der Zeit der Dinosaurier funktioniert).

Mehr als die Hälfte der heimischen Amphibien- und Reptilienarten haben ihren Lebensraum in den Auen an der March und Thaya gefunden. Das dumpfe Rufen der Rotbauchunke während der Paarungszeit kann man nicht überhören, wenn man hinter dem Schloss in einen der Auerlebnis-Wege eingebogen ist. Und vielleicht entdeckt man dabei auch einen Frosch oder Regenwurm – dann weiß man auch, warum sich die Störche in Marchegg niedergelassen haben.

Oben: BIBER und SCHLEIE. *Aquarelle von B. Wegscheider.*

Foto linke Seite: Bruno Wegscheider

EINMAL DURCHSPAZIERT:
Von den Marchauen zu den Marchegger Stadttoren

Drei unterschiedlich kurze Erlebniswege wurden im WWF-Schutzgebiet angelegt und mit Beobachtungsständen versehen. Aber Achtung: Bei Hochwasser können sie schon mal gesperrt sein, und auch die Gelsenplage ist in Marchegg nicht zu unterschätzen. Dies durfte auch einer der Verwalter unter Graf Pálffy ab Erdöd für seine Untreue am nackten Leib zu spüren bekommen – im wahrsten Sinn des Wortes.

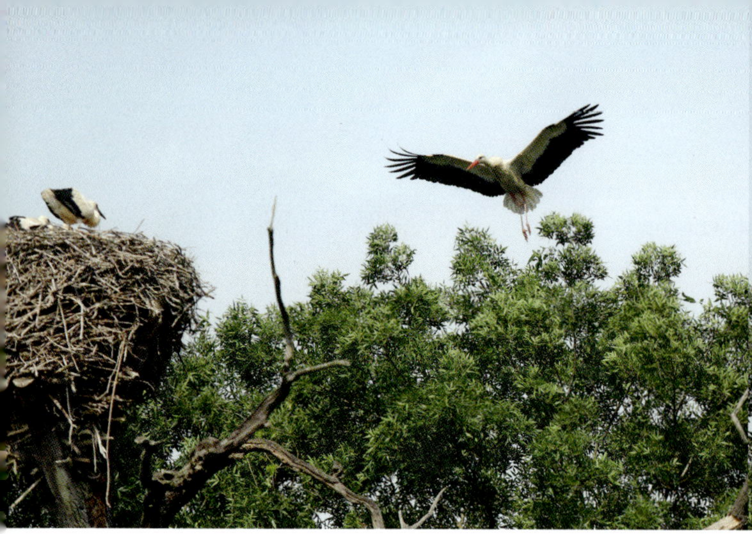
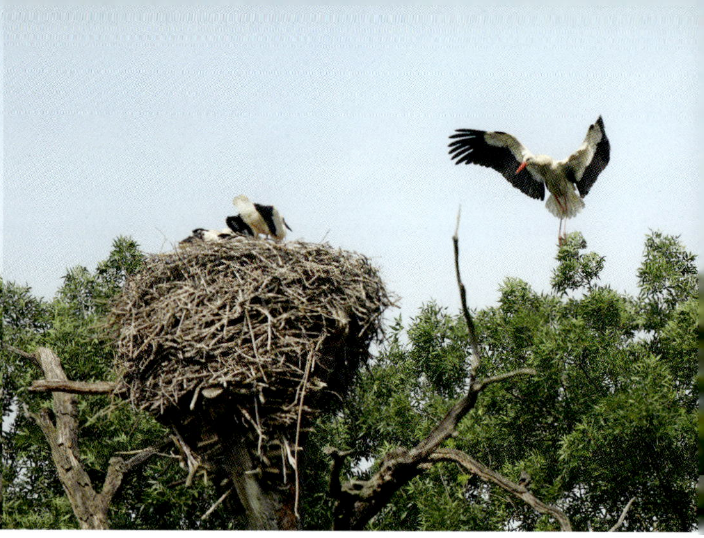
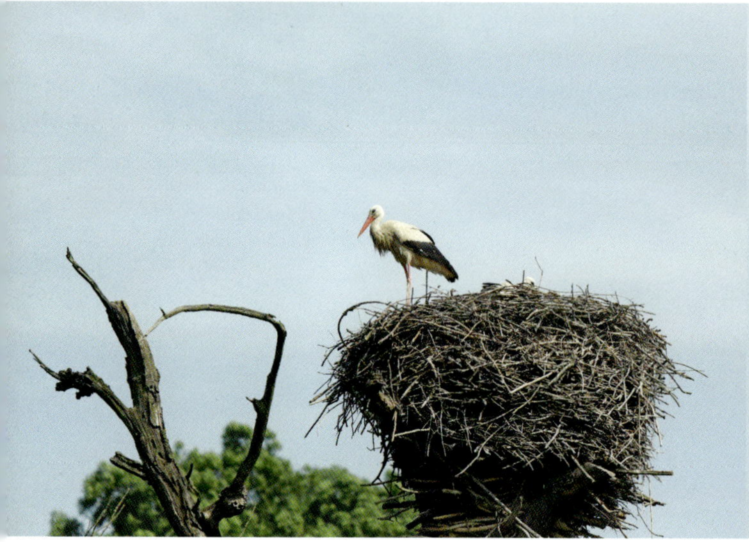
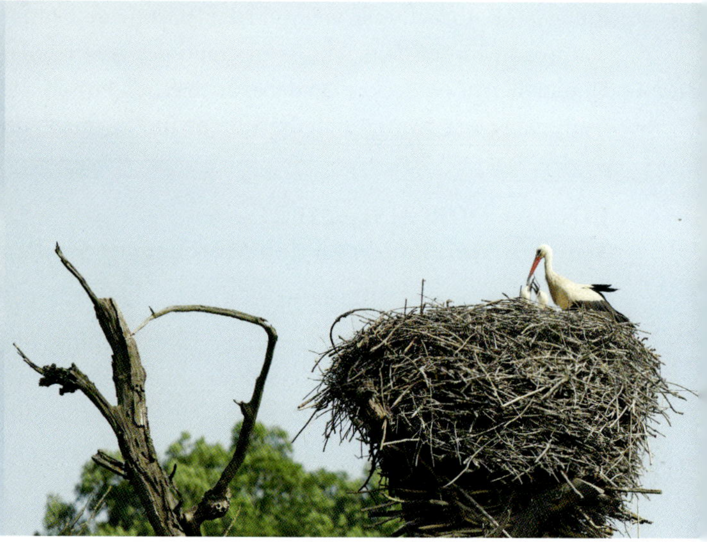
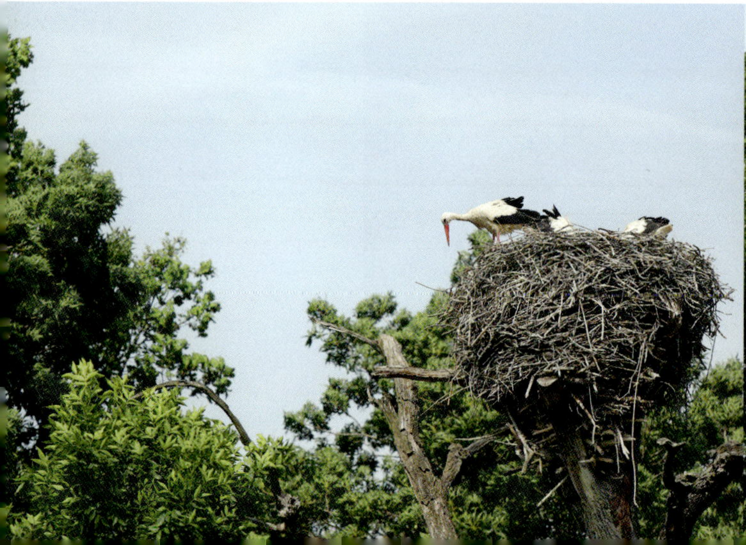
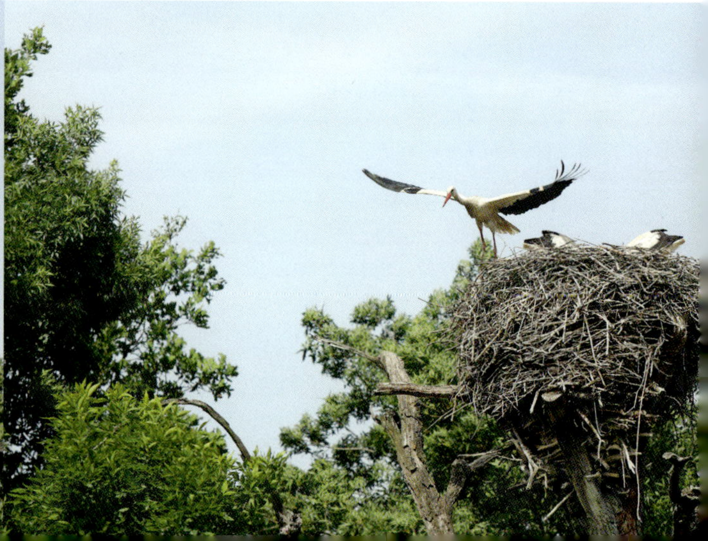

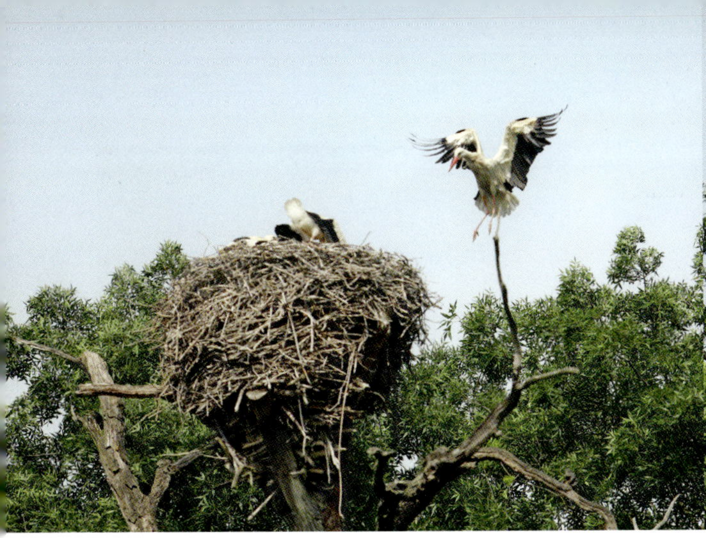
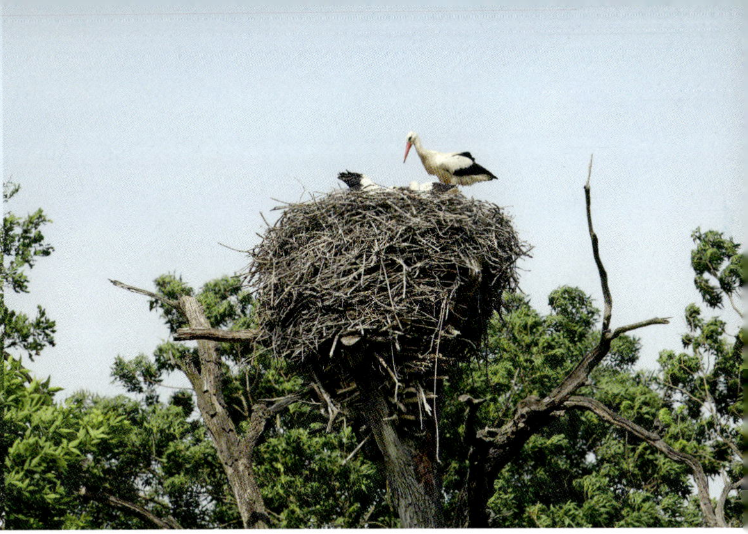
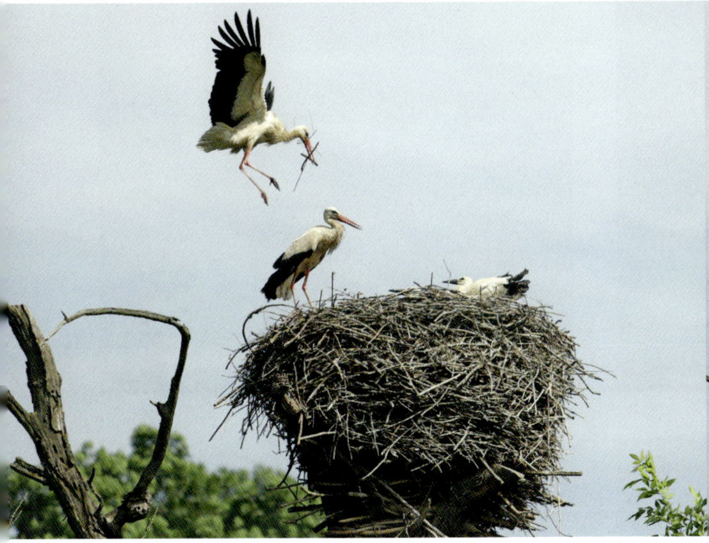
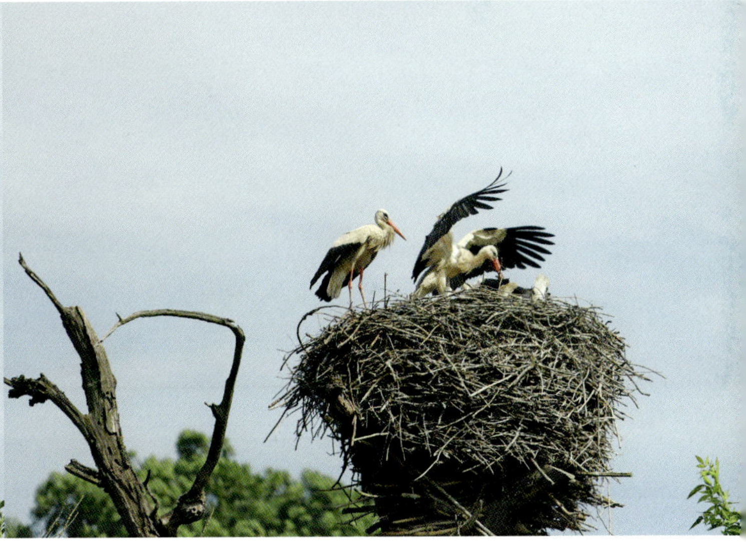
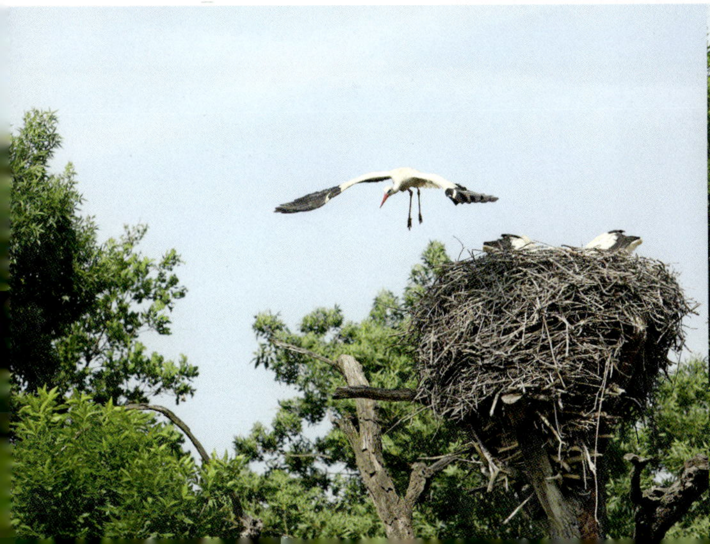
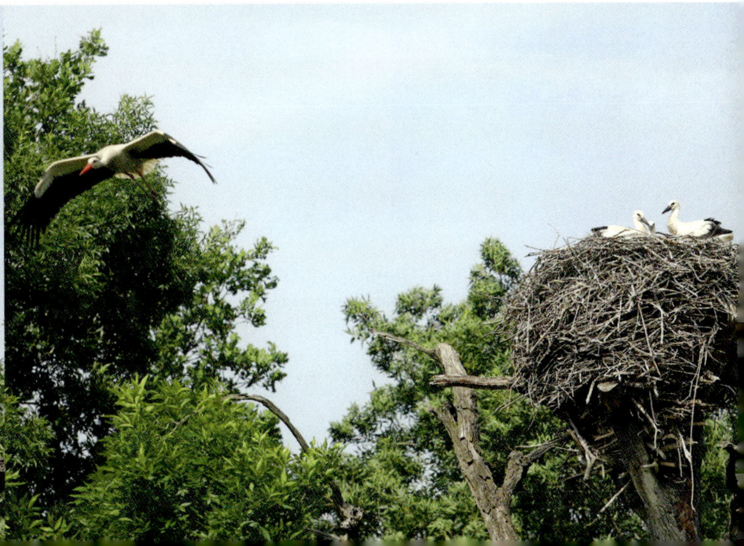

Oben: SPAZIERGANG IN DEN MARCHAUEN. Auf drei Rundwegen kann man die Aulandschaft hinter dem Schloss erkunden. Zwischen den Altarmen taucht man auf dem Storchen-, Unken- oder Biberweg in ein besonderes Naturparadies ein.
Alle Fotos: Bruno Wegscheider

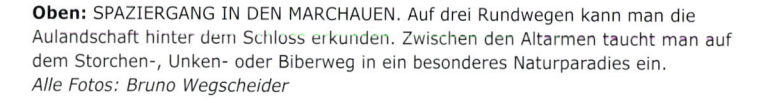

Wir entscheiden uns bei unserem Besuch für die Storchenrunde, die auf zwei Kilometern einen ersten kurzen Einblick ins Augebiet gibt. Wer tiefer eindringen möchte, wählt den Unken- oder Biberweg mit vier oder sieben Kilometern Länge. Richtig gut kann man die Auen natürlich per Kanu zwischen Hohenau und Marchegg kennenlernen.

Auf dem ersten Beobachtungsstand folgt unser Blick dem Klappern, das uns schon seit den ersten Storchennestern auf dem Schlossdach begleitet. Nun dürfen wir die mächtigen Horste auf den alten und abgestorbenen Eichen bewundern, die schon mal bis zu zwei Meter hoch und eine Tonne schwer werden können. Mit etwas Geduld lassen sich auch Kormorane, Reiher oder Graugänse entdecken.

Wir überqueren Altarme, die grünlich schimmern und kreuz und quer von Totholz überspannt sind, und überwinden auf extra angelegten Stegen Sutten, die auch immer wieder überschwemmt werden. An einem Altwasser wurde eine Holzhütte angelegt, durch deren Schlitz sich die Tiere am Wasser beobachten lassen. Neben einzelnen Fischen, Amphibien, Enten und Schwänen kann dies schon mal eine Europäische Sumpfschildkröte sein, die sich auf einem Baumstamm sonnt.

Bei der Pferdeweide schlagen wir den Rückweg zum Schloss ein. Konik-Pferde, eine wilde, dem ausgestorbenen Tarpan ähnelnde Hauspferderasse aus Polen, wurden im Jahr 2015 für die Beweidung der Auwiesen angesiedelt, sodass diese für das Nahrungsangebot der Störche offen bleiben. Hinter dem Schloss folgen wir dem Marchdamm bis zum Fluss, um unseren Spaziergang in der Stadt selbst ausklingen zu lassen.

Oben: MARCHUFER. Die alte Überfuhrstelle am Dammweg, bei der sich seit dem Jahr 2022 eine neue Radfahrbrücke über die March spannt.

Unten: KONIKPFERDE. *Foto: © WTG_Schwarz-König und Sinzinger*

101

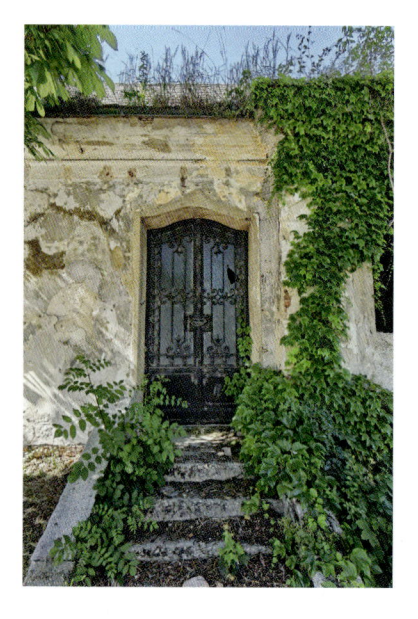

Oben: DAS ÖSTERREICHISCHE ZOLLWACHEDENKMAL, im Jahr 1955 zum 125-jährigen Bestehen der Österreichischen Zollwache errichtet.

Mitte: Statue des Stadtgründers KÖNIG PŘEMYSL OTTOKAR II. Nur wenige Jahre nach Gründung Marcheggs verlor er bei der Schlacht bei Dürnkrut und Jedenspeigen sein Leben.

Dort, wo das Österreichische Zollwachedenkmal am Damm auf die Landesgrenze verweist, tut sich nun wieder einiges. An der Stelle, an der es bis 1918 eine Fähre über die March gab, entstand im Jahr 2022 eine neue Fußgänger- und Radfahrerbrücke nach Vysoká pri Morave. Rundtouren über den Iron Curtain Trail, die Fahrradbrücke bei Schloss Hof und die Kamp-Thaya-March-Radroute sind von nun an möglich.

Am Weg in das Stadtzentrum zeugt die Überfuhrgasse noch von der alten Verbindung. Wir kehren bei der Fischergasse zurück auf den Hauptplatz, um dort eine alte Feuerwehrzille neben der Statue des Stadtgründers, „Rex Przemysl II Ottakarus, Conditor Urbis Marchegg MCCLXVIII" vorzufinden. Gleich gegenüber erinnern Markierungen an die verheerenden Überschwemmungen, unter denen das Marchfeld immer wieder zu leiden hatte. Neben der Marchegger Pfarrkirche – einst zu Zeiten der Stadtgründung errichtet und nach der Zerstörung unter den Türken sowie im

Oben und links unten:
MARCHEGGER PFARR-KIRCHE. Als Teil der Stadtgründung wurde die Pfarrkirche bereits in einem Schenkungsbrief von König Přemysl Ottokar II. erwähnt.

Foto unten:
Bruno Wegscheider

Dreißigjährigen Krieg von Graf Pálffy wiedererrichtet – findet sich auch das Pendant zum alten böhmischen König, denn auch Kaiser Franz Joseph I. ist in Marchegg mit einer Büste vertreten.

Was noch fehlt in der Stadtmauerstadt? Natürlich die Stadtmauer selbst. Bis auf den nördlichen Teil ist sie teils noch gut erhalten, von den einst drei Toren sind im Südosten das Ungartor mit Spitzbogenfenster (in der Nähe von March und Pulverturm) sowie im Norden das Wienertor mit seinem seitlichen Rundturm übrig geblieben. Unweit von Marchegg hatte der Böhmenkönig noch bei einer weiteren Stadtmauerstadt – zwar nicht mehr im Marchfeld gelegen, aber dennoch nicht unbedeutend – seine Hand im Spiel. Die Stadtmauern von Hainburg wurden von

103

Rechts: WIENER TOR. Reste des seitlichen Rundturms sind noch gut erhalten. Wer von Norden aus auf der B 49 nach Marchegg einfährt, muss an dieser markanten Engstelle durch.

ihm verstärkt – und damit hat er uns eine der ältesten und am besten erhaltenen Stadtbefestigungen ganz Europas hinterlassen.

Geschichtlich interessant ist noch ein anderer Marchegger Ortsteil. Bis zum Ersten Weltkrieg hielt der Orient-Express in der weit vom alten Stadtkern abgelegenen Siedlung. Heute fährt man mit der Ostbahn nicht mehr von Paris nach Istanbul, sondern von Wien nach Bratislava über „Marchegg-Bahnhof". Die Reise durchs Marchfeld geht für uns aber in Richtung Norden weiter, und zwar von einem Naturschutzgebiet zum nächsten. Welcher einzigartige Lebensraum uns wohl rund um Weiden erwarten wird?

Oben: UNGARTOR. Direkt an der March gelegen, zeigt dieses Tor zierliche Spitzbogenfenster an der Innenseite.

Unten: BAHNHOF MARCHEGG. Man glaubt es kaum, aber hier machte schon der Orient-Express Station. Heute führt die Strecke nach Bratislava über Marchegg.

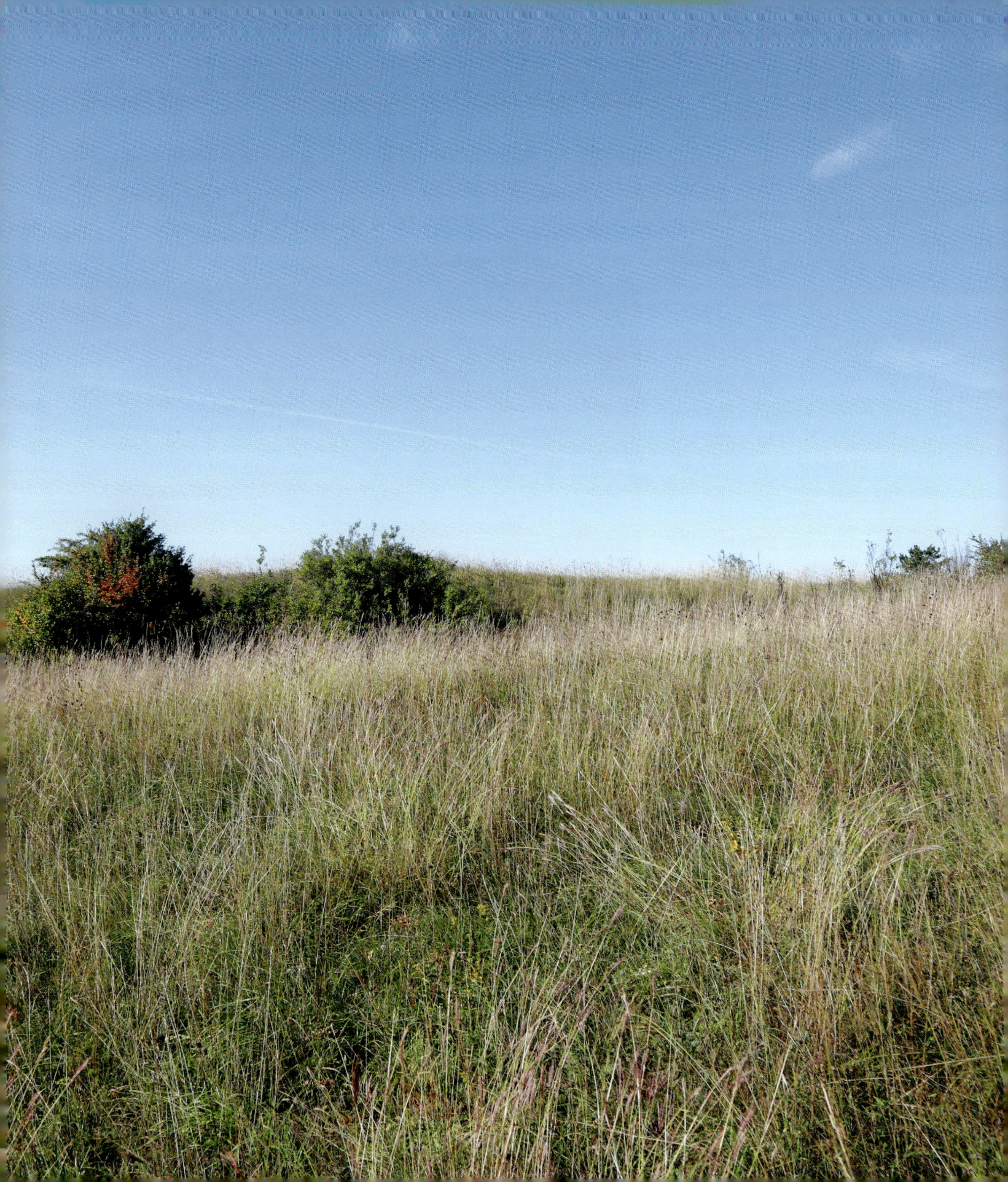

7 WO DAS MARCHFELD FÜR DEN SCHOTTER SORGT
Sahara-Feeling ganz ungewohnt

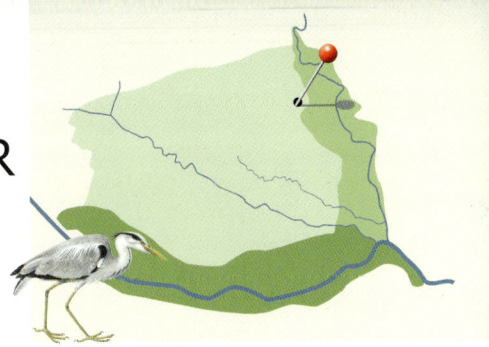

Gemeinde WEIDEN AN DER MARCH

Wer an einzigartigen Lebensräumen interessiert ist, ist hier an der richtigen Stelle – auch wenn die Trockenlebensräume rund um Weiden und Weikendorf auf den ersten Blick nichts Spannendes zu bieten haben. Ein paar Schritte vom Weg entfernt tauchen wir aber in eine Welt ein, die man wirklich nur hier am Rand von Österreich vorfindet.

Gemeinde WEIDEN AN DER MARCH

Einwohner: 985

Katastralgemeinden *(alphabetisch)*

Baumgarten a. d. March
Oberweiden
Zwerndorf

DAS MARCHFELD:
Eine staubtrockene Angelegenheit

Ein großer Teil des Naturschutzgebiets der Marchauen befindet sich auf dem Territorium der knapp 1.000 Einwohner zählenden Gemeinde – doch zusätzlich fasziniert noch ein weiterer besonderer Naturraum rund um Weiden. Damit sind nicht die Bodenschätze gemeint, von denen die Erdgasstation in Baumgarten an der March erzählt, sondern ein ganz besonderer Lebensraum mit eigenartiger bzw. einzigartiger Fauna und Flora.

Wir biegen von der Bernsteinstraße nach Oberweiden ab und bewundern die gewaltige ehemalige Wehrkirche. Doch diese ist nicht das Highlight in Weiden, der Name der Gemeinde verrät es bereits: Wir sind wegen der Heidelandschaft gekommen, das erste Naturschutzgebiet Österreichs ist hier zu bewundern, und sogar Sanddünen soll es hier geben!

Dort, wo wir uns auf unserer Reise durchs Marchfeld nun das erste Mal vom Rand in das Innere hineinbewegen, in dem sich hinter den Auen von Donau und March das Land ausbreitet, fragen wir uns:

Linke Seite: SANDBERGE OBERWEIDEN. In der ursprünglichen Heidelandschaft zwischen Gänserndorf und Oberweiden findet man heute noch Flugsanddünen, die mittlerweile von einem Trockenrasenteppich überzogen sind.

107

Was für ein Landstrich ist das Marchfeld eigentlich? Wie sah es aus, bevor es durch intensive Bewirtschaftung in die Kornkammer Österreichs umgewandelt wurde? Bevor es von Gemüsefeldern überzogen und bevor aus den tiefsten Schichten des Bodens Erdöl und Erdgas – und aus den Kiesgruben der wirtschaftlich bedeutende „Schotter" herausgeholt wurden?

Das Marchfeld ist eine der größten Ebenen sowie eines der trockensten Gebiete Österreichs – sowie ein Land ohne Erhebungen, aus dem höchstens die Türme der einstigen Wehrkirchen sowie die noch viel höheren Lagerhaustürme herausragen. Und es ist Teil des Weinviertels, allerdings nicht geologisch, sondern nur dann, wenn es um die Einteilung in Viertel geht. Liegt doch Letzteres rund 80-150 Meter höher, was man ein Stück nördlich von Weiden bereits an den Ausläufern des Matzner Hügellands gut erkennen kann.

Dies wirft nun wieder die Frage auf, wo man die Grenzen des Marchfelds ziehen sollte. Eigentlich werden diese im Westen (die Stadtgrenze Wiens), im Süden (die Donau) sowie im Osten (die March) ziemlich eindeutig definiert, auch wenn sich das Marchfeld, geologisch betrachtet, im Westen und Osten sogar weiter ausdehnt: einerseits in die Wiener Außenbezirke am Rand der Donau, andererseits über die Landesgrenze hinaus ins slowakische Marchland (Záhorie, also „hinter den Bergen", damit sind die Kleinen Karpaten gemeint). An den Ufern der March verläuft es auf österreichischer Seite sogar bis nach Hohenau hinauf. Im Norden ziehen sich die geologischen Grenzen gut sichtbar vom Bisamberg über Bockfließ und Prottes bis nach Stillfried am Rand der teils bewaldeten Hügel des Weinviertels entlang – auch wenn letztgenannte Orte heute nicht mehr ins Regionskonzept der 23 Marchfeld-Gemeinden passen.

Was allerdings stutzig macht in der weiten Ebene: Wo sich etwas weiter südlich Spargelfeld an Spargelfeld reiht (vom Marchfeld, das in der Region nicht unpassend auf der zweiten Silbe betont wird, wird als „Gemüsegarten Wiens" gesprochen), beginnen sich vom südlichen Rand der Gemeinde Weiden mehrere Kieswerke in Richtung Westen auszubreiten. Das hat einen Grund, nämlich den Kleinen Wagram, jene Geländestufe, die man normalerweise aus dem gleichnamigen Weingebiet östlich von Krems kennt. Hier im Marchfeld macht diese an der Linie Parbasdorf, Markgrafneusiedl, Untersiebenbrunn bis Marchegg auch nur rund zehn Höhenmeter aus.

Der Name („Wogenrain" lässt auf ein Meeresufer schließen) verweist auf die Lage des Marchfelds in der Nordhälfte des Wiener Beckens – jener Bucht, in der im Tertiär die Donau in das Urmeer mündete. Die im Süden des Wagrams befindliche Praterterrasse zeigt sich als fruchtbares Land, in der nördlich davon gelegenen Gänserndorfer Terrasse (beide fallen zur Marchniederung hin ab) kommen in den Schichten verstärkt Sande vor, die aus den Flussschotter-Ablagerungen vor 10 bis 15 Millionen Jahren entstanden.

Noch heute ist das Gebiet entlang der Linie Markgrafneusiedl bis Weiden wenig besiedelt (sieht man von der Ausdehnung der Bezirkshauptstadt in den Stadtteil „Gänserndorf Süd" ab). Einst war die Gegend als „Marokko" bekannt: Wer diesen trockenen und abgelegenen Landstrich durchqueren wollte, musste auf der Hut sein. Eine „Oase" erinnert noch heute im Namen daran. Der alte Schäferhof „Siehdichfür" südlich von Gänserndorf war mehr als nur eine Warnung vor Wegelagerern, sondern auch vor Sand- und Staubstürmen. Heute sind es wohl eher private Kunstwerke wie der vom Wind zerzauste Kunstradfahrer in einem Oberweidener Garten, die daran erinnern.

Die Zeiten sind nun andere, aus dem einst bedrohlichen Gebiet ist die „Sandkiste Wiens" geworden, seit den 1960er Jahren sorgen nun mehrere Kiesgruben im Gebiet für den sprichwörtlichen Schotter. Wer einmal von Marchegg in Richtung Obersiebenbrunn oder von Gänserndorf Süd nach Markgrafneusiedl gefahren ist, kann die Abbauanlagen von Riedmüller, Wopfinger, Rohrdorfer und Koller nicht übersehen. Die heutigen Staubwinde stammen aus den Schottergruben – da verrät der gleich neben einem Kieswerk bei Markgrafneusiedl gelegene Imbiss „Staubfalle" nicht zu viel.

Aber nun weg von den wirtschaftlich genutzten hin zu den geschützten Lebensräumen im Marchfeld, das eindeutig durch seine zahlreichen Naturschutzgebiete sowie einen Artenreichtum wie selten in Österreich besticht (siehe Seite 287). Die Donau-Auen sowie die Marchauen haben wir auf dieser Rundtour durchs Marchfeld ja bereits kennengelernt. Rund um Oberweiden wird es nun ganz trocken – machen wir doch einen Abstecher in die Wüste!

Linke Seite:
Oben: MARTERL bei Taverne am Sachsengang.

Mitte und unten: SCHOTTER-, KIESWERK MARKGRAFNEUSIEDL. Neben Naturschätzen wie Getreide, Gemüse und auch Erdöl wird im Marchfeld auch der sprichwörtliche Schotter aus dem Boden geholt.

Links: SKULPTUR einer Kunstradfahrerin in einem Oberweidener Garten.

Nächste Doppelseite: SANDBERGE OBERWEIDEN. Flugsanddünen, die heute von einem Trockenrasenteppich überzogen sind. In diesem einzigartigen – um nicht zu sagen: eigenartigen – Lebensraum finden sich botanische Raritäten und seltene Steppenbewohner.

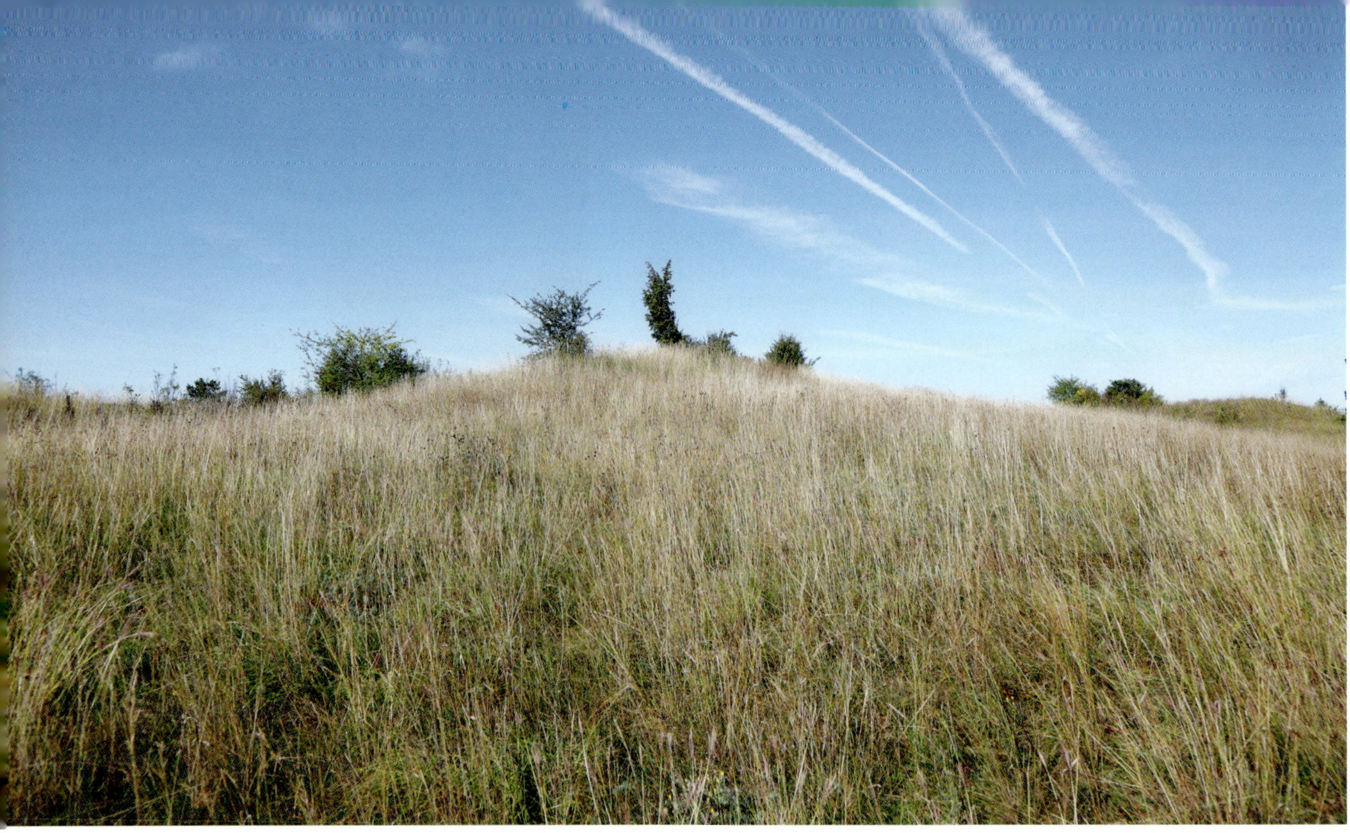

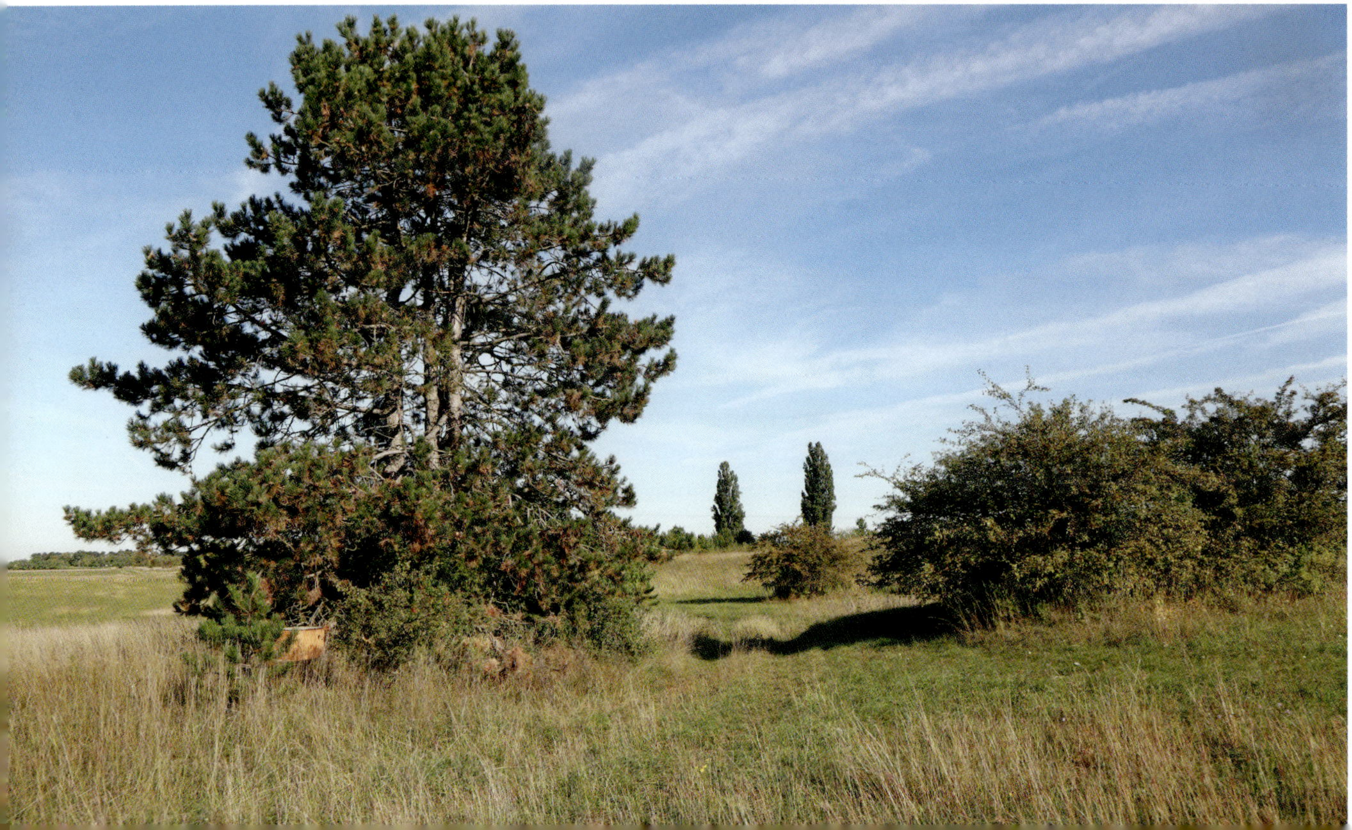

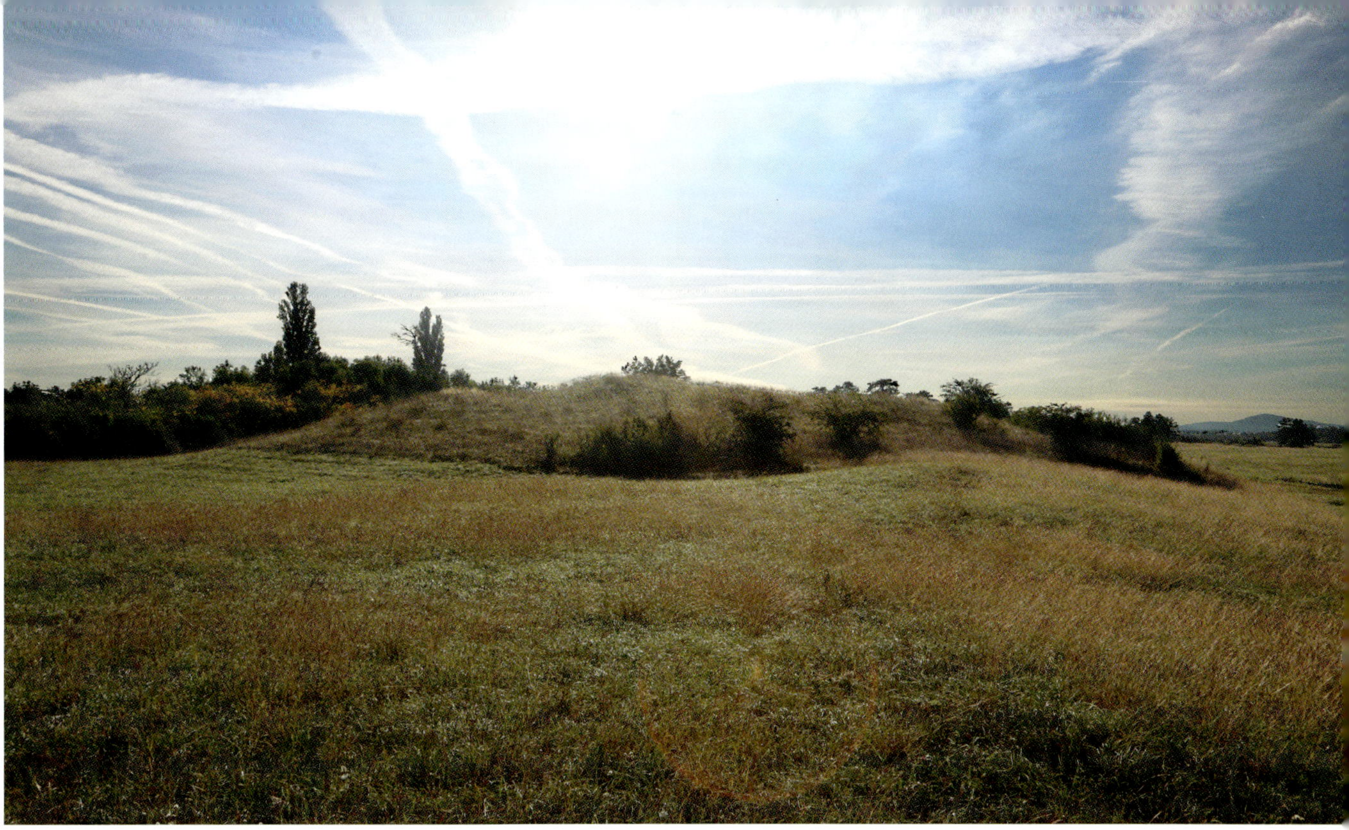

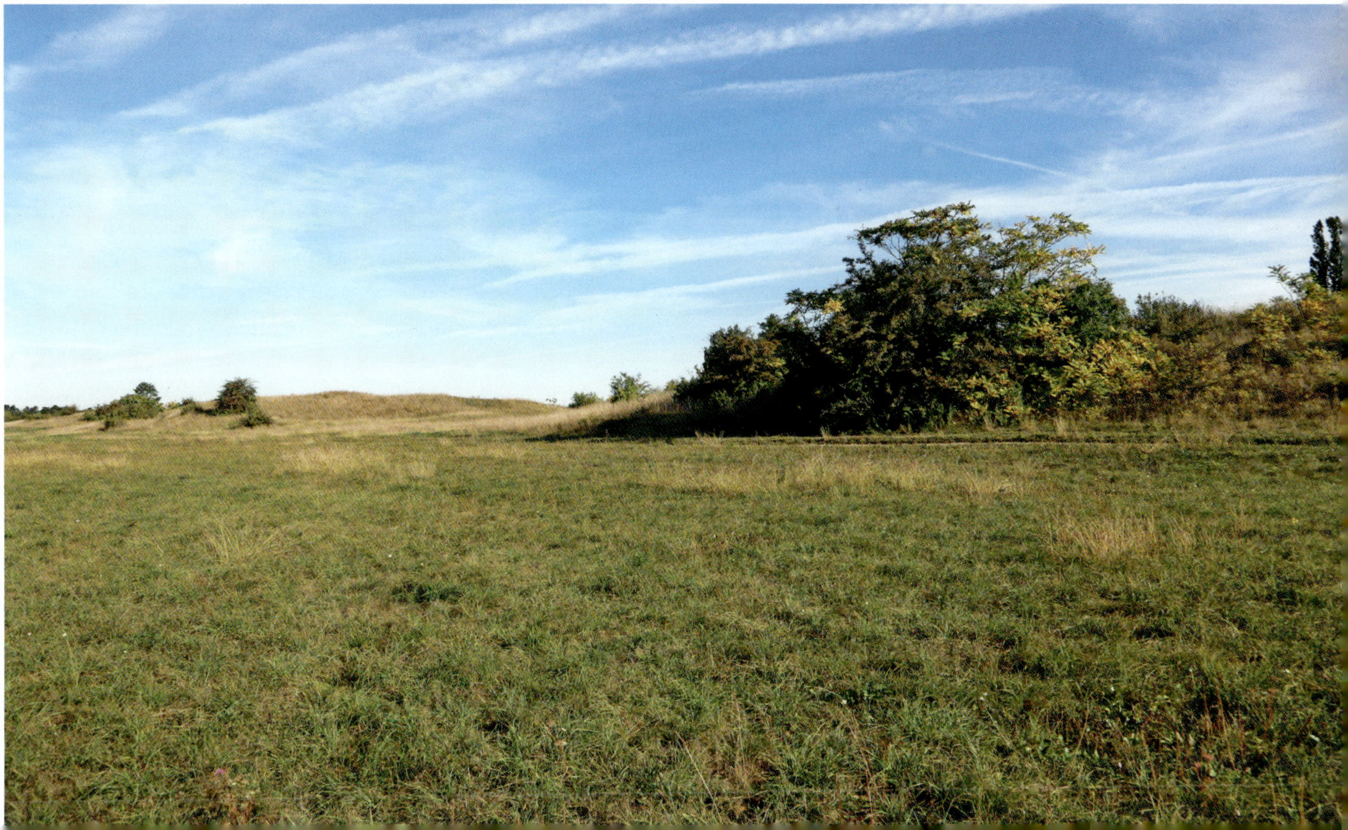

Western-Atmosphäre in einer Wüste, in der der Sand fehlt

Sahara-Feeling soll im Marchfeld aufkommen? Tatsächlich lassen sich in der ursprünglichen Heidelandschaft zwischen Gänserndorf und Oberweiden noch Flugsanddünen finden. Doch sie zeigen nicht mehr ihr früheres Erscheinungsbild – wer Bombastisches sucht, wird nichts finden. Die wandernden Dünen sind längst von einem Trockenrasenteppich überzogen, der die einstigen Flugsande in Zaum hält. Höchstens der Gänserndorfer Safaripark erinnert noch im Namen an die Wüste, wobei dieser bereits im Jahr 2004 geschlossen wurde.

Wer sagt also, dass ein Naturschutzgebiet immer spannend sein muss? Das Problem bei den Sandbergen von Oberweiden ist: Man muss diese hinter der „Gstettn" erst einmal finden. Wer nicht auf die Idee kommt, dass es sich hier um einen besonderen Lebensraum handelt, wird diesen auch nicht zu schätzen wissen. Wer neugierig ist und gerne Neues entdeckt, dafür umso mehr.

Die Geschichte der Sandberge von Oberweiden, die im Jahr 1961 als Naturschutzgebiet ausgewiesen wurden, ist tatsächlich interessant. Die Sanddünen, die sich aus Ablagerungen aus den Sand- und Kiesbänken von Donau und March in der letzten Eiszeit gebildet hatten, waren einst zugewachsen. Erst als sie im Mittelalter gerodet wurden, entwickelten sie sich wieder zu Wanderdünen. Zu Zeiten Maria Theresias wurden die frei beweglichen Sanddünen zu ihrer Stabilisierung aufgeforstet. Strasshof an der Nordbahn, einst als „Straß bei den 3 Stolzen Föhren" bekannt, trägt heute noch die „Stolze Föhre" im Ortswappen, jenes Naturdenkmal, das schon seit dem Ende des 18. Jahrhunderts als Erinnerung an die Aufforstung dient. Heute steht es für die Windschutzgürtel in einem Landstrich, in dem oft nur die Kreisverkehre Orientierung geben – man fahre einmal auf der endlos langen Bernsteinstraße gen Norden.

Heute ist rund um die „grünen Wüsten" aufgeforstet, der kleine Fleck bei Oberweiden wurde aber noch rechtzeitig als Schutzzone bewahrt, auch wenn der Dünenzug heute nur selten gemäht wird – außer man bringt sich gegen die drohende Verbuschung selbst ein und streift bei einem Besuch über die von einem Trockenrasenteppich überzogenen Sanddünen. Auf den Wegen sollte man trotzdem bleiben.

Von einer kleinen Bucht an der Straße von Schönfeld in Richtung Oberweiden folgen wir dem Feldweg in Richtung Osten. Gebüsch begleitet uns zur Rechten, aber dann zeigt sich bereits ein kleiner Hügel: die erste Sanddüne! Bei einem kleinen Platz mit Schautafel beginnt der Einstieg ins Naturschutzgebiet. Ein Landstrich voller Sand – auch wenn wir ihn nicht zu Gesicht bekommen. Die Dünen sind durchgehend mit Trockenrasen und vereinzelten Sträuchern bedeckt und zeigen sich als sanfte Hügellandschaft mit lieblichem Reiz, umgeben von Wald zur einen und einem Windschutzgürtel zur anderen Seite. Ein Ort der Stille und der völligen Abgeschiedenheit. Nur das leise Rauschen des vorbeifahrenden

Oben:
ROTRÜCKENWÜRGER oder NEUNTÖTER.
Aquarell: B. Wegscheider

Zuges ist zu vernehmen. Das hohe Gras schwingt im leichten Herbstwind.

Auf einem der Hügel befindet sich eine kleine Sitzbank. Ein Beobachtungsposten, der Einblicke in das weite Umland gewährt, in dem nur die Lagerhauskathedralen beim Rundumblick aus der Ebene herausragen. Wir nehmen Platz, um zu beobachten und zu genießen und diese eigentümliche Landschaft, die sich auf seltene pannonische Pflanzen und Tiere spezialisiert hat, auf uns wirken zu lassen. Bis zu 60 Grad kann die Oberflächentemperatur an den Sandbergen betragen. Der Trockenrasen ist von botanischen Raritäten wie Spät-Federnelken, Ech-

Oben:
DIE STOLZE FÖHRE. Das über 200 Jahre alte markante Naturdenkmal in Strasshof an der Nordbahn ist auch im Wappen der Marktgemeinde zu finden.

Links:
SCHWARZFÖHREN. Unter Maria Theresia gepflanzte Schwarzföhren stabilisierten die Flugsanddünen, die seit dem Mittelalter im Marchfeld entstanden waren.

113

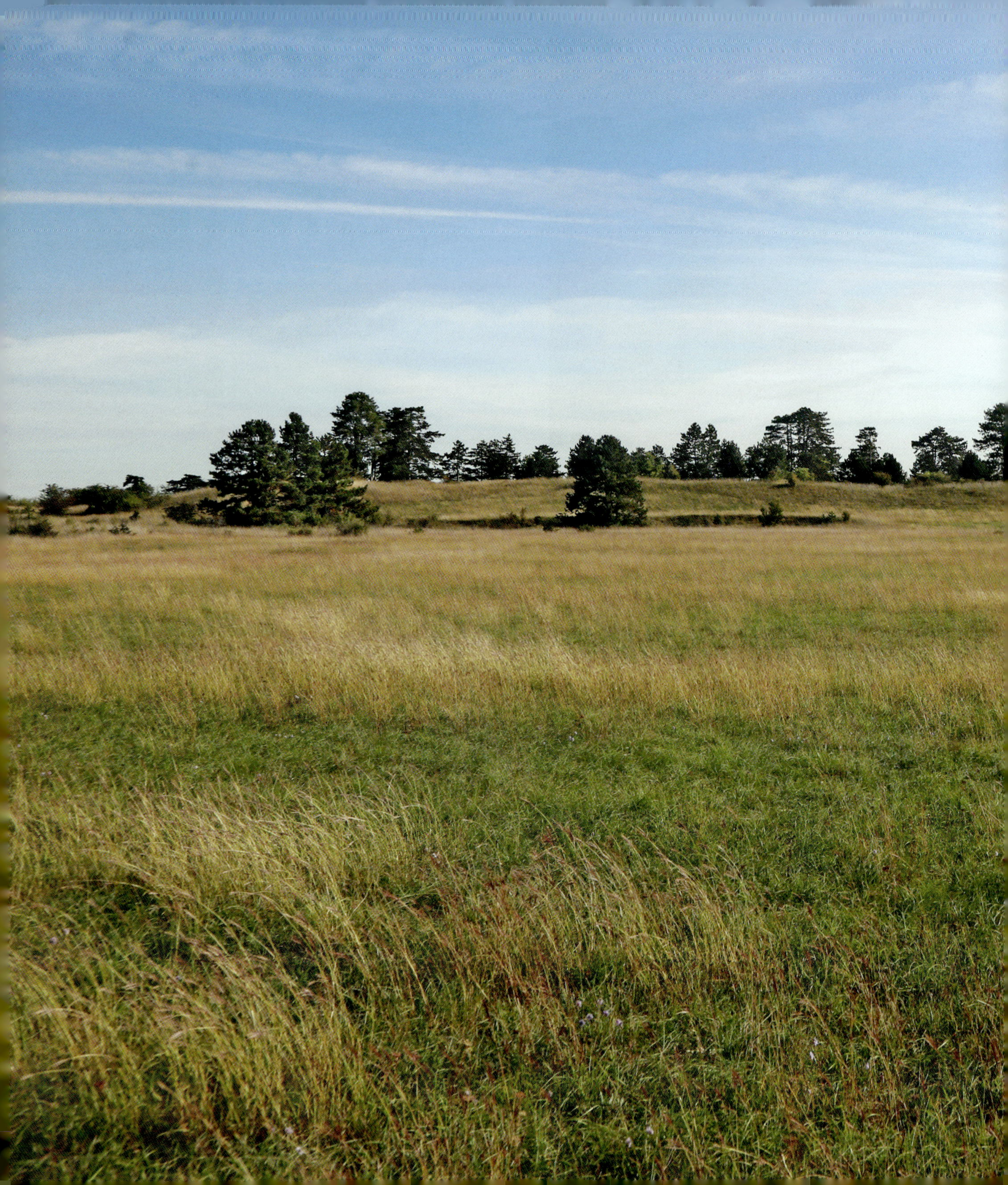

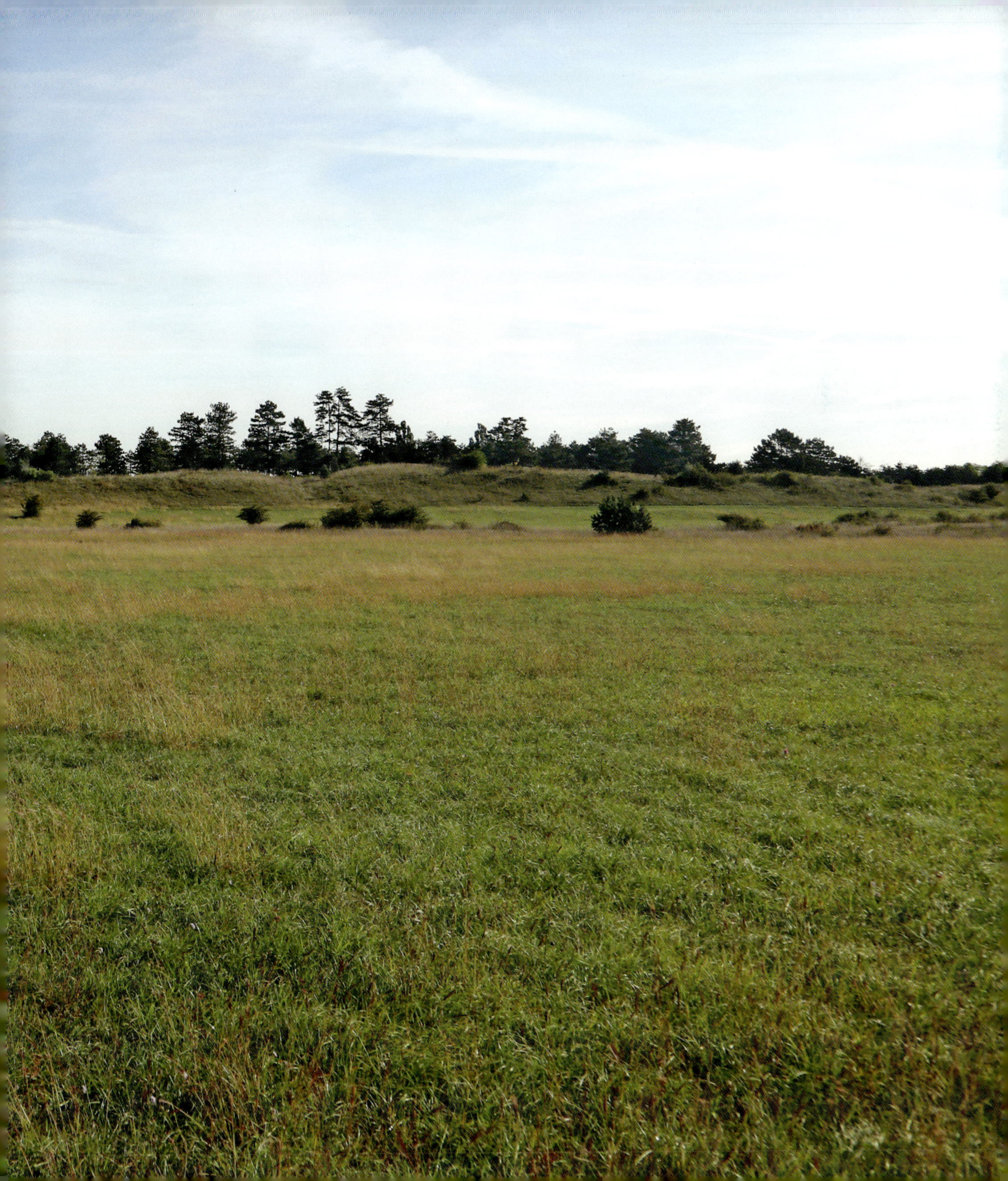

tem Federgras und Sand-Grasnelken überzogen. 20 Arten von Wildbienen sind vertreten, und auch der Südliche Grashüpfer ist nach 50 Jahren wieder zurückgekehrt. Eine wahrlich eigentümliche Landschaft, die wie eine Western-Szenerie anmutet, wenn das Rispen-Gipskraut zum Abschied im leichten Wind als Steppenroller seine Samen verteilt.

MANCHE MÖGEN'S HEISS:
Weitere Trockenlebensräume

Wir ziehen weiter, um gleich ums Eck einem weiteren nicht auf den ersten Blick ersichtlichen Naturjuwel einen Besuch abzustatten. Unkundige mögen daran vorbeifahren und nicht realisieren, dass sie südlich von Weikendorf (bzw. östlich des alten Safaripark-Geländes) entlang des ersten Naturschutzgebiets Österreichs unterwegs sind. Die Weikendorfer Remise zeigt wie die Sanddüne Oberweiden Federgräser, aber auch Wacholder und Heideröschen, das Heideland wird umgeben vom Föhrenwald, der diesem Naturschutzgebiet seinen Namen gibt. Schon seit 1927 wird das 192 Hektar große Gebiet geschützt, heute

Oben:
GOTTESANBETERIN.
Aquarell: B. Wegscheider

werden Kutschenfahrten durch die Heidelandschaft angeboten, welche früher von Schafen und heute zeitweise von Tiroler Grauvieh beweidet wird.

Neben dem auch als Siebenbrunner Heide bezeichneten Naturschutzgebiet findet sich die Wacholderwiese Obersiebenbrunn, Naturschutzgebiet seit 1979 und ebenso Trockenrasen-Zone. Die Beweidung erfolgt in stärkerem Ausmaß als in der Remise, aber auch hier nimmt die Verbuschung überhand. An der March existiert mit der Salzsteppe Baumgarten eine weitere Schutzzone, die heute seltene Pflanzen wie im burgenländischen Seewinkel beherbergt.

Wer mehr über die Fauna und Flora dieser Trockengebiete erfahren möchte, fährt nach Lassee. 33 Kilometer kann man auf den dortigen Naturwegen er-

Links:
NATURWEGE LASSEE.
Auf 33 Kilometern erfährt man in Lassee mehr zu den Trockenlebensräumen des Marchfelds, so z. B. bei der „Uhuhütte" oder auf der „Erdpresshöhe".

Oben: INSEKTENHOTEL. Üppiges Nahrungsangebot lockt auch den Bienenfresser an, der in der ehemaligen Sandgrube von Lassee brütet.

wandern, um von den Lebensräumen zu lernen, in denen auch der Bienenfresser (in der ehemaligen Sandgrube) sein Sommerquartier hat. Das Trockenrasenmuseum in Lassee bringt weitere Einblicke. Wer sich für den runden Neubau nicht den Schlüssel am Gemeindeamt holt, kann sich am Gelände rundherum auf Schauflächen über die Flora dieser Lebensräume informieren – Gräser übrigens, die man heute vermehrt auf Verkehrsinseln bewundern kann. In den Hainburger Bergen findet man weitere Trockenlebensräume, die von Raritäten wie der Hainburger Federnelke besiedelt werden. Auch die Kronen der Hochwasserschutzdämme bieten Lebensraum für geschützte Gräser und Orchideen. Wer wirklich Sand sehen möchte, sollte allerdings auf die andere Seite der March wechseln. Unübersehbar zeigt sich dieser am gelben Westhang des Thebener Kogels am sogenannten Sandberg, Rest eines Riffs des tertiären Meers mit Fossilienfunden von über 300 Tierarten.

Nach Zwerndorf sind wir nun am nördlichen Ende der Region Marchfeld angelangt. Geologisch gesehen würde die Region an der March sogar noch bis nach Hohenau führen. Auch wir wollen noch einen Blick nach Norden werfen (und damit über die Grenzen des Regionsverbands des Marchfelds hinaus fahren). Ein einprägsamer Grenzübergang wartet in Angern, und ein Stück weiter nördlich wurde die Schlacht bei Dürnkrut und Jedenspeigen ausgetragen. Nehmen wir den Grenzraum im Norden doch einfach noch mit in unsere Reise hinein.

TROCKENRASENAUS-
STELLUNG LASSEE.
Ein Rundweg führt zu
mehreren Stationen,
welche Wissenswertes
zu verschiedenen
Gräsern vermitteln,
die heute auch gern
in der Stadtbegrünung
eingesetzt werden.

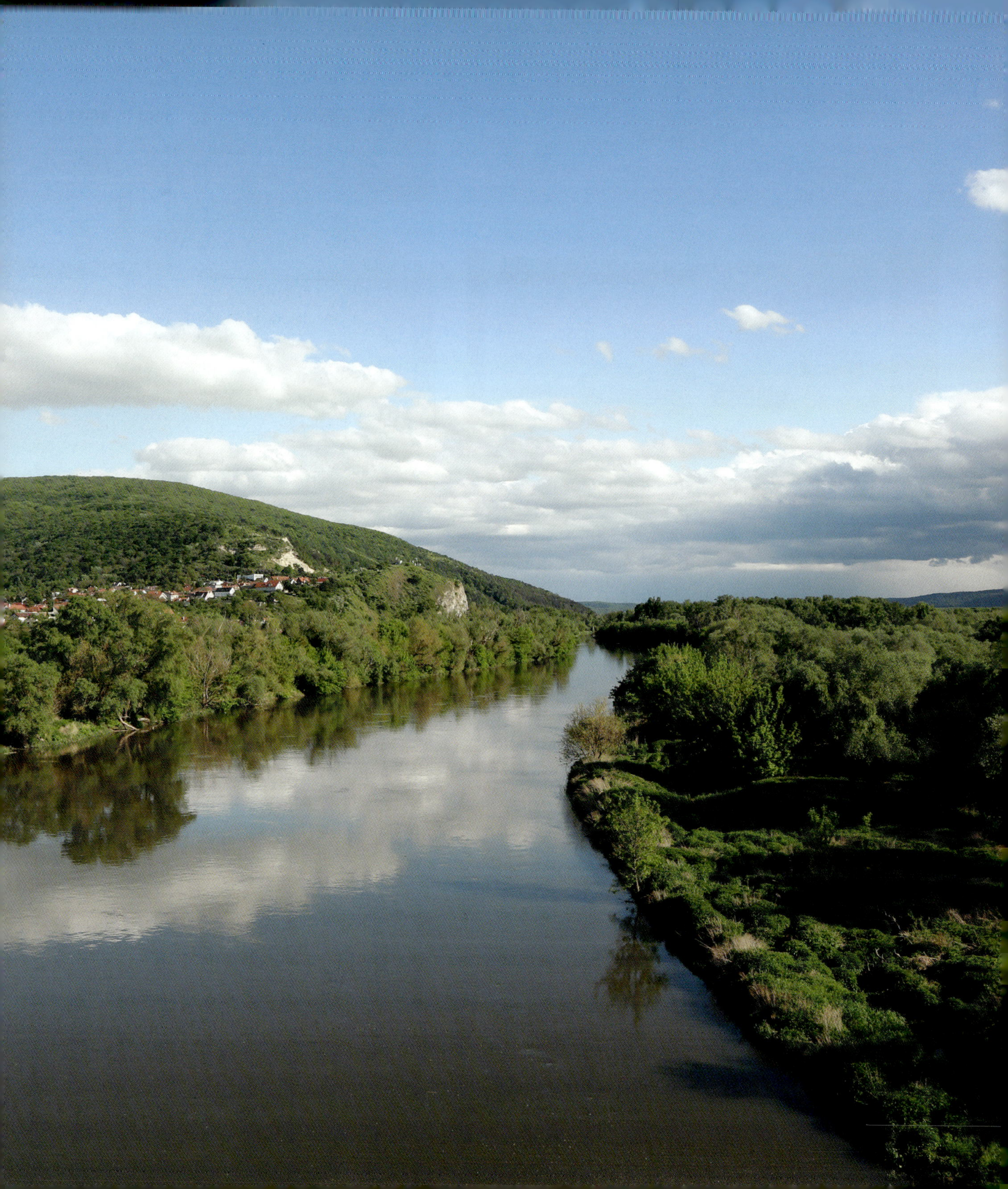

8 EIN GREEN BELT VERÄNDERT SICH
Grenze im Lauf der Jahrhunderte

Marktgemeinde ANGERN AN DER MARCH

Man muss es sich wirklich einmal vor Augen führen: Echte Grenzübergänge kann man an der March mit der Lupe suchen. Erst in Hohenau findet sich die erste Möglichkeit nördlich der Donau, auf einer Straßenbrücke in die Slowakei zu fahren. Die Geschichte des Grenzraums ist besonders interessant, vor allem im Hinblick auf die Frage, was die nächsten Jahrzehnte noch bringen werden.

Eiserner Vorhang, der sich heute als grüne Grenze zeigt

Zählt man Angern noch zum Marchfeld dazu? Eigentlich nicht, auch die aufgestellten Willkommen-Tafeln zeigen nach Zwerndorf, dass hier bereits Schluss mit der Kornkammer und dem Gemüsegarten Österreichs ist. Aber geographischer Grenzgänger ist die knapp 3.450 Einwohner zählende Gemeinde schon, denn sie ist gleichzeitig am Nordrand des Marchfelds wie auch an den südöstlichen Ausläufern des Weinviertler Hügellands gelegen. Geologisch steht man zumindest an den Marchauen noch Ersterem nahe (siehe dazu auch Seite 108). Noch dazu findet sich nördlich davon zwischen Dürnkrut und Jedenspeigen das „Kruterfeld", das nicht unwichtig ist für die Geschichte Österreichs, hat doch die Habsburgermonarchie dort im Jahr 1278 ihren Anfang genommen. Einen interessanten Grenzübergang hat es auch zu bieten an der March, jenem Fluss, der zwar seit dem 11. Jahrhundert die Landesgrenze bildet, geologisch aber eigentlich gar keine Grenze darstellt. Bis zum Ende der Donaumonarchie war die March auch Bindeglied für den gemeinsamen Kulturraum und diente nur als Grenze zur ungarischen Reichshälfte.

Nach dem Ende der Habsburgermonarchie sowie den weiteren Entwicklungen hin zu den Nationalstaaten der Tschechoslowakei bzw. dem Slowakischen Staat setzte der Zweite Weltkrieg eine Zäsur – und der Eiserne Vorhang dem Austausch an diesem Tieflandfluss ein Ende. Die Bunker an der March waren schon zur Zeit der Machtergreifung Hitlers errichtet worden, und am 6. April 1945 setzte die Sowjetarmee über die March (übrigens bei Hochwasser). Zehn Jahre Besatzung waren die Folge.

Knapp 40 Jahre prallten entlang der March Marktwirtschaft und Planwirtschaft auf-

---

Marktgemeinde ANGERN AN DER MARCH

Einwohner: 3.436

Katastralgemeinden *(alphabetisch)*

Angern a. d. March
Grub a. d. March
Mannersdorf a. d. March
Ollersdorf
Stillfried

Oben: TEICHRALLE. *Aquarell: B. Wegscheider.*

Linke Seite:
DIE MARCH. Noch heute trennt sie zwei Welten voneinander ab. Ein einziger richtiger Straßen-Grenzübergang auf ihrem ganzen Verlauf an der österreichischen Grenze spricht Bände.

121

einander – sowie ein demokratischer auf einen sozialistischen Staat. Die Grenzanlagen des Eisernen Vorhangs, die ab 1950 errichtet worden waren, waren gerade an der March am besten bewacht, ganz besonders am unzugänglichen March-Thaya-Zwickel, der heute am Dreiländerpunkt bei Hohenau die Grenze zwischen Tschechien und der Slowakei bildet. Heute radelt man in der jahrzehntelang sich selbst überlassenen „Grünen Zone" am Iron Curtain Trail entlang, in der ganz friedlich die Netze der Daubelfischer an den Ufern aufgereiht sind, aber auch noch immer die Bunker auf slowakischer Seite zu sehen sind (siehe auch Seite 253).

Nach dem Fall des Kommunismus waren die Sperrzäune in wenigen Wochen verschwunden und der erste Kontakt in den einst feindlichen Osten aufgenommen. Hohenau war der Vorreiter mit einer Pontonbrücke über die March, die 1990 zum Transport von Kalksteinen für die Zuckererzeugung errichtet und seit 1994 als Grenzübergang nach St. Johann an der March (Moravský Svätý Ján) genutzt wurde.

Und heute? Man glaubt es kaum, aber die Hohenauer Brücke, deren Vorläufer im Jahr 1833 errichtet worden und 1925 der vereisten March zum Opfer gefallen war, ist heute wie damals der einzige Straßenübergang in die Slowakei nördlich der Donau geblieben. Allerdings löste sie die bereits erwähnte Pontonbrücke auch erst elf Jahre nach der Öffnung des Grenzübergangs im Jahr 2005 ab. Noch dazu handelt es sich dabei um eine einspurige, per Ampel geregelte, ehemalige Eisenbahnbrücke. Aus Naturschutzgründen ist sie nur von 5.00 bis 24.00 Uhr passierbar – und auch nur dann, wenn kein Hochwasser herrscht. Sonst lässt sich die March nur über eine Rad- und Fußgängerbrücke in Schloßhof (seit 2012) und Marchegg (seit 2022) überqueren. Weiters gibt es noch die Autofähre in Angern, die wir uns nun genauer ansehen wollen.

Neue Verbindungen über die March

Dort wo eine Marchschlinge den westlichsten Punkt der Slowakei markiert, besteht seit 2001 die Möglichkeit, ins frühere Ungereigen (auch Ungeraiden, heute Záhorská Ves) zu übersetzen. Sechs Autos kann die Fähre transportieren, wenn es der Wasserstand zulässt. Die Angerner Brücke war einst im Jahre 1870 beim Bau der k.k. priv. Ungereigner Zuckerfabrik errichtet worden und wurde, wie alle weiteren Brücken über die March, im Jahr 1945 von der Wehrmacht zerstört. Von den insgesamt zwölf Übergängen (davon vier Straßenbrücken), die es zu Ende des 19. Jahrhunderts noch gegeben hatte, war keine mehr übrig geblieben. Nicht viel anders als heute, wenn die March Hochwasser führt: Anstelle der Fährverbindung von Angern nach Záhorská Ves bietet sich (nur bei normalem Pegelstand) die Hohenauer Straßenbrücke an (ein Umweg von etwa 70 Kilometern) – oder alternativ die Fahrt über Hainburg und Bratislava (85 Kilometer).

Ein nicht nur architektonisches Kleinod findet sich am Standort des einstigen Angerner Zollhauses, dessen Name besonders neugierig macht: „Das Leben ist schön" nennt sich das Café, das am Ufer der March – nicht umsonst auf Stelzen – den meist vorbeiradelnden Gästen kleine Speisen serviert. Der Name ist Programm beim leutseligen Wirt, der seine Schmankerln nicht unoriginell als „4-Gang-Menü" anpreist (Faschiertes, Erdäpfelsalat, Senf & Zwiebel).

Linke Seite: AUTOFÄHRE IN ANGERN. Die einzige Möglichkeit, zwischen Hainburg und Hohenau mit dem Auto in die Slowakei zu gelagen – aber nur bei normalem Pegelstand.

Links: CAFÉ „DAS LEBEN IST SCHÖN". Die auf Stelzen errichtete Jausenstation ist nicht nur bei Radlern auf beiden Seiten des Grenzflusses beliebt.

Oben: BLICK AUF DIE MARCH von der „Fahrradbrücke der Freiheit". Der Blick nach Westen zeigt die Hinteransicht von Schloss Hof, der Blick nach Osten die Panelaks von Devínska Nová Ves.

Rechte Seite: „FAHRRADBRÜCKE DER FREIHEIT". Seit dem Jahr 2012 erlaubt die Brücke hinter Schloss Hof wieder einen Spaziergang zum Nachbarn. Auch Radler und Pilger benutzen sie gerne.

Die Geschichte der Brücken über die March zeigt: Einfach war es hier nie. Die Angerner Brücke war nach 1945 zwar wieder aufgebaut, aber 1947 infolge eines Eisstoßes von tschechischer Seite aus zerstört worden. Nach der Wende stimmten im Jahr 2007 zwar mehr als die Hälfte der Angerner für eine neue Brücke, als Baubeginn war das Jahr 2010 angedacht – doch eine weitere Volksabstimmung ergab vier Jahre später das endgültige Nein. Ob es an der Standortfrage lag (der befürchtete Transitverkehr durch die Ortsmitte) oder das damals mancherorts so bezeichnete „Armenhaus" der Slowakei auf der anderen Seite der March den Ausschlag dafür gab, sei dahingestellt.

Die einstige Straßenverbindung zwischen Schloßhof und Theben-Neudorf (Devínska Nová Ves, einem heutigen Stadtteil Bratislavas) war auch nicht erst seit dem Zweiten Weltkrieg unterbrochen. Bereits zur Zeit Maria Theresias hatte eine Holzbrücke existiert, die aber im Jahr 1809 durch Eisschollen der Donau zerstört und nach dem Aufbau im Jahr 1866 im Krieg gegen die Preußen vorsichtshalber beseitigt wurde, um nach einem weiteren Aufbau im Jahr 1880 wieder den Eisschollen zum Opfer zu fallen. Seitdem existierte nur mehr eine Überfuhr, und spätestens zu Zeiten des Eisernen Vorhangs war das Barockschloss, das von der Ansiedlung auf der anderen Seite der March nur zwei Kilometer entfernt liegt, für volle 40 Jahre vom heute slowakischen Nachbarn aus nicht erreichbar.

Seit September 2012 fällt man nun aus den unendlichen Weiten des Marchfelds fast direkt in die Panelak-Siedlung von Devínska Nová Ves hinein. Die über einen halben Kilometer lange Brücke wird gerne von Radfahrern am Iron-Curtain-Radweg oder Pilgern, die von der Groißenbrunner Mariabründlkapelle am alten Wallfahrtsweg nach Marianka unterwegs sind, genutzt (siehe auch Seite 276). Nur beim Namen hat man sich dann doch eines Besseren besonnen: Statt des Favoriten aus der Bratislavaer Abstimmung wurde ein etwas sanfterer Name gewählt, wenngleich er der Opfer gedenkt, die beim Überqueren der March ihr Leben lassen mussten: Aus der „Chuck-Norris-Brücke" wurde die „Fahrradbrücke der Freiheit".

Eine neue Rad- und Fußgängerbrücke spannt sich nun auch auf 260 Metern bei Marchegg über die March. Schon 1271 soll es bis ins Jahr 1584 eine Brücke gegeben haben. Eine alte

Oben: WEG VON SCHLOSS HOF ZUR FAHRRADBRÜCKE. Ein Weg, den schon Maria Theresia benutzte, um nach Theben-Neudorf (Devínska Nová Ves) zu gelangen.

Überfuhr wurde im Jahr 1918 aufgelassen, kurz darauf die Csarda, ein beliebtes Ausflugsziel der Marchegger. Südlich der heutigen Radbrücke verlaufen jedoch bereits seit 1848 die Schienen über die Eisenbahnbrücke ins alte Pressburg. Die parallel dazu verlaufenden Brückenpfeiler, die 1917 von Kriegsgefangenen errichtet worden waren, hätten einer für 2004 geplanten Straßenbrücke dienen sollen. Die nie realisierte Brücke hatte auch die Angerner bewogen, bei der ersten Abstimmung für „ihre" Brücke zu stimmen. Auch eine angedachte Brücke in Dürnkrut wurde nie umgesetzt.

Sollte die geplante Marchfeld-Schnellstraße S 8 je realisiert werden, ist bei Marchegg die zweite Straßenbrücke über die March angedacht.

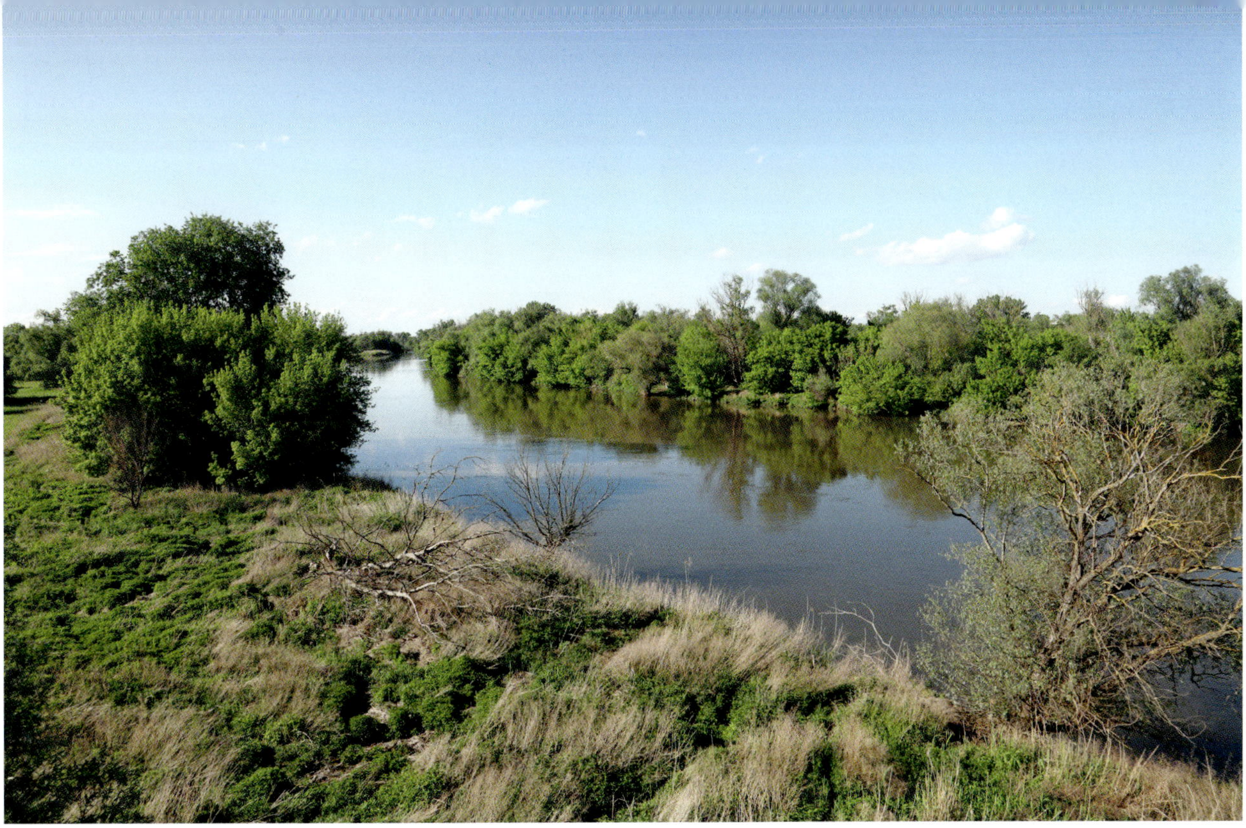

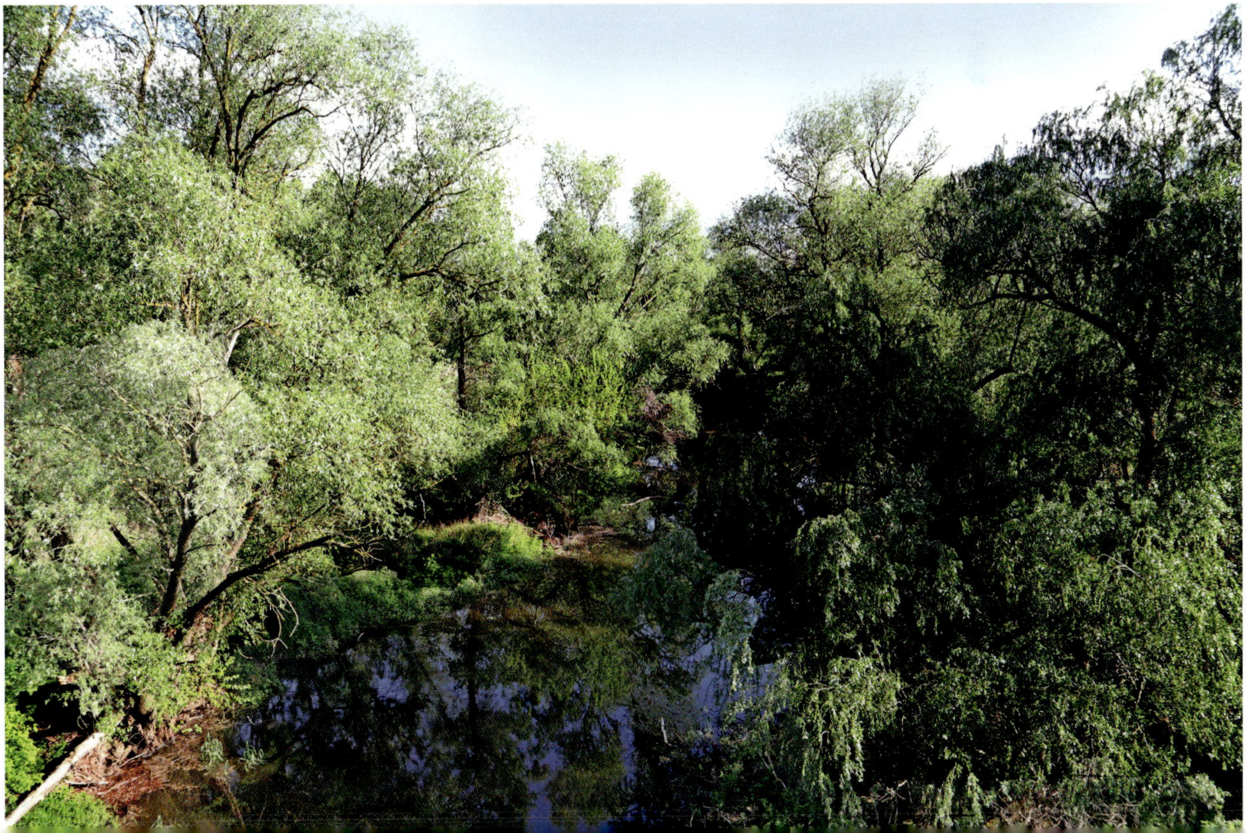

Oben:
BURGRUINE THEBEN. Die strategisch bedeutende Grenzfeste, die heute einen wichtigen Ort der slowakischen Identität darstellt, ist einfach ein imposanter Anblick. Zumindest für die meisten Anwesenden.

Stätten der Erinnerung und grenzüberschreitende Zusammenarbeit

Was liegt nun auf der anderen Seite des Grenzflusses, und wie sieht es abseits der Radbrücken von Schloßhof und Marchegg mit der grenzüberschreitenden Zusammenarbeit aus? Gerade hier, wo sich zwei Hauptstädte wie sonst nirgendwo in Europa zu berühren scheinen. Die schnell wachsende slowakische Hauptstadt schiebt sich nicht nur hinter Petržalka an den Rand der niederösterreichischen Gemeinde Berg, sondern streckt auch beim Stadtteil Devínska Nová Ves ihre Fühler ins Marchfeld aus. Als „nasse Grenze" stellt die March auch heute noch ein Hindernis für Flüchtlinge dar, und dazu kommt mit der Renaturierung der March ein weiteres Problem: Bei einem Fluss, in dessen Mitte die Grenze verläuft, sind Auflockerungen im einst regulierten Flusslauf nur schwer umsetzbar.

Von früheren Flüchtenden erzählt das „Tor der Freiheit" unter der Thebener Burgruine. Es gedenkt der verzweifelten Menschen, die bis ins Jahr 1989 ihr Leben beim Versuch gelassen haben, in Devín über die March zu gelangen. Auch das dort befindliche Herz-Denkmal erinnert an die damalige Grenze aus Stacheldraht und Sperranlagen.

Oben: BLICK AUF THEBEN. Im Hintergrund ist der Sandberg am Westhang des Thebener Kogels gut zu erkennen. Ein weiterer Trockenlebensraum mit besonders angepasster Fauna und Flora.

Links: DONAU. Die Donau ist auch heute noch ein bedeutender Handelsweg. Immer wieder ziehen Frachtschiffe in gemächlichem Tempo vorbei.

Rechts: DONAU-MARCH-ZUSAMMENFLUSS. Deutlich erkennbar ergießt sich unterhalb der Burgruine von Theben die March in die Donau, gut bewacht vom Jungfrauenturm.

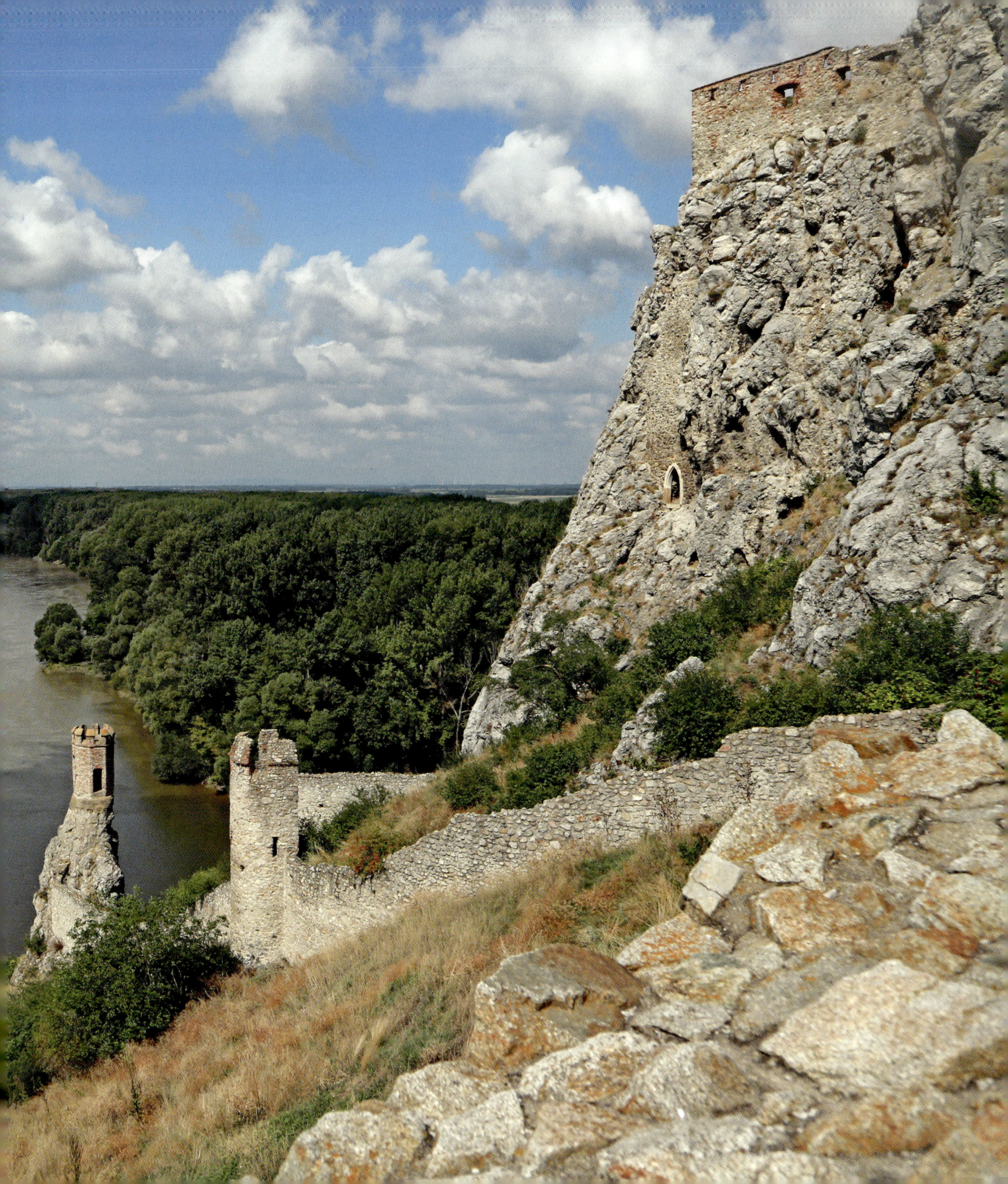

Oben: BURGRUINE THEBEN. Die mächtige Anlage zieht sich über den gesamten Felsen. Auch von der gegenüberliegenden Donauseite sind die wahren Ausmaße gut zu erkennen.

Die imposante Festungsanlage auf dem massiven Felsen bei Bratislava wurde aufgrund von dessen strategischer Lage als Grenzfeste des Großmährischen Reichs gegen die Franken und Bayern errichtet und im Jahr 1809 unter Napoleon zerstört. Unbezahlbar ist der Blick über das Marchfeld, der sich 80 Meter über dem Zusammenfluss von March und Donau ergibt, und wahrlich beeindruckend sind auch die zahlreichen Anlagen, die sich oben auf dem Felsen zeigen. Neben den Ruinen der mittelalterlichen Burg entdeckt man am Areal die Grundrisse einer frühromanischen Kirche aus dem 9. Jahrhundert, einen Burgbrunnen sowie Überreste aus Römerzeiten. Im Felsgewölbe der Burg ist heute eine Ausstellung zur Geschichte der Anlage untergebracht.

Bereits die Kelten hatten sich in Theben angesiedelt, und die Römer nutzten den Felsen als Grenzstation im Limesverband. Erstmals erwähnt wurde die Burg im Jahr 864 zur Zeit des Großmährischen Reichs. Die Slawenapostel Kyrill und Method, die als Missionare heute noch hohen Stellenwert in der orthodoxen Kirche genießen, findet man übrigens ums Eck als überlebensgroße Figuren im Hof der Kirche des Heiligen Kreuzes in Devín.

Die wahren Ausmaße der Burgruine Theben lassen sich erst von der gegenüberliegenden Donau-Seite erkennen. Die Anlage mit dem unregelmäßigen Grundriss zieht sich beeindruckend lang über den gesamten Felsen, und markant ragt auch der Jungfrauenturm als Wächter über dem Zusammenfluss von March und Donau auf. Auch wenn die Burg Devín noch heute identitätsstiftend für die slowakische Bevölkerung ist: Alte Verbundenheit stellt sich schnell wieder bei einem Glas Ribisel-

Oben: FELSGEWÖLBE DER BURGRUINE. Mehr zur Geschichte der einstigen Grenzfeste, die schon Teil des römischen Limes darstellte, erfährt man bei der Ausstellung im Untergrund der Ruine.

Rechts: ARCHÄOLOGISCHE GRABSTÄTTE. Noch immer bringen die Ausgrabungen in Devín einzigartige Funde zutage.

wein beim Thebener Heurigen ein – übrigens gut an Sommerwochenenden mit der Ausflugsfähre aus Hainburg zu erreichen.

Beginnend mit der Niederösterreichischen Landesausstellung 2022 bewegen sich Besucher und Bewohner nun auch vermehrt im Grenzraum: Mit der Eröffnung der Rad- und Fußgängerbrücke bei Marchegg ist es möglich, eine Rundtour zwischen Schloss Hof und Marchegg zu radeln. Und in das dortige Schloss ist mit der Eröffnung der Landesausstellung auch das „Haus der österreichisch-slowakischen Marchregion" eingezogen.

Der Ausbau der Bahnverbindung zwischen Wien und Bratislava wird die Fahrzeit zwischen den Hauptstädten im Jahr 2025 von 65 Minuten auf nur 40 Minuten verkürzen. Am wichtigsten für die Marchbewohner wird wohl anderes sein. Auf grenzüberschreitende Zusammenarbeit wird in Gemeinden wie Hohenau nämlich schon seit Jahren gesetzt – nicht nur bei der biologischen Gelsenabwehr.

ROCHUSKAPELLE

ÄLTESTER KULTURBODEN ÖSTERREICHS
BEWOHNT SEIT ALTSTEINZEIT (30.000 J.)
VORCHRISTLICHE KULTSTÄTTE WAHRSCHEINLICH
WEHRTURM "OTTOKARTURM"

PESTKAPELLE GESTIFTET VON
RUDOLF V. TEUFFENBACH (1582 – 1653)

1648 GEWEIHT DURCH BISCHOF V. PASSAU
DANACH "WALLFAHRTEN IN GROSSER ZAHL"

RINGMAUER NACH 1653 VOLLENDET

RENOVIERUNGEN:
DA NACH BRAND "IN HALB RUINENMÄSSIGEM
ZUSTAND BEFINDLICH"
1840 KOSTEN 1400 fl. 1886 KOSTEN 4000 fl.
1928 – 1931 GENERALSANIERUNG
1950 DACHREPARATUR (KRIEGSSCHÄDEN)
1963 KLEINE AUSSEN- UND INNENSANIERUNG
1976 / 77 GENERALSANIERUNG
GESAMTKOSTEN 1,5 MILL. SCHILLING
500.000 SCHILLING MANNERSDORFER SPENDEN

BITTE
AN ALLE BESUCHER:
HELFT
DIE MIT GROSSEN OPFERN
DER ORTSBEVÖLKERUNG RESTAURIERTE KAPELLE
SCHÖN UND WÜRDIG ZU ERHALTEN

DANKE!

ROCHUSKAPELLE
Die „Wutzelburg" in
Mannersdorf an der
March markiert den Übergang von der flachen
Ebene des Marchfelds ins
Weinviertler Hügelland
sehr pittoresk.

135

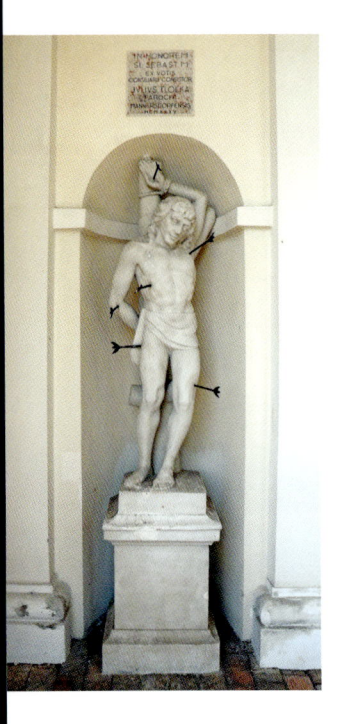

Blick ins Land am anderen Rand des Marchfelds

Bleiben wir noch ein kurzes Stück an der March und sehen wir uns in der Gemeinde Angern um. Und zwar bei der im 17. Jahrhundert errichteten Rochuskapelle, die aufgrund ihres Erscheinungsbilds (ein dreigeschoßiger Rundbau mit Kuppel und Laterne) im Volksmund den liebevollen Namen „Wutzelburg" trägt – übrigens eines von nur wenigen Bauwerken italienischer Renaissance nördlich der Alpen.

In Stillfried, direkt an Grenze und Nordbahn gelegen, sind wir bereits ins Weinland vorgedrungen, was man ganz gut bei einem Blick nach Westen auf die bereits hügelige Kellergasse sowie die Ausläufer des Matzner Walds erkennt. Vom „ältesten Weinort

ROCHUSKAPELLE. Italienische Renaissance im nordöstlichen Grenzland Österreichs: Die „Wutzelburg" wurde von Rudolf von Teuffenbach im 17. Jahrhundert als Pestkapelle errichtet.

Links:
SCHLOSS ANGERN, RESTE DES TORES. Vom Schloss, das u.a. im Besitz der Grafen Kinsky war, ist nach einem Brand im Jahr 1945 heute nur mehr der Rest der Tormauer übriggeblieben.

Österreichs", der mit zwei Weinkernen aus der späten Bronzezeit den frühesten Nachweis des Weins in Mitteleuropa bringt, werden wir auf Seite 271 mehr erfahren: Stillfried stellt mit 30.000 Jahren durchgehender Besiedelung eine der frühesten Siedlungen Niederösterreichs.

Kehren wir nun nach unserem Ausflug an die Ost- und Nordgrenze des Marchfelds wieder zurück nach Weiden. In Richtung Weikendorf schiebt sich unübersehbar ein Silo an einer aufgelassenen Bahnstation ins Blickfeld. Die weiten Ebenen des Marchfelds als Getreidekammer Österreichs – was hat es damit auf sich?

Unten: KIEBITZ.
Das Marchfeld verzeichnet eine der höchsten Biodiversitäten Österreichs und ist u. a. Lebensraum für diesen Vogel aus der Familie der Regenpfeifer.
Aquarell: B. Wegscheider

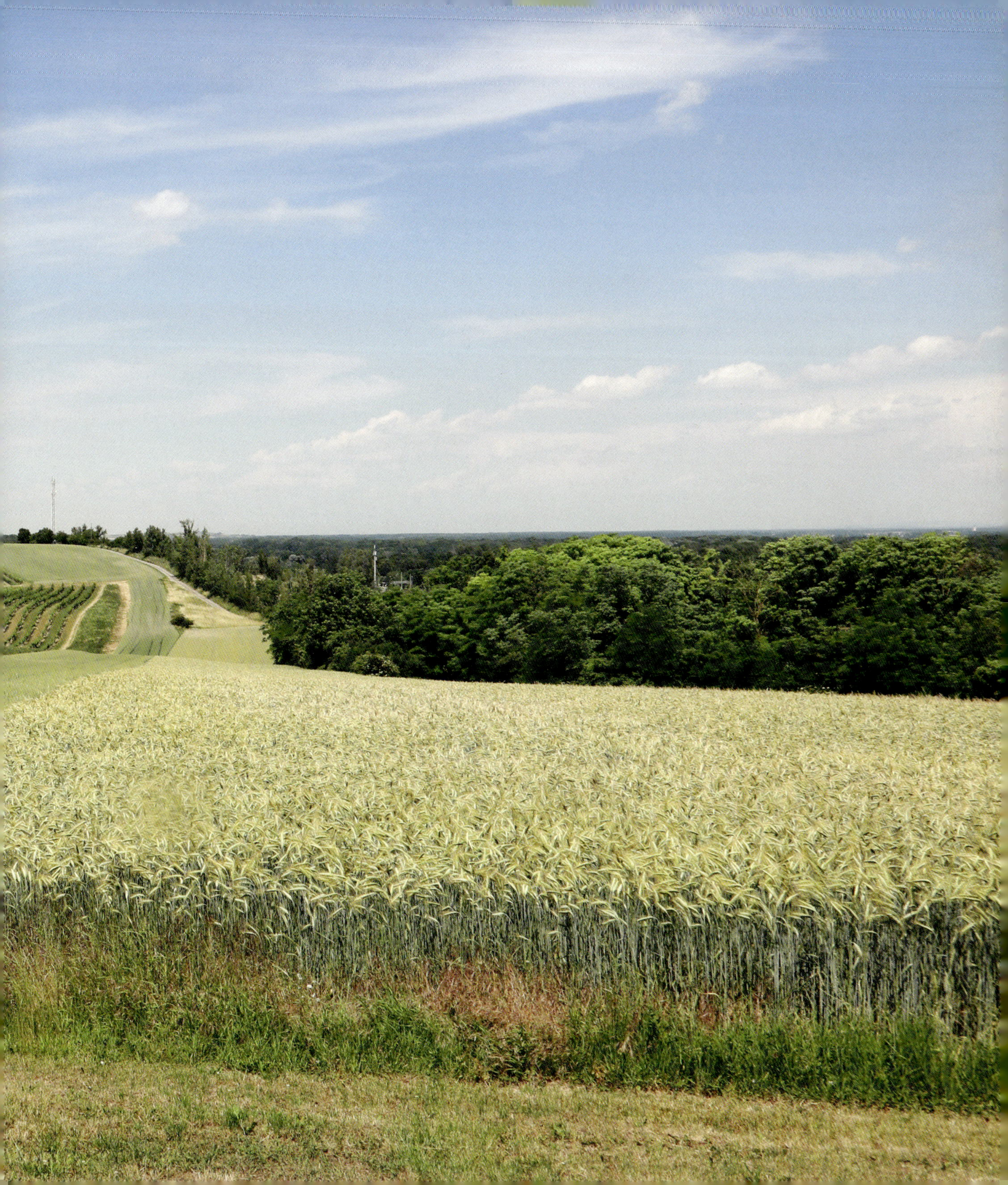

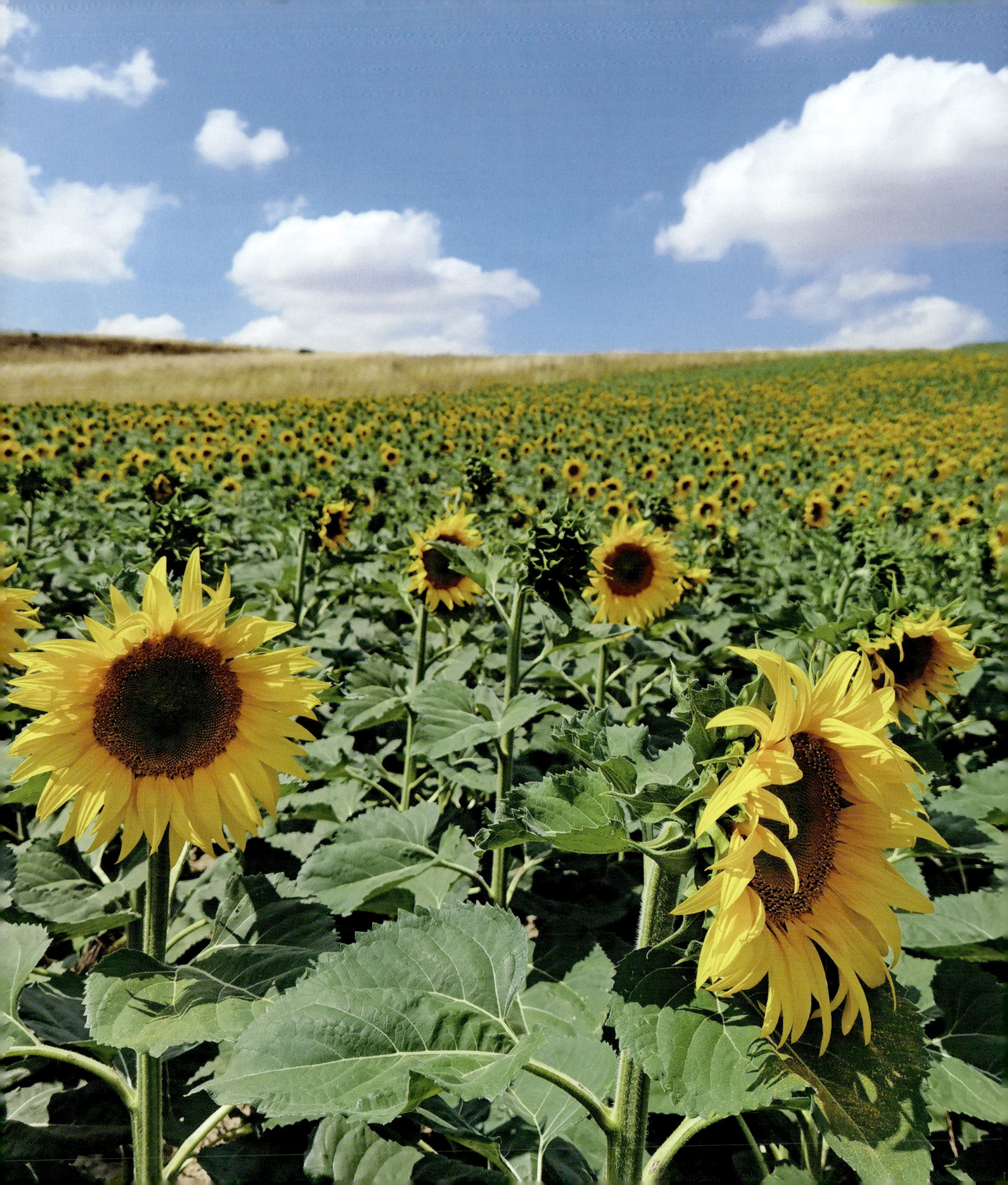

9 KATHEDRALEN FÜRS VOLK
Wo sich statt Menschen das Korn sammelt

Marktgemeinde WEIKENDORF

Auch wenn sie keine Sehenswürdigkeit für sich darstellen: Die Getreidefelder der Kornkammer Österreichs sind prägendes Landschaftsbild im Osten Österreichs. Eine Fahrt durchs Land erzählt mit Blick auf die alten Lagerstätten des Getreides von der Geschichte der Landwirtschaft im Marchfeld.

Marktgemeinde WEIKENDORF

Einwohner: 2.042

Katastralgemeinden *(alphabetisch)*

Dörfles
Stripfing
Tallesbrunn
Weikendorf

Ein Landstrich, der vom bäuerlichen Leben bestimmt wird

Es gehört zu den schönsten Momenten, im Sommer durchs Land zu fahren und dabei die stille Schönheit des Marchfelds einfangen zu dürfen. Wenn nichts da ist außer Korn und Mais sowie die vereinzelten, aber nicht minder auffälligen Strommasten und Hochspannungsleitungen, die aus dem im Wind wogenden Ährenmeer hervorragen.

Endlose Weiten breiten sich auf allen Seiten des Blickfelds aus, unterschiedliche Farbstreifen laufen am fernen Horizont zusammen, bis der Rundumblick jäh von einem Turm unterbrochen wird. Nicht die Kirchen sind es, die hier in die Höhe ragen und damit das Landschaftsbild prägen, sondern die Marchfelder „Raiffeisenkathedralen": die Silotürme der Lagerhäuser. Wenn im Sommer das Getreide hoch steht, kann es sein, dass die Getreidespeicher als Einzige aus dem goldgelben Weizenmeer hervorstechen. Nur die Windparks sind heute noch dominanter.

Wie eine Landmark ragt auch am Weg nach Weikendorf unübersehbar der alte Turm mit der markanten Aufschrift „Panny" an der aufgelassenen Bahnhaltestelle von Stripfing aus der Ebene des Marchfelds heraus. Ein Zeichen für das, was das Marchfeld geprägt hat: die Bahn, aber vor allem das Korn.

Weikendorf überrascht mit einem interessanten Bau: Die Pfarrkirche ist hier mit einem „Pfarrschloss" verbunden und stellt eine einstige Wehreinheit dar, die zu Anfang des 18. Jahrhunderts unter der Beteiligung von Jakob Prandtauer in barockem Stil neu errichtet wurde. Zutritt erhält man erst, wenn man Wall und Wehrmauer hinter sich gebracht hat. Im Innenhof zeigen sich schöne Arkaden, rund um das Schloss findet man einen barocken

Oben:
ALTER SILO-TURM.
Der heute nicht mehr verwendete Getreidespeicher ist im flachen Land um Weikendorf nicht zu übersehen.

Meierhof. Ja, Gutshöfe prägten das Land und sorgten dafür, dass das Marchfeld den Beinamen „Kornkammer Österreichs" erhalten hat.

Das Wappen der knapp 2.050 Einwohner zählenden Gemeinde – ein Kornfeld, das von einem Engel abgeerntet wird – passt da ebenfalls gut hinein. Auch Lassee trägt mit einem Pferd und zwei Ähren das Thema im Wappen, in Leopoldsdorf im Marchfelde ist die goldene Ähre dominantes Element desselben, und Aderklaa und Weiden an der March zeigen in ihrem Wappen gleich einen ganzen Getreidebund. Am Rand des Marchfelds entdecken wir auf der Fassade der Bockfließer Volksschule großflächige Motive, die von der Korn- und Weinernte erzählen. Die gleich dahinter liegende Kirche ist sehenswert, ebenso die Feuerwehrsirene am Dach der Volksschule.

Ackerbau und Viehzucht wurden im Marchfeld schon in der Frühbronzezeit betrieben. Bis ins 19. Jahrhundert dominierte der Getreideanbau, doch mittlerweile haben viele Gemüsefelder die Kornäcker verdrängt. Das Marchfeld ist neben dem Weinviertel und dem nördlichen Burgenland eines der Getreide-Hauptanbaugebiete Österreichs, und immer mehr wird dabei auf Bio-Anbau umgestellt.

Links:
WEIKENDORF, KIRCHE UND PFARRSCHLOSS.

Oben:
GEMEINDEWAPPEN. Weikendorf, Lassee, Leopoldsdorf im Marchfelde, Aderklaa, Weiden an der March.

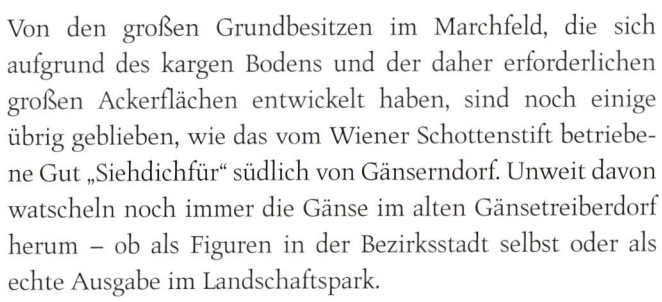

Von den großen Grundbesitzen im Marchfeld, die sich aufgrund des kargen Bodens und der daher erforderlichen großen Ackerflächen entwickelt haben, sind noch einige übrig geblieben, wie das vom Wiener Schottenstift betriebene Gut „Siehdichfür" südlich von Gänserndorf. Unweit davon watscheln noch immer die Gänse im alten Gänsetreiberdorf herum – ob als Figuren in der Bezirksstadt selbst oder als echte Ausgabe im Landschaftspark.

Links und oben: BOCKFLIESS, KIRCHE. Anstelle der alten Pfarrkirche wurde die Kirche im Jahr 1876 eingeweiht. Innen bezaubert ein schönes Kreuzrippengewölbe.

Unten: BOCKFLIESS, VOLKSSCHULE. Die großflächig mit Motiven der Korn- und Weinernte geschmückte Fassade.

Oben: BIO-GUTSHOF „BRANDENSTEIN" IN MARKHOF. Am historischen Gutshof bei Marchegg wird heute Bio-Gemüse angebaut.

Rechte Seite:
Oben und unten links: GUT SACHSENGANG, OBERHAUSEN, Islandpferdehof.

Oben rechts: PFERDEGESTÜT SONNENHOF IN MARKGRAFNEUSIEDL.

Unten rechts: LASSEE. Pferdekoppeln neben Heizwerk.

Zahlreiche Reiterhöfe im Marchfeld verweisen noch auf die alte Tradition der Pferdezucht. Ein Traum für alle Pferdeliebhaber.

Der Biogutshof „Brandenstein" in Markhof führt Biospargel, am Gutshof von Matzneusiedl wird heute Fertigrasen gezüchtet, und natürlich setzt der Meierhof von Schloss Hof, einer der größten noch erhaltenen Meierhöfe Europas, seit einigen Jahren wieder neue Maßstäbe. Nicht zu vergessen, dass auch die Stadt Wien auf ihrem Teil des Marchfelds auf 1.900 Hektar eine der größten Landwirtschaften Österreichs betreibt.

Wenn auch die Viehzucht in der zweiten Hälfte des 20. Jahrhunderts vom Gemüseanbau ersetzt wurde, so findet man im Marchfeld doch auch heute noch viele Reiterhöfe, die auf die einstige Bedeutung der Pferdezucht verweisen. Zu Zeiten der Monarchie existierten in Oberweiden zwei Rennbahnen und drei Pferdetrainieranstalten. Reiterhöfe finden sich heute unter anderem in Marchegg (Gestüt Schönfeld) oder im Lasseer Reitsportzentrum. Einen Ausritt auf Islandpferden kann man in Oberhausen hinlegen: Auf Gut Sachsengang stammen nicht nur die Tiere, sondern auch deren Besitzer aus dem nordischen Land. Interessant ist die Geschichte zur Salmhof-Mühle bei Marchegg. Der Gutshof, der im 16. Jahrhundert unter Niklas Graf Salm und seinem Sohn errichtet und später unter den Pálffys umgebaut wurde, war früher Herberge bedeutender Reitställe.

Was das Marchfeld noch von Ackerbau und Viehzucht zu erzählen hat? Die Landwirtschaftliche Fachschule Obersiebenbrunn widmet sich bereits seit über 100 Jahren der Ausbildung der angehenden Landwirte (passenderweise in der Feldhofstraße). In Fuchsenbigl findet sich neben dem Weltpflügerdenkmal die Versuchsstation der Bundesanstalt Pflanzenbau und Samenprüfung, die bereits seit 1942 landwirtschaftliche Versuche durchführt. Eine andere Institution, die das Marchfeld geprägt hat, ist hingegen im ganzen Land bekannt. Auch der eingangs erwähnte „PannySilo" ist jetzt in der Hand der „grün-schwarzen Kraft am Land", auch wenn er heute nicht mehr als Lager verwendet wird und das Anschlussgleis schon längst entfernt wurde.

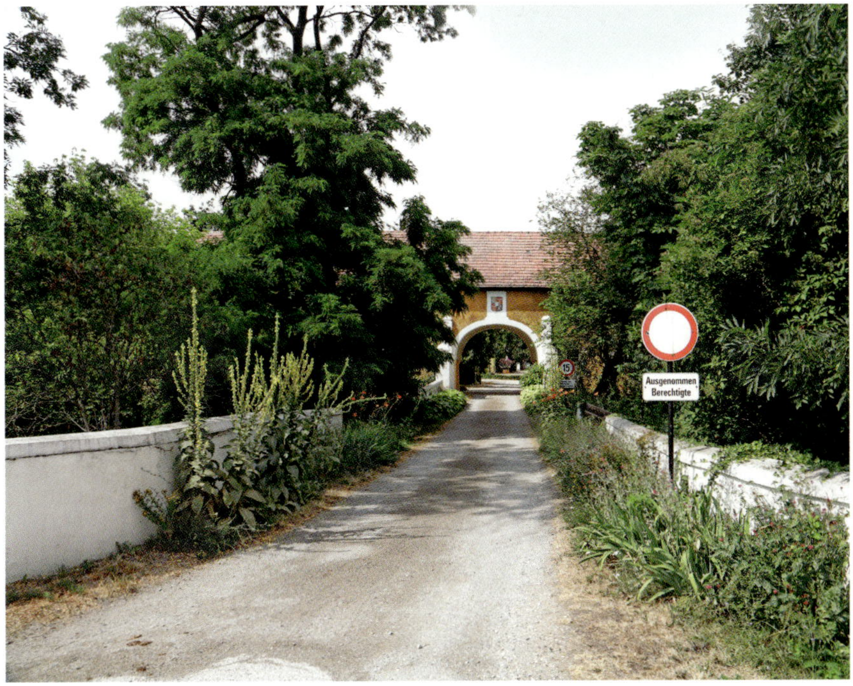
Ausgenommen
Berechtigte

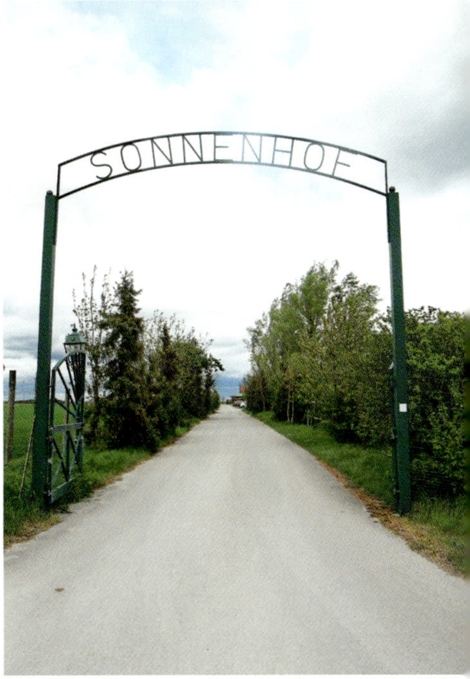
SONNENHOF

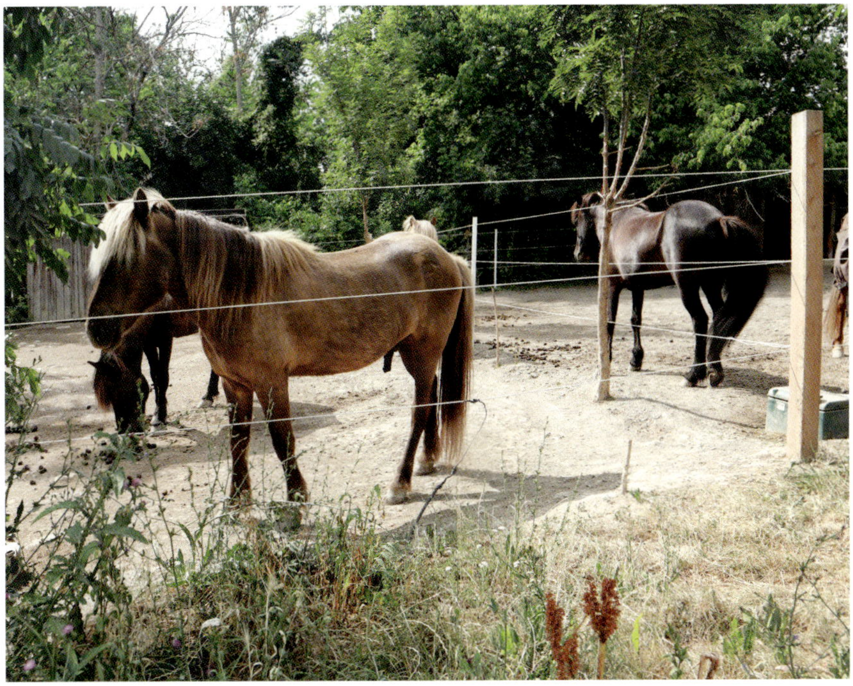

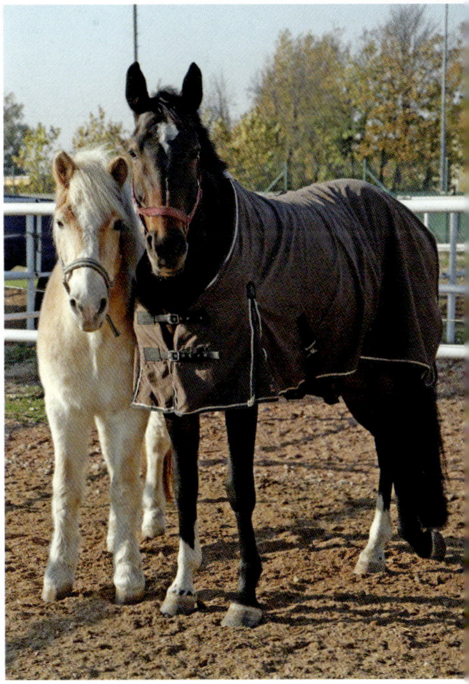

Oben links:
ANGERN,
LAGERHAUSTURM..

Oben rechts:
LASSEE,
LAGERHAUSTURM.

Unten:
ANGERN,
STILLGELEGTE MÜHLE.

Höher als die Kirchtürme ragen die „Raiffeisenkathedralen" in die Höhe. Die örtlichen Genossenschaften fungieren seit 1998 als regionales „Lagerhaus Marchfeld".

Die Kraft am Land, und das Brot vom Bäck'

1898 bereits als Genossenschaft gegründet und im Jahr 1993 in der RWA, Raiffeisen Ware Austria, aufgegangen, ist das Lagerhaus bedeutender Vermarkter am österreichischen Agrarsektor. Über 100.000 Tonnen Lagerkapazität verfügt es im Marchfeld und ist damit wichtiger Partner für die Übernahme, Lagerung und den Verkauf der Agrarerzeunisse der Marchfelder Bauern, aber auch als Markt für Saatgut, Futter und Betriebsmittel sowie Landwirtschaftstechnik unersetzbar. Nicht nur unersetzbar, sondern auch unübersehbar ragen die Silotürme seit den 1960er Jahren aus dem flachen Land in die Höhe, die sowohl das typische grüne Giebelkreuz mit den gekreuzten Pferdeköpfen als auch bäuerliche Motive zeigen – wie in Gänserndorf das Relief eines Sämanns.

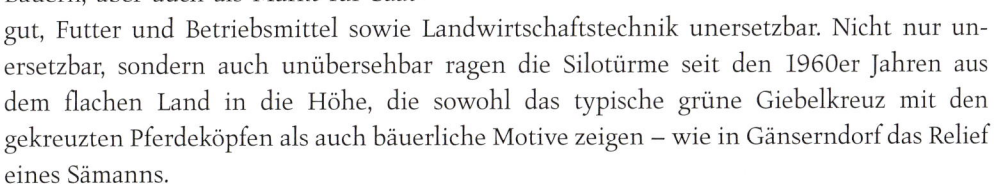

Nicht nur einige Lagerhausstandorte, auch frühere Getreidespeicher wie etwa in Schloss Orth (siehe Seite 51) mussten bereits ihre Funktion als Lagerraum aufgeben. Eine attraktive Form der Nachnutzung findet sich in Bockfließ, wo man heute königlich unter dem alten

Oben links:
OBERSIEBENBRUNN, LAGERHAUSTURM.

Oben Mitte und unten
LASSEE, GENOSSENSCHAFTSMÜHLE.

Oben rechts und unten:
GÄNSERNDORF, LAGERHAUSTURM.

147

Oben: BOCKFLIESS, SCHLOSSKELLER. Ein ehemaliger Getreidespeicher, der heute als Speiselokal dient. Auch das Presshaus wird gerne als Veranstaltungsort genutzt.

Schüttkasten im „Schlosskeller" speist. Wer gerne in besonderem Ambiente feiert, kann das Presshaus gleich daneben für Veranstaltungen mieten.

Kehren wir aber wieder zu den Lagerhäusern im Marchfeld zurück. Was man vielleicht nicht vermuten würde: Die Getreidespeicher sind nicht aus einem Guss, sondern wurden individuell nach den Bedürfnissen der einzelnen Genossenschaften und des umgebenden Ackerlands entworfen. Heute stehen Konzentration und Effizienz im Vordergrund. Die regionalen Genossenschaften wurden im Jahr 1998 als „Lagerhaus Marchfeld" fusioniert und erst vor Kurzem im Hinblick auf die landwirtschaftlichen Feldfrüchte in die Bereiche „Region Gemüsebau", „Region Ost" und „Region B 8" zusammengefasst. Zum Platzhirsch sind auch weitere Vermarkter dazugekommen – man denke hier an die mächtige Siloanlage des Agrarhändlers Hasitschka in Pysdorf.

Inzwischen sind auch die Mühlenbetreiber in dieses Geschäft eingestiegen. Seit der Sesshaftwerdung des Menschen stets im Umfeld von menschlichen Ansiedlungen betrieben, erfolgt die Kornverarbeitung nun nicht mehr am unmittelbaren Standort. An der Donau existierten mehrere Schiffsmühlen, auch an den Flüssen fanden sich kleinere Mühlen. In Probstdorf ist die alte Pfeifermühle bekannt, eine Dampfmühle soll in Lassee existiert haben, und neben der Windmühle von Markgrafneusiedl fanden sich weitere in Untersiebenbrunn und Marchegg. Die Lagerhaus-Genossenschaftsmühle in Lassee ist schon lange nicht mehr in Betrieb, liegt denn auch dieses Geschäft nunmehr in den Händen einiger weniger –

Links: KÜRBISFELDER BEI OBERWEIDEN. Endlos lange Reihen anstelle wogender Kornfelder.

Unten: BÄCKEREI GEIER IN STRASSHOF. Der Platzhirsch im Marchfeld, der seine Fühler weit über die Regionsgrenzen hinaus gestreckt hat.

Mühlen, die sich oft auf den Agrarhandel spezialisiert haben. So übernimmt die Rickl Mühle aus Groß-Schweinbarth Getreide in Oberweiden, Lassee und Wittau, und auch die Hoffmann Mühle in Dürnkrut hat sich auf den Agrarhandel spezialisiert. Wer eine alte Genossenschaftsmühle aus 1921 sehen möchte, kann dies etwas weiter nördlich in der Schaumühle der Weinviertler Gemeinde Schrattenberg tun.

Fürs Marchfelder Korn steht seit vier Generationen unter anderem die Bäckerei Geier, die im Marchfeld ihren Sitz hat und das Getreide verarbeitet, das fast ausschließlich in einem Umkreis von 50 Kilometern herangewachsen ist. Seit 1902 wird nach überlieferten Rezepten und noch mit viel Handarbeit Marchfelder Brot hergestellt. Sie ist eindeutig der Platzhirsch in der Kornkammer Österreichs. Neben sieben Marchfelder sowie weiteren elf Weinviertler Filialen kommen in Wien noch weitere 14 Standorte dazu. Am schönsten genießt man seinen Samstags-Kaffee übrigens in der einladenden Lounge in Gänserndorf, bevor man danach zum Bummeln in die Bahnstraße einfällt. Was gleich die Frage aufwirft: Was hat die Bezirkshauptstadt außer der angenehmen Atmosphäre beim Geier eigentlich sonst noch zu bieten?

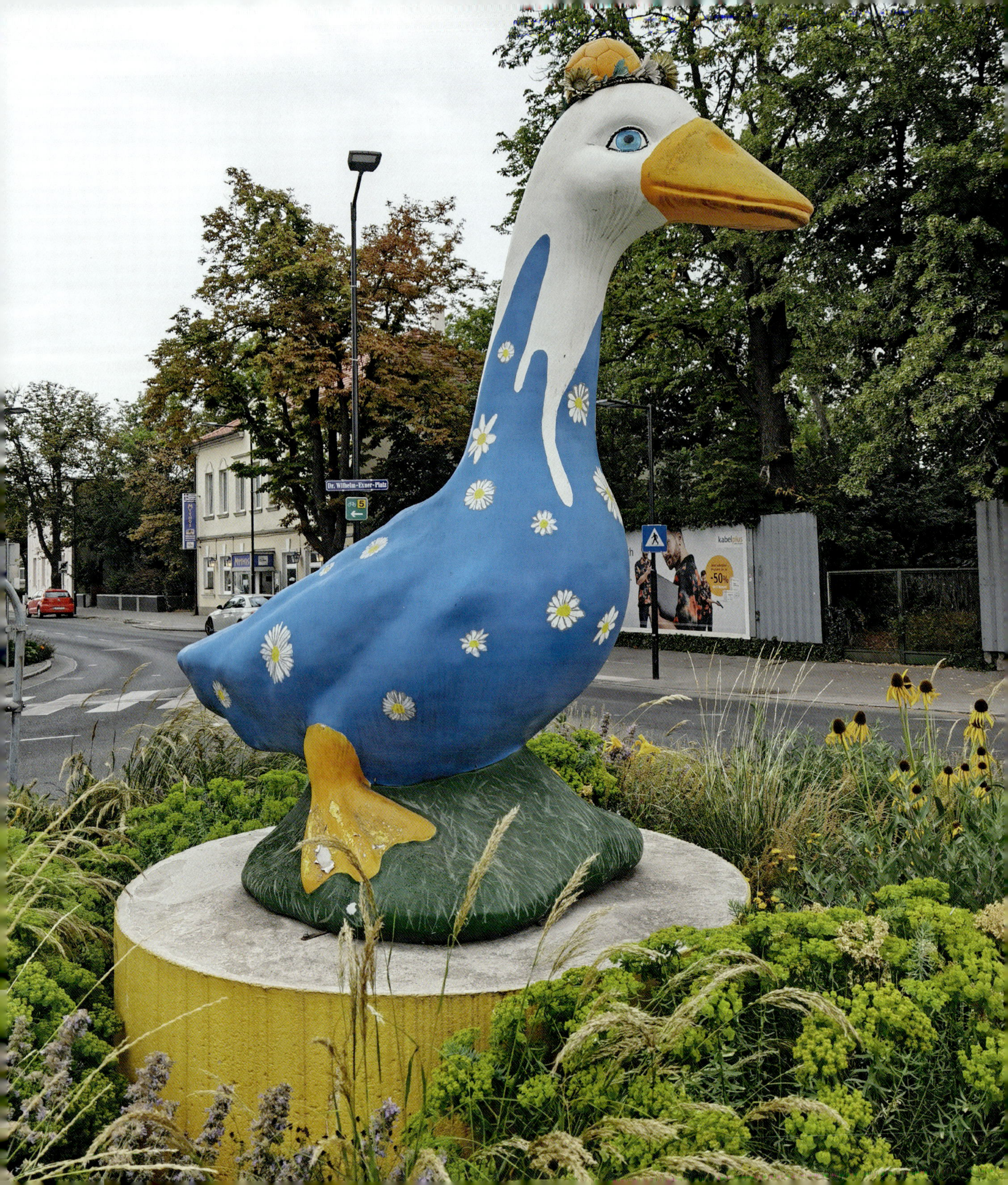
Dr. Wilhelm-Exner-Platz
5
kabelplus
-50%

10 EIN SCHATZ IM BODEN
Vom schwarzen Gold rund um ein einstiges Gänsetreiberdorf

Stadtgemeinde GÄNSERNDORF

Gänserndorf ist Bezirkshauptstadt im flachen Land und hat, auch wenn es auf den ersten Blick nicht ersichtlich ist, einiges zu bieten. Wir finden von der Pferdekopfpumpe über ganz ungewöhnliche Bewohner bis hin zur Reverenz an einen alten Militärmusiker viel Interessantes im alten Gänsetreiberdorf.

Stadtgemeinde GÄNSERNDORF
Einwohner: 11.832

Wo Österreichs Energie zu Hause ist

Wer nach Gänserndorf einfährt, wird zuerst einmal die speziellen „Tore" bemerken, die sich an den Stadteinfahrten der Bezirkshauptstadt finden. In Gänserndorf-Süd (so der Name der Siedlung, die sich bereits vom Stadtkern weg entwickelt hat) sind das mehrere Säulen, die mit ihrer Tierfell-Musterung an den alten Safaripark erinnern. In Richtung Prottes zeigen die wie Einfahrts-Schranken wirkenden Säulen die geologischen Schichten einer Tiefenbohrung. Viel eindrucksvoller aber heben sich die Pumpen und Bohrtürme aus der Ebene ab, die hier im Norden zum gängigen Landschaftsbild geworden sind. Unablässig und schon seit vielen Jahrzehnten stoßen die ölverschmierten Eisenstangen der Pumpenköpfe im immer gleichmäßigen Rhythmus in die Tiefe des Erdbodens und wieder nach oben – wer hier wohnt, ist mit dem nur aus der Nähe wahrnehmbaren leisen Quietschen der Erdölförderanlagen aufgewachsen. Die Pferdekopfpumpen rund um Gänserndorf sind heute in freundlichen Grün-Blau-Tönen gehalten, denn in Gänserndorf läuft die Energieversorgung Österreichs großteils in einem Unternehmen zusammen: der OMV.

Nicht nur im Norden des Marchfelds zeigen sich die Förderanlagen für das schwarze Gold im Landschaftsbild. Auch wenn die Abfackelflamme heute nicht mehr zu sehen ist, die rund um Matzen noch vor einigen Jahren wie ein Höllenfeuer aus dem Boden stieß und das bei der Förderung frei gewordene Begleitgas zu CO_2 verbrannte, finden sich in diesem Landstrich an vielen Stellen Gasschiebestationen am Straßenrand. Am östlichen Rand hat sich die Erdgasdrehscheibe in Baumgarten an der March einen Namen als eines der wichtigsten Verteilerzentren Europas gemacht, am Rand von Wien speist die Erdgasaufbereitungs-

Linke Seite:
GANSSKULPTUR IN GÄNSERNDORF.
Die Bezirkshauptstadt hat sich „gans der Gans" verschrieben.

Oben: KREISVERKEHR GÄNSERNDORF SÜD.
Säule mit Giraffenmuster.

anlage Aderklaa das aufbereitete Gas in die Netze ein, und am südwestlichen Rand des Marchfelds, bereits in der Lobau gelegen, warten das Zentraltanklager, der Ölhafen Lobau sowie auf der anderen Seite der Donau die Raffinerie Schwechat auf die weitere Verarbeitung des schwarzen Golds.

Nördlich von Gänserndorf breitet sich das Matzner Feld im Dreieck rund um Auersthal, Schönkirchen-Reyersdorf und Matzen selbst als größtes geschlossenes Erdölfeld Mitteleuropas aus. Auf rund 100 Quadratkilometern werden hier seit dem Jahr 1949 Öl und Gas aus mehreren Schichten gefördert, die sich unter hohem Druck aus den Sedimenten des

Oben: GÄNSERNDORF, SÄULEN VOR OMV.

Oben rechts: TALLESBRUNN, OMV-GASSPEICHERSTATION.

Unten: ÖLFÖRDERPUMPE BOCKFLIESS.

Rund um das Matzner Feld finden sich gleich mehrere Betriebsanlagen der OMV.

Oben:
OMV BEI AUERSTHAL. Heute sind die Pferdekopfpumpen der OMV in Grün-Blau gehalten. Eine Farbkombination, die sich von Gänserndorf bis ins östliche Weinviertel zieht.

Urzeitmeeres gebildet haben. Das schwarze Gold des Wiener Beckens wird dabei aus bis zu 3.000 Metern Tiefe hervorgeholt. Gasfelder liegen sogar in noch tieferen Schichten in bis zu 7.000 Metern unter der Erde. Das in Österreich geförderte Erdöl und Erdgas decken den österreichischen Jahresbedarf zu rund 10 bzw. 15 Prozent.

Die zahlreichen Erdöl- und Erdgaslagerstätten sorgen im Wiener Becken seit den 1930er Jahren für die Energieversorgung Österreichs. 1938 nahm die RAG als erstes Explorationsunternehmen in Gaiselberg bei Zistersdorf die Bohrung auf und machte das Weinviertel im Zweiten Weltkrieg zum Zentrum der Erdölgewinnung des Deutschen Reichs. Seitdem wird hier immer noch in einer der weltweit ältesten Ölsonden Öl gefördert. Nach dem Krieg kamen die Sowjets und übernahmen mit der SMV, der Sowjetischen Mineralölverwaltung, die Konzessionsgebiete der Deutschen. Die Sowjets gingen, im Gepäck einen 10-Prozent-Anteil des Matzner Feldes, dem wir damit auch zu einem guten Teil den Staatsvertrag zu verdanken haben. Das schwarze Gold blieb und sorgte bis in die 70er Jahre hinein für fast die Hälfte der österreichischen Energieversorgung. Das aus der SMV im Jahr 1956 hervorgegangene Unternehmen ÖMV, mittlerweile als OMV international agierend, hat seit 1959 einen Sitz in Gänserndorf.

Bedeutend ist neben dem Matzner Feld auch die Erdgasdrehscheibe Baumgarten an der March. Sie liegt direkt am Gasfeld Zwerndorf, das 1952 als größte Erdgaslagerstätte Österreichs erschlossen wurde, und verteilt heute Erdgas aus Russland über Österreich und seine

153

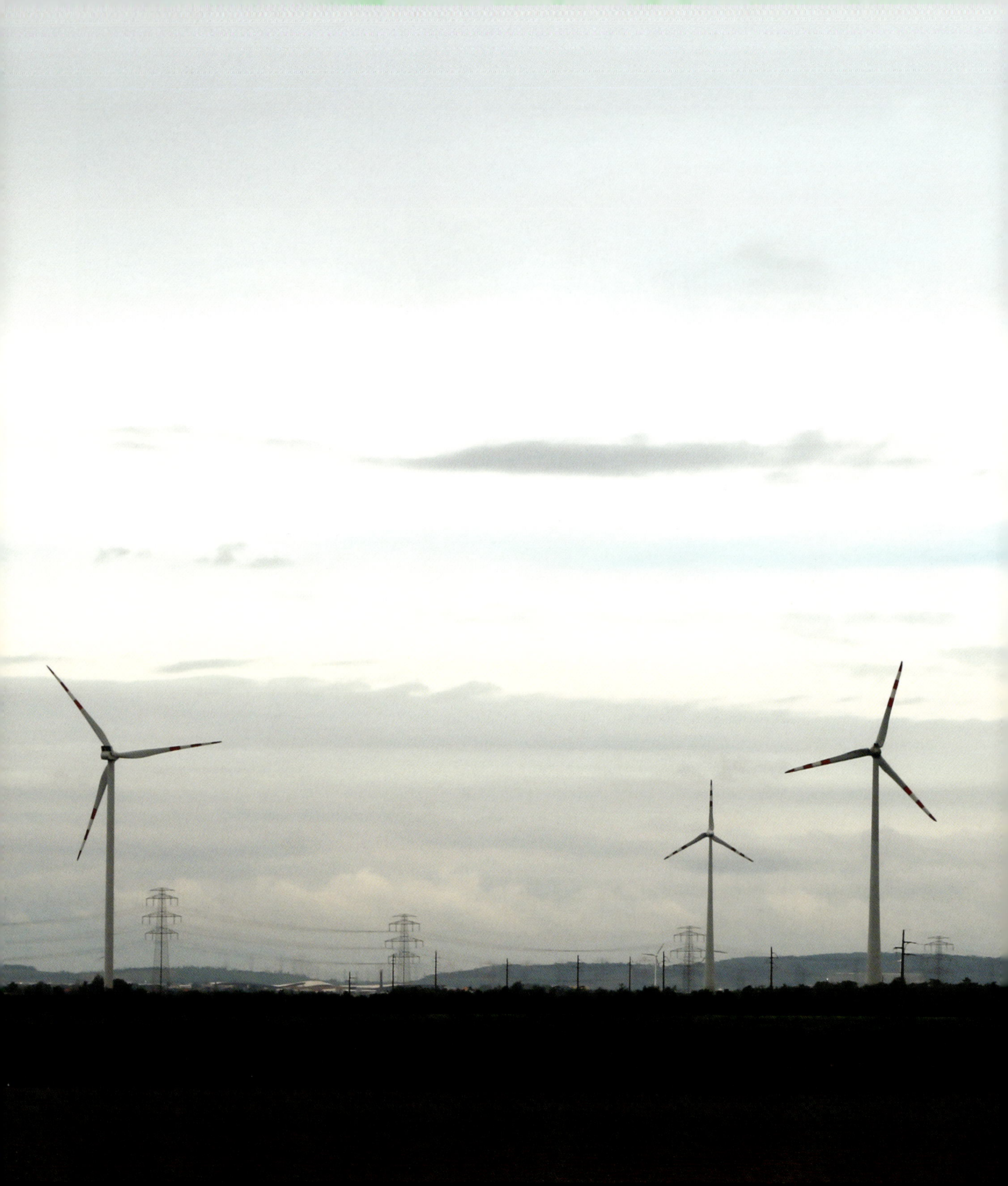

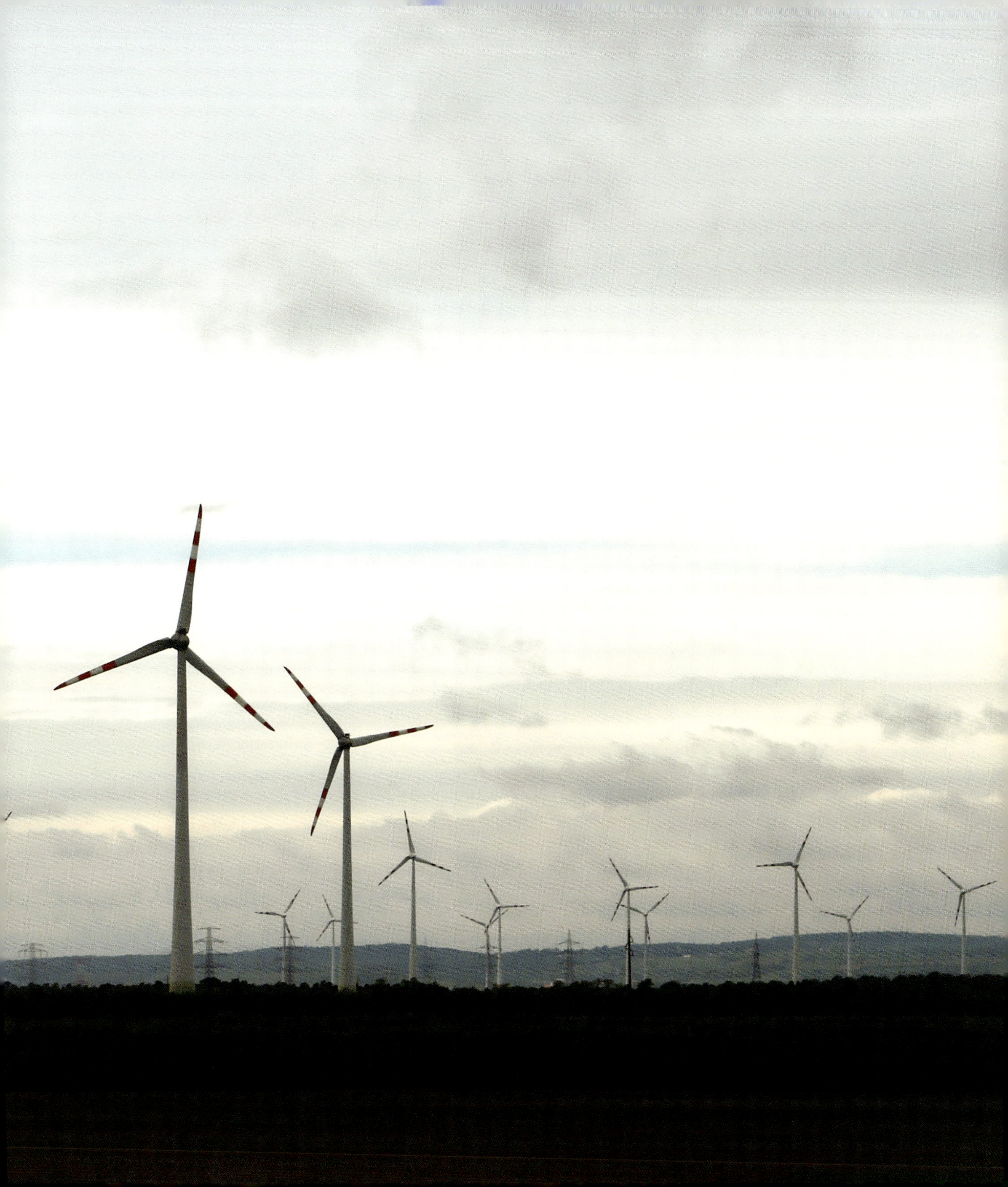

Oben und unten:
ABGEBROCHENER WINDRADFLÜGEL. Das Marchfeld in den Schlagzeilen: Ein 45 Meter langes Rotorblatt brach im August 2021 bei Glinzendorf von einem Windrad ab.

Nachbarländer. Die unterirdische Leitungstrasse lässt sich im Freiland an den Stangen mit den gelben Hütchen erkennen – von der Marchgemeinde bis Arnoldstein und weiter nach Italien verläuft beispielsweise die 380 Kilometer lange Trans-Austria-Gasleitung (TAG).

Wer am Donauradweg über das Marchfeld von Wien nach Bratislava radelt, kommt auch am OMV-Zentraltanklager in der Lobau vorbei, an dem sich 87 riesige Speicher an der Radroute entlangreihen. Verbunden ist das Tanklager mit dem Ölhafen Lobau sowie der OMV-Raffinerie in Schwechat. Ersterer verläuft auf 1,7 Kilometern genau dort parallel zur Donau, wo das von den Nationalsozialisten geplante Vorhaben des Donau-Oder-Kanals nach Nordosten abzweigt und sich dann in Groß-Enzersdorf verliert. 1.000 Tankschiffe verlassen jährlich den Ölhafen. Auf der anderen Seite der Donau hat sich die 1958 errichtete Raffinerie zur größten Binnenraffinerie Europas entwickelt – sie zeichnet für die Hälfte des österreichischen Bedarfs an Mineralölprodukten verantwortlich.

Das Matzner Feld kann man sich übrigens „erradeln". Der OMV-Erlebnisradweg führt von Gänserndorf über Schönkirchen-Reyersdorf, Bockfließ und Wolkersdorf nach Auersthal und über Raggendorf und Matzen wieder zurück zum Ausgangspunkt. Dabei taucht man nicht nur in die ersten Weingärten des Weinviertels sowie in die Geschichte der Erdölförderung ein, sondern bekommt am Protteser Erdöllehrpfad gleichzeitig eine kleine Zeitreise in die 1980er Jahre serviert (siehe auch Seite 248).

Heute wird immer noch gebohrt im Bezirk Gänserndorf, doch an vielen Stellen sind die Pferdekopfpumpen, die einst das Land gegen den Norden flächendeckend überzogen haben, aus dem Landschaftsbild verschwunden. Den Pumpen und Bohrtürmen folgen seit mehreren Jahren neue Symbole der Energiegewinnung – und auch diese kann man nicht übersehen. Ein großer Teil des österreichischen Windstroms stammt aus Niederösterreich, wobei etwa ein Viertel der Windräder des Bundeslands im Marchfeld zu finden ist. Die weite Ebene und der stetig vorherrschende Wind schaffen die besten Voraussetzungen dafür.

Unten: LANDSCHAFTSPARK GÄNSERNDORF, GÄNSETEICH. Gänse findet man in der Bezirkshauptstadt nicht nur symbolisch, sondern auch in echt.

GÄNSERNDORF:
„Gans der Gans" verschrieben

Wer denkt, Gänserndorf hätte außer dem Sitz der OMV Austria und seiner Funktion als Wirtschaftszentrum, Bezirks- und Schulstadt nichts zu bieten, irrt. Das erstmals im Jahr 1115 erwähnte „Genstribindorf" hat sich „gans der Gans verschrieben" und trägt diese sogar im Stadtlogo. Gänsefiguren zieren die Bahnstraße sowie einige Kreisverkehre, und im Gänsemarsch kann man auch vom Rathaus zum Landschaftspark spazieren, wo sich noch immer das Zuhause der gefiederten Einwohner befindet – natürlich am Gänseteich.

Aus dem ehemaligen Gänsetreiberdorf hat sich dank der Erschließung durch Nordbahn und Bundesstraße die Hauptstadt des Bezirks mit heute knapp 11.850 Einwohnern entwickelt – eine der am schnellsten wachsenden Bezirksstädte ganz Österreichs. Neben dem ab 1838 der Bahn geschuldeten Aufschwung haben auch die Märkte dazu beigetragen. Das Marktrecht gilt seit 1853, zur Stadt wurde Gänserndorf im Jahr 1958 erhoben.

Unten: GÄNSERNDORF, SCHLOSS RATHAUSPLATZ. Hinter dem einstigen Schloss versteckt sich seit kurzem eine Gradieranlage.

Sehenswert ist neben den zahlreichen Gänseskulpturen, denen man hier auf Schritt und Tritt begegnet, das Rathaus der Stadt. Früher als Schloss im Besitz der Pálffys, wurde es nach Bränden in den Jahren 1840 und 1945 zum Rathaus umgebaut und erhielt sein einstiges Aussehen mit den drei markanten Halbwalmdächern und dem aufgesetzten Turm zurück.

Links: GÄNSERNDORF, ERLEBNISPARK.
Am ehemaligen Gelände des legendären Safariparks klettern heute Abenteuerhungrige im Hochseilklettergarten herum.

Oben und rechte Seite:
GÄNSERNDORF, ERLEBNIS-PARK. Mehrere Erlebnis-stationen für Groß und Klein lassen einen Ausflug in die Bezirkshauptstadt zu einem spannenden Tag werden.

Gänserndorf selbst steckt voller spannender Geschichten. Mancher kann sich noch daran erinnern, als Kind gefühlt in Afrika gewesen zu sein, als man damals noch ganz ohne große Bedenken im eigenen Auto durch das Gelände des damals größten Wildtierparks Europas fuhr – und sich für Minuten wie der Wüstenarzt Daktari fühlen durfte. Seit 2004 ist der Safaripark Geschichte – und damit die Möglichkeit, auf Tuchfühlung mit Löwen, Elefanten, Giraffen und weiteren exotischen Tieren zu gehen. Heute findet man auf dem alten Steppentierpark-Gelände eine andere Art von Abenteuer: einen Erlebnispark, der Kinder und Jugendliche gleichermaßen erfreut, samt Hochseil-klettergarten, Streichelzoo und Bogenschießparcours.

Relativ neu in Gänserndorf ist eine Gedenkstätte der besonderen Art. Das „erste und einzige Piefke-Denkmal der Welt" erinnert als Klangskulptur seit 2009 an einen Militärmusiker der preußischen Armee, Johann Gottfried Piefke, dem das 1866 in Gänserndorf ausgetragene Konzert mit seiner nicht nur in Deutschland, sondern auch in der

Donaumonarchie bekannten Blasmusikkapelle (man sprach damals davon, dass „die Piefkes kommen") zum Verhängnis wurde. Wurde doch gleichzeitig der Sieg der Schlacht bei Königgrätz und somit die Niederlage Österreichs gegen Preußen gefeiert. Dass sein Name nicht mehr in glühender Verehrung verwendet wird, ist allseits bekannt.

Spielte früher noch der „Bohrturm" auf Gänserndorfs Geschichte an, tut dies heute ein anderes Lokal. Im Café-Pub „Ente" serviert man Entenfutter, um einen Gegentrend zu den Gänsen zu schaffen. Ob die einmal angekündigte Unterschriftenaktion, Gänserndorf in Entenhausen umzubenennen, von Erfolg gekrönt sein wird?

Oben: CAFÉ-PUB ENTE. Eine Ausnahmeerscheinung in der sonst so gänsefreundlichen Stadt. Wo früher der „Bohrturm" etwas Lokalkolorit nach Gänserndorf brachte, setzt heute ein anderes Lokal einen lustigen Akzent.

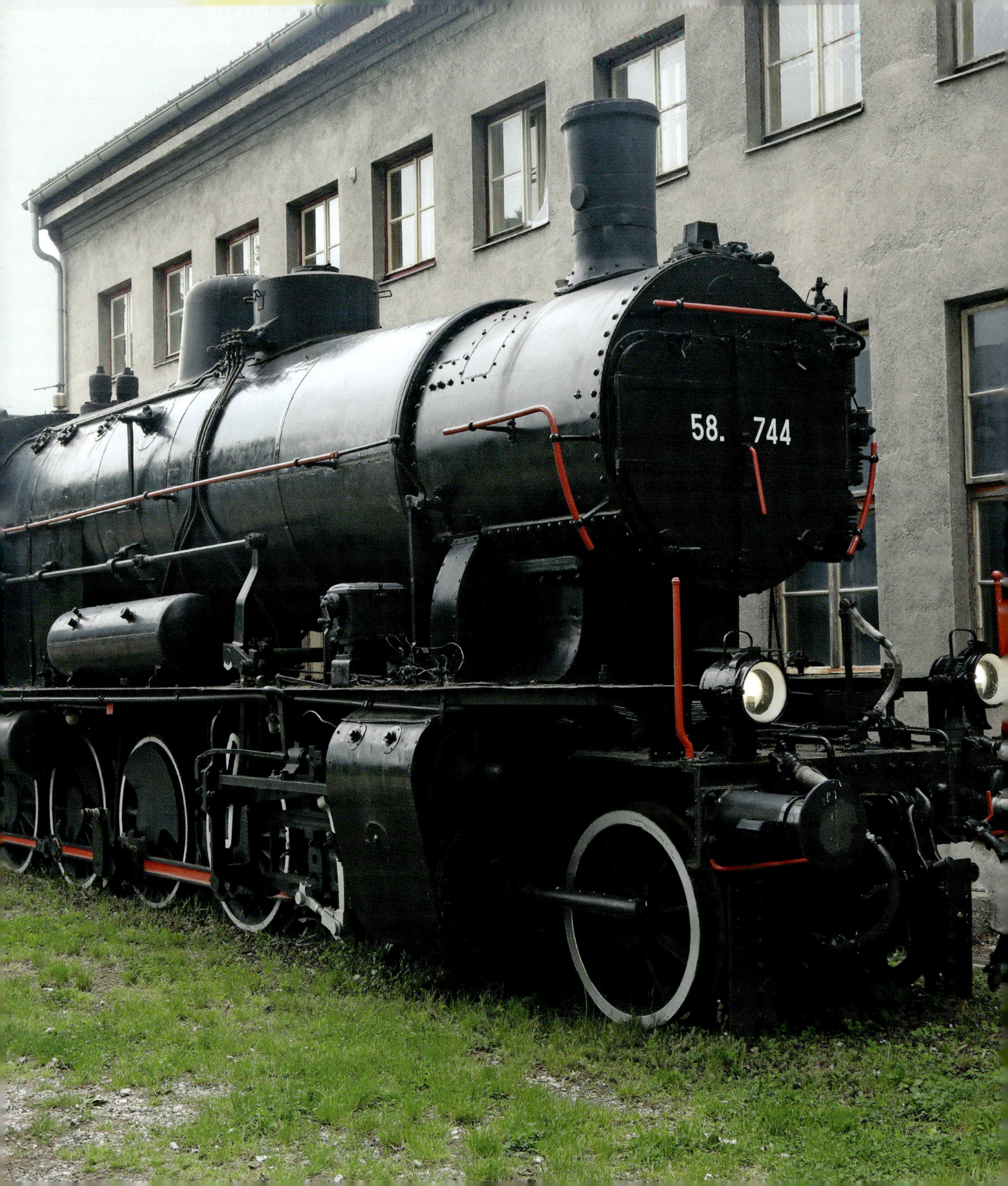
58. 744

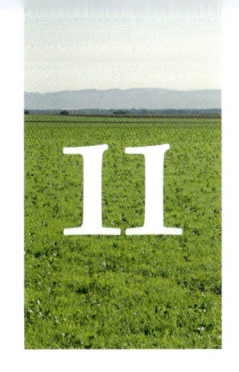

11 DAS MARCHFELD ALS VORREITER
Schnaubende Rösser auf der längsten Geraden Österreichs

Marktgemeinde STRASSHOF AN DER NORDBAHN

Ein Highlight für Eisenbahnfreunde: Wer auf Ruß, Schmieröl und Technik steht, ist im Strasshofer Heizhaus genau richtig. Geschichtlich Interessierte kommen beim Thema Überwindung von Raum und Zeit auf ihre Kosten. Und auch ein dunkles Kapitel in der österreichischen Geschichte wird in Strasshof zum Thema.

Marktgemeinde STRASSHOF AN DER NORDBAHN
Einwohner: 11.085

70-50-70: Ein Straßendorf für Geduldige

Jeder Marchfelder kennt sie: die Fahrt auf der langen Geraden der B 8 durch Strasshof. Die sechs Kilometer lange Strecke ergibt bei zehn Ampeln mindestens sechseinhalb Minuten – selbst bei der grünen Welle. Nicht übertrieben also, wenn unser Fazit wie folgt ausfällt: Dieser Ort zieht sich enorm, und bei einer maximalen Breite von nur 1,5 Kilometern stimmt diese Aussage auch geographisch. Ein typisches Straßendorf, wahrscheinlich sogar das längste Dorf Österreichs.

Doch Strasshof ist viel mehr als das, denn, der Namenszusatz verrät's: es liegt an der Nordbahn. Die heute knapp 11.100 Einwohner zählende Marktgemeinde trägt neben der „Stolzen Föhre", die auf die unter Maria Theresia errichteten Windschutzgürtel verweist, auch ein Eisenbahnrad im Wappen. In Strasshof an der Nordbahn wurden die Weichen gestellt für die Entwicklung des Marchfelds – und zwar im wahrsten Sinne des Wortes. Der im Jahr 1908 errichtete und im Jahr 1959 aufgelassene Rangierbahnhof war einst größter Verschubbahnhof Österreichs mit 125 Gleisen.

Die Pläne, die man zu Zeiten des Nationalsozialismus für den Bahnhof hatte – das Areal hätte stark erweitert werden sollen –, wurden nicht mehr realisiert. Immerhin konnte das Heizhaus im Jahr 1947 noch fertiggestellt werden. Heute atmet man im größten Eisenbahnmuseum Österreichs das Flair alter Zeiten. Wer an der B 8 entlangfährt, wird denn auch gleich von einer sehenswerten Dampflokomotive überrascht. Kein Eisenbahnenthusiast kommt an der „52er" vorbei, ohne kurz innezuhalten. Die Denkmal-Lok aus dem Jahr 1941 ist ein echter Hingucker – und ein Hinweis darauf, was in Strasshof noch zu sehen sein wird.

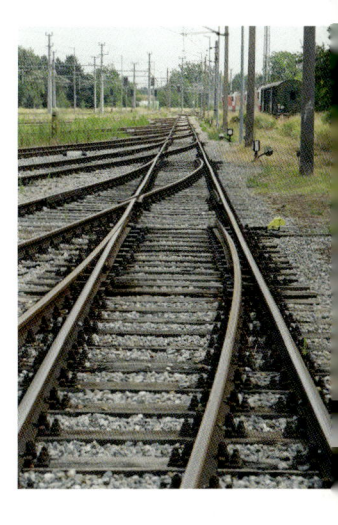

Oben: RANGIERBAHNHOF STRASSHOF. Alle Wege führten ins Marchfeld.

Linke Seite: STRASSHOF. Eine ehemalige Dampflok der Semmeringbahn.

163

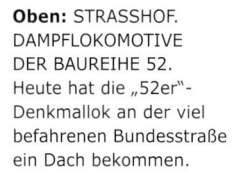

Oben: STRASSHOF. DAMPFLOKOMOTIVE DER BAUREIHE 52. Heute hat die „52er"-Denkmallok an der viel befahrenen Bundesstraße ein Dach bekommen.

Gleich daneben taucht man rund um den Strasshofer Bahnhof in eine längst vergangene Ära ein: Das Parteihäuschen der SPÖ, das für die Stimmabgabe bei Wahlen genutzt wurde, hat schon bessere Zeiten gesehen, und auch die Arbeiterhäuser am Areal stammen aus früheren Tagen. Die Eisenbahnerstadt, die erst durch die stampfenden Lokomotiven Aufschwung erfuhr (noch im Jahr 1900 gab es nur 50 Einwohner), hätte einst eine Garten- und Industriestadt mit hübschen Vorortesiedlungen nach Vorbild Bostons werden sollen. Mit

Ende des Ersten Weltkriegs kam für die Plansiedlung allerdings das Ende und ein langgezogenes Straßendorf begann sich zu entwickeln. Strasshof hat kein eigenes Ortszentrum vorzuweisen – aber dafür wohnt man dort heute im Ortsteil „Waldviertel" oder „Industrieviertel".

Gelebter Bubentraum und ganz viel Eisenbahngeschichte

Fast am Ortsende von Strasshof findet man im Ortsteil Silberwald das Heizhaus des ehemals größten Verschubbahnhofs der Monarchie. Bis ins Jahr 1976 rückten die Dampflokomotiven von hier ins Weinviertel und bis nach Wien aus. Einige davon kann man sich heute ansehen im größten Eisenbahnmuseum Österreichs, das mit knapp 100 Loks und über 180 Waggons eine ziemlich beeindruckende Sammlung präsentiert. Um die Restaurierung der alten Eisenbahnrösser kümmert sich der „Erste Österreichische Straßenbahn- und Eisenbahnklub".

Schon als wir das Gelände betreten, haben wir das Gefühl, in die Vergangenheit einzutauchen: Ob das die alten Schilder und Aufschriften am Ticketschalter sind, die alten Holzböden, die wir im Eingangsgebäude in den Räumen vorfinden, oder die Signalanlagen, die uns den Weg in die Heizhalle weisen. Auf den zehn Gleisen des mächtigen Schuppens haben einige der heißen Rösser einen guten Platz für ihren Ruheabend gefunden. An bestimmten Tagen erweckt man einige der Dampfrösser wieder zum Leben. Dass hier noch richtig angeheizt wird, erkennt man an den Schildern, die vor der

Oben: EISENBAHNERSIEDLUNG.

Llinks: HEIZHAUS STRASSHOF. Das größte Eisenbahnmuseum Österreichs wird von einer Gruppe Ehrenamtlicher – nicht immer mit Eisenbahnerhintergrund – liebevoll in Schuss gehalten.

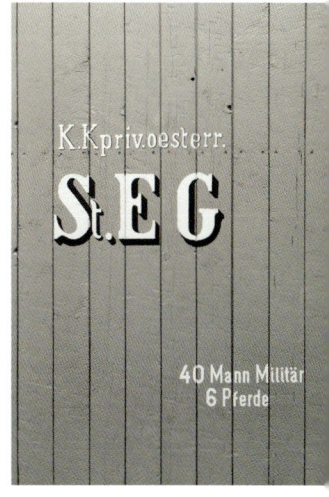

Oben:
DIE PARADELOK DER
K.K.ÖSTERR. STAATS-
BAHNEN, DIE SCHNELL-
ZUGLOKOMOTIVE 310.23.
Lokräder, die größer als
man selbst sind.

166

Rutschgefahr auf dem ölverschmierten Boden und vor den offenen Arbeitsgruben warnen – wie auch am intensiven Geruch nach Schmiermittel und Ruß. So wird auch bei unserem Besuch neben anderen Wartungsarbeiten gerade eine Diesel-Lok angestartet. Wir werfen einen Blick in das Innenleben von Lokomotiven, deren Räder größer sind als wir selbst.

So weist die Paradelok der k.k. österr. Staatsbahnen, die ehemalige Schnellzuglokomotive kkStB 310.23 (Baujahr 1911), die ab dem Beginn des 20. Jahrhunderts zwischen Wien und Krakau und später auch bis Prag unterwegs war, einen sagenhaften Rad-Durchmesser von 214 Zentimetern auf. Bis ins Jahr 1960 war sie in Dienst, seit 1987 dient sie als Nostalgiezug, ihren Alterssitz in Strasshof hat sie im Jahr 1999 eingenommen. Die kkStB 3033 (Baujahr 1897), die bis zur Elektrifizierung auf der Wiener Stadtbahn unterwegs und später von der VÖEST-Alpine in Donawitz eingesetzt war, wurde 1987 in Strasshof wieder fahrtüchtig gemacht, anstatt in den 1970er Jahren den frühen Eisenbahn-Tod zu sterben.

Ein weiteres Dampfross wird 129 Jahre nach seinem Bau seit dem Jahr 2021 wieder angeheizt. Die ÖBB 97.208 ist ein ächzender Schwerarbeiter, der seine Last nur im Doppelpack auf dem Zahnradabschnitt der Erzbergbahn befördern konnte. Auch das österreichische „Krokodil" lässt sich bewundern (ein Zugpferd, das am Arlberg, Brenner und in den Tauern zum Einsatz kam), ebenso die älteste betriebsfähige Schnellzuglok. Die älteste Lok in der Sammlung (Baujahr 1868) findet man im Freigelände im Bereich der Drehscheibe.

Selbst wenn die Bezeichnung „größtes Eisenbahnmuseum Österreichs" einen Vorgeschmack

Oben: DIE KEB 106 „FUSCH" (links im Bild). Die älteste Lok in der Sammlung des Heizhauses sowie einzig erhaltene Lok der Kaiserin-Elisabeth-Bahn (Westbahn).

Oben: FREIGELÄNDE. Alte schnaufende Eisenbahnriesen im Außenbereich des Eisenbahnmuseums. Das Areal zieht sich auf einem Kilometer an den alten Gleisen entlang.

darauf bietet, was es hier alles zu sehen gibt: Man muss es wirklich erleben und einmal durch das gesamte Areal spaziert sein. Einen ganzen Kilometer lang bewegen wir uns an den Gleisanlagen entlang, vorbei an Gartenbahn und Modellanlagen, Drehscheibe und Wasserturm, und noch weiter bis zum Ende der Abstellgleise, auf denen die letzten der insgesamt 400 historischen Schienenfahrzeuge eine Bleibe gefunden haben. Neben den Dampf- und Dieselloks sind es am Außengelände vor allem Elektrotriebwagen und Waggons in allen möglichen Ausführungen und Farben, manchmal blankgeputzt und gepflegt, manchmal bereits stark verfallen und von Graffiti verziert, manchmal angekoppelt und in Kürze zu bewegen, manchmal am verwachsenen Gleis schon vom Buschwerk verwachsen. Ein Lost Place der Eisenbahngeschichte, dem wir uns auf Seite 250 noch genauer widmen werden.

An Fahrbetriebstagen (meist sonntags) kann hier im Personenwaggon mitgefahren werden, auch der Blick aus dem Führerstand ist dann möglich. An Dampfbetriebstagen werden dafür sogar die schnaufenden Rösser aus ihrem Schuppen geholt, und auch die kleine Gartenlok, die durch das Kinderland im vorderen Teil des Geländes fährt, wird dann von Dampf angetrieben. Nicht nur ein Spaß für Kinder, sondern auch für all jene, die das Staunen, Entdecken und Träumen noch nicht verlernt haben.

KREUZ UND QUER DURCHS MARCHFELD:
Die Geburtsstunde der Eisenbahn

Als zu revolutionär galten die funkenspeienden Dampfrösser für Kaiser Franz I., als zu gefährlich für die Monarchie – und deswegen erteilte erst sein Nachfolger Kaiser Ferdinand I. die Genehmigung zum Bau der ersten Eisenbahnstrecke Österreichs. Am 23. November 1837 wurde diese auf 14 Kilometern zwischen Floridsdorf und Deutsch-Wagram mit der Dampflokomotive „Austria" auf der „Kaiser Ferdinand Nordbahn" eröffnet – fünf Jahre, nachdem die erste Schienenstrecke ganz Kontinentaleuropas ihren Betrieb aufgenommen hatte. Im Gegensatz zur Mühlviertler Pferdeeisenbahn, die das Salz aus dem Salzkammergut von Linz (bzw. später Gmunden) nach Budweis transportierte, waren im Marchfeld gleich von Beginn an die Stahlrösser im Einsatz und revolutionierten das Verständnis von Zeit und Raum. Mit unglaublichen 30 km/h war man bei der Erstfahrt bereits unterwegs, auch die Geschwindigkeit des Ausbaus war beeindruckend: Der reguläre Fahrbetrieb der ersten Eisenbahnstrecke Österreichs wurde am 6. Jänner 1838 aufgenommen – und am 1. September 1848 konnte man bereits durchgehend bis nach Krakau fahren. Aus dem revolutionären Gefährt war ein Massentransportmittel geworden. Noch heute spricht die Fassade des alten Cafés am Deutsch-Wagramer Bahnhof von den „damals beliebten Eisenbahn-Lustfahrten" aus Floridsdorf

Unten:
DEUTSCH-WAGRAM, ERSTES KAFFEEHAUS. Lustfahrten auf der ersten Eisenbahnstrecke Österreichs: ab 1837 zu Kaffee und Kuchen nach Deutsch-Wagram.

Die ersten eingesetzten Lokomotiven kamen 1837 noch aus England und wurden für die Überfuhr nach Triest und den anschließenden Transport über den Semmering in ihre Einzelteile zerlegt. Zwei Jahre später existierte in Wien, weitere drei Jahre später in Wiener Neustadt eine eigene österreichische Lokomotiv-Fabrik.

Heute führt die Nordbahn nach wie vor über Strasshof und Gänserndorf, Angern und Hohenau ins einstige Lundenburg (Břeclav). Wer ein Stück Eisenbahngeschichte sehen möchte, findet in Bernhardsthal die älteste erhaltene Bahnbrücke Österreichs – im Jahr 1839 Übungsterrain von niemand Geringerem als Carl (damals noch ohne Ritter) von Ghega, der kurz darauf mit der Überwindung des Semmerings in die Annalen eingehen sollte.

Die zweite Bahnlinie durchs Marchfeld wurde kurz darauf eröffnet. 1847 ging es nach Marchegg, ein Jahr später konnte man auf der Marchegger Ostbahn schon nach Pressburg reisen, und auf der langen Hauptverkehrsverbindung nach Budapest machte sogar der Orient-Express in Marchegg-Bahnhof Halt. Interessant ist der Verlauf des Marchegger Asts:

Oben:
STILLFRIED. TREPPE ÜBER GLEISE. Von oben kann man einen schönen Blick auf die Nordbahn erhaschen.

Rechts und unten:
DEUTSCH-WAGRAM, EISENBAHNMUSEUM AM BAHNHOF.

Nirgendwo sonst in Österreich zieht sich wie hier durch die Mitte des Marchfelds eine 30 Kilometer lange schnurgerade Linie. Fürs Marchfeld typisch sind die Anschlussgleise an den Silos von Agrarvermarktern wie dem Lagerhaus sowie die Anschlussbahn zur Agrana-Zuckerfabrik in Leopoldsdorf. Als Feldbahn für den Transport von Zuckerrüben von Angern ins ungarische Ungereigen war in früheren Zeiten auch die „Elektrische" bekannt.

Das Marchfeld ebnete nicht nur den Dampfrössern, sondern auch dem Personentransport den Weg. Mit 17. Januar 1962 fuhr die erste Schnellbahnlinie von Meidling nach Gänserndorf, um den Weg für regen Pendlerverkehr vorzubereiten – und sorgte damit für regen Zuzug ins Wiener Umland. Und bald sollen die beiden Twin Cities Wien und Bratislava noch schneller als bis jetzt über das Marchfeld verbunden sein: Ab dem Jahr 2023 wird der Ausbau bis Marchegg als zweigleisige, elektrifizierte Strecke die Fahrzeit zwischen Wien und Bratislava von 65 auf 40 Minuten verkürzen.

DEUTSCH-WAGRAM, EISENBAHNMUSEUM AM BAHNHOF.

Einige Nebenfahrbahnen wie die Lokalbahn Siebenbrunn-Engelhartstetten wurden allerdings bereits aufgelassen oder gar nie verwirklicht, wie die Anfang des 20. Jahrhunderts

DEUTSCH-WAGRAM, EISENBAHNMUSEUM AM BAHNHOF. Im ehemaligen Arbeiterwartesaal aus dem Jahr 1908 finden sich viele Artefakte zur ersten Dampfeisenbahnlinie ins Marchfeld. Heute geht es etwas schneller zu als bei der Erstfahrt mit der für damalige Zeiten revolutionären Geschwindigkeit von 30 km/h. Die Fahrt mit der Eisenbahn war noch etwas ganz Besonderes.

geplante Marchfeldbahn nach Groß-Enzersdorf sowie Gänserndorf bzw. Marchegg. Der Name wird heute für die Verbindungsbahn zwischen den beiden letztgenannten Orten verwendet. Dafür wurde ein Radweg zum Thema Eisenbahn errichtet: Auf dem Erlebnisradweg „Dampfross und Drahtesel" kann man heute von Deutsch-Wagram aus über Stammersdorf nach Wolkersdorf und von dort wieder zurück eine 50 Kilometer lange Rundroute auf alten Trassen drehen.

Dampfmaschinen und Verschubbahnhöfe der anderen Art

Wer mehr über die Geburtsstunde der Eisenbahn erfahren möchte, sollte das kleine Eisenbahnmuseum in Deutsch-Wagram besuchen. Im ehemaligen Arbeiterwartesaal aus dem Jahr 1908 werden die Anfänge der Eisenbahn mit einer reichhaltigen Sammlung an Exponaten wie Uniformen, Signalanlagen, Modellen und Schildern erklärt: alles in allem ein Stück beeindruckende Eisenbahngeschichte. Auch am Bahnhof selbst finden sich historische Gebäude, neben dem Bahnhof (er wurde im Jahr 1854 neu errichtet und später umgebaut) zum Beispiel eine historische Wasserstation aus dem Jahr 1846.

Auch am Bahnhof Siebenbrunn-Leopoldsdorf haben sich das originale Bahnhofsgebäude und die Wasserstation erhalten. Freunde alter Technik finden beim ehemaligen Bahnhof Breitstetten eine der größten Kollektionen von Dampfmaschinen aus Industrie und Landwirtschaft im deutschsprachigen Raum. Das Dampfmaschinenmuseum Breitstetten zeigt aber auch allerlei Arbeitsgeräte aus Haushalt und Handwerk.

BREITSTETTEN, DAMPFMASCHINENMUSEUM.
Die neue Technik revolutionierte nicht nur das Verkehrswesen, sondern erleichterte auch zahlreiche Arbeitsvorgänge in Industrie und Landwirtschaft.

MASCHINEN RAUM
Rauchen, sowie hantieren mit offenem Feuer u. Licht verboten!
Explosionsgefahr!

BREITSTETTEN, DAMPFMASCHINEN-MUSEUM. Das Areal am ehemaligen Bahnhof Breitstetten zeigt heute die größte Sammlung von Dampfmaschinen aus Industrie und Landwirtschaft im deutschsprachigen Raum. Ein wahrer Hochgenuss für alle Freunde der Technik mit einem Hang zum Nostalgischen.

Oben und rechts: DURCHGANGSLAGER STRASSHOF, MAHNMAL. Die Säulen erinnern an die sieben Durchgangslager, die zur Zeit der Nationalsozialisten in Strasshof in Betrieb waren.

Direkt an der Bahn erinnert in Strasshof noch ein Mahnmal an eines der dunkelsten Kapitel Österreichs. Auch das Marchfeld, ein Teil der Ostmark, blieb nicht von den Machenschaften des nationalsozialistischen Regimes verschont. Bahngleise, die auf sieben Säulen zulaufen, gedenken heute der 30.000 Zwangsarbeiter, die in den Jahren 1941 bis 1945 ihren Weg durch eines der sieben Lager in Strasshof nehmen mussten. Sprechend ist eine Luftaufnahme, die die Größe des Areals zeigt, in welchem die Zwangsarbeiter, die in Rüstungsbetrieben oder in der Landwirtschaft eingesetzt wurden, interniert waren. Der einst als ruhige Gartenstadt geplante Ort an der Nordbahn war damit zum Verschubbahnhof nicht für Züge, sondern für „Menschenmaterial" geworden. Mehr zur Geschichte Strasshofs in der NS-Zeit weiß das Heimatmuseum, das in der alten Werksküche am Bahnhof untergebracht ist.

Links: STRASSHOF, HEIMATMUSEUM.
Ein schlichter Backsteinbau, der ein schreckliches Kapitel unserer Geschichte zum Thema hat.

Schenke

Falco's Séparée

7 MAL IN DER

12 BEKANNT IN GANZ ÖSTERREICH
Von barockem Prunk und weißem Gold

Stadtgemeinde DEUTSCH-WAGRAM

Auch ein Besuch in Österreichs wohl eigenwilligstem Restaurant darf im Marchfeld nicht fehlen. Was natürlich die Frage aufwirft, was die Region sonst kulinarisch zu bieten hat. Und wie steht es mit dem Wein im Landstrich zwischen Wien und Bratislava – oder besser gesagt, zwischen dem Weinviertel und der Region Carnuntum?

Stadtgemeinde DEUTSCH-WAGRAM

Einwohner: 9.018

Katastralgemeinden *(alphabetisch)*

Deutsch-Wagram
Helmahof

Eine Institution im Marchfeld, die man wirklich nicht übersehen kann

Deutsch-Wagram, die jüngste Stadt im Bezirk Gänserndorf, im Jahr 1258 als „Wagram" erstmals urkundlich erwähnt, verwendet bereits seit der zweiten Hälfte des 16. Jahrhunderts den Namenszusatz als Abgrenzung zu „Kroatisch-Wagram" (dem heutigen Wagram an der Donau). Ihren Namen verdanken beide Gemeinden der durch das Marchfeld verlaufenden Geländestufe des Kleinen Wagrams (siehe dazu auch Seite 109).
Aus dem einstigen Angerdorf entwickelte sich durch die Nordbahn ein Straßendorf. Zwei Jahre vor der Eröffnung der ersten Eisenbahnstrecke Österreichs von Floridsdorf bis Deutsch-Wagram waren gerade einmal 73 Häuser angesiedelt. Auch die Schnellbahn sorgte in den 1960er Jahren für raschen Zustrom, seit dem Jahr 1985 ist Deutsch-Wagram Stadtgemeinde mit aktuell gut 9.000 Einwohnern. Bekannt ist der Durchzugsort vor allem als Namensgeber der Schlacht bei Wagram, von der wir noch auf Seite 213 erzählen werden. Am ehesten assoziiert man Deutsch-Wagram wohl aber mit einer Sehenswürdigkeit, die seine Besucher in Staunen versetzt – ein Kuriosum, das nicht erst einmal seine Pforten für die Fernsehkameras geöffnet hat. Im Deutsch-Wagramer Marchfelderhof trifft sich die Crème de la Crème zum Stelldichein.

Linke Seite:
MARCHFELDERHOF.

Unten:
DEUTSCH-WAGRAM, BAHNHOFSGEBÄUDE.

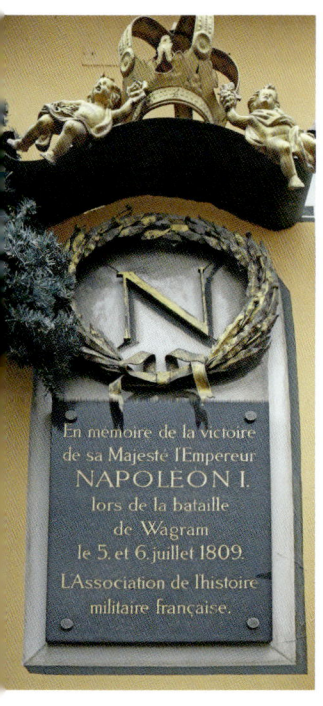

En mémoire de la victoire
de sa Majesté l'Empereur
NAPOLEON I.
lors de la bataille
de Wagram
le 5. et 6. juillet 1809.
L'Association de l'histoire
militaire française.

Anno 1809
Die Schlacht bei Wagram
Napoleon I. - Erzherzog Karl

KAISERZIMMER UND NAPOLEONECKE. Nicht nur der Franzosenkaiser stattete dem Marchfelderhof im Jahr 1809 einen Besuch ab. Knapp 100 Jahre später ließ sich auch der hiesige Kaiser Franz Joseph I. im heute wohl außergewöhnlichsten Restaurant Österreichs blicken.

Schon bei der Stadteinfahrt fallen die großen Werbetafeln auf, die in regelmäßigen Abständen entlang der B 8 platziert sind. Es ist nicht möglich, durch Deutsch-Wagram durchzufahren, ohne zumindest von der Existenz des Marchfelderhofs Notiz genommen zu haben. Ist man dann angelangt an der Ecke Bockfließerstraße/Schillerstraße, am „Spargel Platz No. 1", verrät ein weiteres Schild: Hier, in der „Spargelrepublik Marchfeld", gelten andere Gesetze.

Barocker Überschwang in der Spargelrepublik

So stehen auch wir vor der in Schönbrunn-Gelb gehaltenen Fassade und staunen. „Asparagus hic lex, hospes hic rex" – „Hier ist der Spargel Gesetz, der Gast ist König", ist als Motto des Marchfelderhofs unübersehbar über dem Eingangsportal angebracht. Dementsprechend erweisen uns neben staatstragenden Flaggen gleich mehrere Personen die Ehre. Direkt beim Eintritt in den Spargelpalast wäre das Kaiser Franz Joseph I., der hier einst zu Besuch war, rechts davon wetteifert die Büste Papst Johannes Pauls II. neben der Plakette zu Ehren Falcos um

Beachtung. Die Schlacht bei Wagram ist mit Kanonenkugeln ein Thema (und natürlich war auch der Franzosenkaiser hier), und die Kaiser-, Königs- und Präsidentenpforte lässt erahnen, dass sich der überladene Pomp auch in der Inneneinrichtung fortsetzen wird.

Der mittlerweile verstorbene Gerhard Bocek wollte den von seinen Eltern übernommenen Gasthof zum originellsten Restaurant Österreichs machen. Sein Vorhaben ist ihm gelungen, denn alle waren da, ob Freddie Mercury und Liz Taylor oder Birgit Sarata und Richard Lugner. Im Marchfelderhof werden die Spargelfeinschmecker des Jahres gekürt. Auch wenn „nur" das Ganslessen (hier natürlich stilgerecht als „Ganslfestival" tituliert) im November angesagt ist, stauen sich an einem Sonntagmittag die Leute vor der Eingangstür.

Die Lieblingstische der Promis

José Carreras Nr. 105
Gerhard Bronner Nr. 46
Yehudi Menuhin Nr. 73
König Konstantin v. Griechenland Nr. 65
Charles Aznavour Nr. 21
Gilbert Becaud Nr. 46
Nancy Sinatra Nr. 45
Fam. Habsburg Lothringen Nr. 42
Bundeskanzler Bruno Kreisky Nr. 43
Bundeskanzler Julius Raab Nr. 41
Bundeskanzler Josef Klaus Nr. 41
Bundespräsident Franz Jonas Nr. 95
Bundespräsident Adolf Schärf Nr. 91
Johannes Heesters Nr. 27
Christian Barnard
Heinz Conrads Nr. 21
Elfriede Ott Nr. 610
Fürst Karl Schwarzenberg Nr. 35
Jean Claude van Damme Nr. 16
Marika Rökk Nr. 11
Herbert von Karajan Nr. 15
Rudolf Nurejew Nr. 37
Falco Nr. 12
Jennifer Rush Nr. 83
Jeannine Schiller Nr. 61
Prof. Franz Antel Nr. 23
Bill Haley Nr. 51
Lorin Maazel Nr. 56
Donna Summer Nr. 59
Edita Gruberova Nr. 15
Herbert Prohaska Nr. 72
Dr. Alois Mock Nr. 44
Wolfgang Ambros Nr. 63
Marcel Prawy Nr. 85
Vera Kálmán Nr. 11
José Carreras Nr. 39
Placido Domingo Nr. 44
Bundespräsident Dr. Theodor Körner Nr. 41
Bundeskanzler Dr. Leopold Figl Nr. 28
René Kollo Nr. 69
Helmut Qualtinger Nr. 710
Cliff Richard Nr. 46
Zarah Leander Nr. 13
Prof. Claudio Abbado Nr. 63
Ava Gardner Nr. 27
Curd Jürgens Nr. 34
Milva Nr. 22
Paul Anka Nr. 83
König Faruk von Ägypten Nr. 41
Hans Moser Nr. 32

Liz Taylor Nr. 34
Oskar Werner Nr. 87
Fanco Zefirelli Nr. 98
Andy Warhol Nr. 46
Arik Brauer Nr. 44
Prof. Fritz Muliar Nr. 24
Louis Armstrong Nr. 94
Zsa Zsa Gabor Nr. 11
Thomas Muster Nr. 21
Helmut Zilk u. Dagmar Koller Nr. 12
Friedrich Flick Nr. 56
Bud Spencer Nr. 73
The Bee Gees Nr. 61
Jethro Tull Nr. 53
José Feliciano Nr. 42
Donovan Nr. 47
Kiss Nr. 58
Uriah Heep Nr. 35
Nazareth Nr. 81
Klaus Maria Brandauer Nr. 11
Peter Weck Nr. 121
Diana Ross Nr. 48
Vladimir Malakhov Nr. 111
Christian Kolonovits Nr. 68
Simon & Garfunkel Nr. 53
Andy Borg Nr. 910
Paul Hörbiger Nr. 22
Alain Delon Nr. 115
Heinz Rühmann Nr. 28
Leonard Bernstein Nr. 37
Joe Cocker Nr. 46
Jürgen Melzer Nr. 29
Freddy Mercury Nr. 75
Ricardo Muti Nr. 62
Toni Polster Nr. 77
Erwin Pröll Nr. 63
Otto Retzer Nr. 57
Birgit Sarata Nr. 43
Romy Schneider Nr. 43
Roger Moore Nr. 113
Eric Burdon Nr. 87
Toni Faber Nr. 610
Reinhard Fendrich Nr. 35
Waltraut Haas Nr. 613
Marcello Mastrojanni Nr. 93
George Michael Nr. 44
Otto Schenk Nr. 122
Anthony Quinn Nr. 35
Tokio Hotel Nr. 42
Friedrich Hundertwasser Nr. 14

BREUGHELZIMMER:
Nr. 11 Marika Rökk-Tisch
Nr. 12 Falco-Séparée
Nr. 14 Hofburg-Eck
Nr. 15 Karajan Stammtisch
Nr. 16 Jean Claude-van-Damme-Tisch

SCHLOSSHOFER ZIMMER:
Nr. 21 Heinz Conrads-Eck
Nr. 22 Kaffeesieder-Eck
Nr. 23 Kolschitzky-Eck
Nr. 24 Zuckerbäcker-Tisch
Nr. 27 Marionetten-Eck
Nr. 28 Wäschermädl-tisch
Nr. 29 Mesner Eck

ALTE KAMINSTUBE:
Nr. 31 Schutzengel Tisch
Nr. 32 Friedrich Schiller Tisch
Nr. 34 Kronprinz-Rudolf Nische
Nr. 35 Hofopern-Loge
Nr. 36 Bierbrauertisch
Nr. 37 Herz-Jesu-Eck
Nr. 38 Madonneneckerl
Nr. 39 Uhrmacher-Eck

ERZHERZOG-CARL-ZIMMER:
Nr. 41 Kaiserin Elisabeth-Tisch
Nr. 42 Kaisertisch
Nr. 43 Thronfolger Franz-Ferdinand Tisch
Nr. 44 Napoleon Eck
Nr. 48 Papst Johannes Paul Tisch

In unglaublicher Vielfalt geht es denn auch im Innenbereich weiter. Es ist erstaunlich, mit wie vielen Gegenständen man einen Raum schmücken kann. Teile der Wände sind mit unzähligen Fotografien, Porträts in Goldrahmen oder Büsten zugepflastert und erzählen von den rauschenden Abenden, die sich in diesen Räumen zugetragen haben. Vom Empfangsbereich bis zu den Toiletten erfährt man auf Fotos, Zeitungsausschnitten und Souvenirs, welche Berühmtheiten sich in diesem unglaublichen Etablissement schon getroffen haben. Ein Feuerwerk an Bildern, dekorativen Elementen und Antiquitäten aus der k.u.k.-Zeit nimmt unsere Aufmerksamkeit zu 100 Prozent in Besitz – und obendrauf hängt der Himmel voller Geigen, Blasinstrumenten oder Trommeln. Selbst wenn noch irgendwo ein Stückchen Sitzplatz übrig bleiben sollte wie zu Zeiten der Corona-Pandemie, wird er schnell mit Leben gefüllt, wenn auch in diesem Fall mit Schaufensterpuppen, die für genügend Abstand – und gespenstische Atmosphäre – im Lokal sorgen.

Oben: SITZPLAN. Alle waren sie da – ob von nah oder fern. Es dauert länger als der sprichwörtliche Kaffee, die Promi-Liste im Marchfelderhof zu studieren. Ein wahrer Genuss, der zum kulinarischen noch dazukommt.

Oben: SPEISEN IM MARCHFELDERHOF.

Unten: UFERHAUS, ORTH AN DER DONAU. Ein Ausflugsklassiker im Marchfeld, nicht nur gastronomisch gesehen. Mit Blick auf die Donau schmecken die Fischspezialitäten einfach besser.

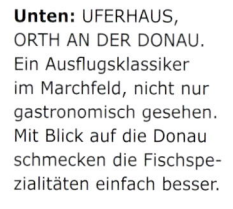

Wer durch die zahlreichen Medienberichte nun glaubt, dass sich nur die Prominenz im Marchfelderhof die Klinke in die Hand gibt, der irrt. Die Küchentradition des Hauses lebt auch heute noch im Sinne der Urgroßtante Gerhard Boceks weiter, und das Mittagsmenü wird auch von Gästen mit normal gefüllter Brieftasche gerne in Anspruch genommen. Auch wir haben uns erlaubt, wie bereits Maria Theresia oder Kronprinz Rudolf als Gast am Tisch Platz zu nehmen, und haben ein gefülltes Gansl mit Rotkraut sowie einen Zwiebelrostbraten bestellt. Beide Speisen schmecken vorzüglich und waren meisterhaft zubereitet. Jene Menschen, die Restaurants mit einem außergewöhnlichen Erscheinungsbild lieben, sollten zumindest einmal in ihrem Leben dieses kuriose Etablissement als Gast besucht haben. Es bleibt in Erinnerung!

ZWISCHEN SPARGEL UND REH:
Ein Einblick in die Marchfelder Küche

Eine ausführliche Liste können und wollen wir nicht abgeben. Dennoch gibt es ein paar gutbürgerliche „Klassiker" im Marchfeld, die sich gut mit Ausflügen in die Donau- oder Marchauen verbinden lassen. An der Donau wäre das zum Beispiel das „Uferhaus" in Orth, bei dem man mit Blick auf die vorbeiziehenden Kähne das Treiben der Donau genießen kann. In Oberweiden führen Franz Neduchal und Mitzi Barelli die Tradition des „Weydner Wirtshauses" mit regionalen Produkten und saisonaler Küche und Kräutern aus dem eigenen Garten fort. Zu einem richtigen Geheimtipp hat sich das „Gambrinus" in Gänserndorf gemausert, das sogar vegane Kost anbietet. Und wer in der Nähe des Marchfelderhofs bleiben möchte, kommt in der Wagramer „Grillranch" auf seine Kosten, vor allem dann, wenn er mit Kindern unterwegs ist: Daneben warten Minigolf-Platz und Tiergehege mit Lamas, Eseln und Ziegen.

Rechts: DEUTSCH-WAGRAM, STRAUSSENFARM. Gleich hinter der Grillranch beginnt die Welt der Strauße. Naheliegend, dass die Gaststätte an der B 8 auch Straußenfilets auf der Speisekarte stehen hat. Das Fleisch der bis zu zweieinhalb Meter großen Laufvögel ist fett- und cholesterinarm.

Zum Spargelessen kommt man übrigens zwischen April und Juni, im Herbst landen neben den klassischen Gansl- und Kürbisgerichten vor allem Wildgerichte von Reh, Hirsch und Hase auf dem Teller. Im Winter erinnert man sich im Marchfeld mit allerlei Krautgerichten an die Tradition der slawischen Nachbarn.

Neben den Wirts- und Gasthäusern haben sich im Marchfeld auch einige Landwirte in der Genuss-Initiative Carnuntum-Marchfeld zusammengeschlossen. Vom Biobauern bis zum Ab-Hof-Laden zeichnen sich die Betriebe durch hochwertige regionale Produkte aus (mehr dazu auf Seite 259). Wer im Frühling zur Marchfelder Genusstour kommt, darf sich bei offenen Türen selbst ein Bild von den Biopionieren machen: ob beim Spargelstechen, Bierbrauen oder beim Anblick der Mangalitza und Schwäbisch-Hällischen Landschweine. Beim wein.wild.weinviertel Festival erkostete man sich in Eckartsau im September 2021 erstmals Schmankerln aus der Weinviertler Wildküche.

Oben:
DEUTSCH-WAGRAM, GRILLRANCH. Nicht nur ein kulinarisches Ausflugsziel, sondern auch bei Kindern sehr beliebt.

Rechts:
MANNERSDORF, KELLERGASSE.
Ein Bild, das sich ab der Nordgrenze des Marchfelds häufiger zeigt: eine der zahlreichen Kellergassen des östlichen Weinviertels, hier in der Region „Weinstraße Südliches Weinviertel".

Genussregion, die im Norden und Süden vom Wein eingerahmt ist

Was wird nun zum kulinarischen Genuss an regionstypischem Trank gereicht? Selbst wenn Weinbau im Marchfeld kein Thema ist (Ausnahmen sind die Kellergassen in Weikendorf und Baumgarten an der March sowie der etwas untypische Ableger in Gänserndorf): Passenderweise wird die Region sowohl im Norden als auch im Süden von zwei Weinstraßen eingerahmt.

Im Norden ist es die „Weinstraße Südliches Weinviertel", deren südliche Grenze sich ab Mannersdorf und Stillfried in Richtung Westen über Matzen, Auersthal, Bockfließ und Wolkersdorf bis hin zum Wiener Stadtrand zieht und den regionstypisch pfeffrigen Grünen Veltliner als „Weinviertel DAC" hervorbringt. Die Stillfrieder Weine weisen aufgrund ihrer Lage auf den sonnigen Lösshügeln in der Nähe der Marchauen meist zwei bis drei Mostgrade mehr als jene im Weinviertler Hügelland auf, was vollblumige und würzige Weine vor allem beim „Grünen" und Welschriesling hervorbringt.

Oben links:
JEDENSPEIGEN, KELLEREI JOHANNA SPERG.

Oben rechts:
STILLFRIED, WINZERHOF KÜSSLER. Schlafen im Weinfass.

Unten links und rechts:
BOCKFLIESS, KELLERGASSEN.

Unten: BOCKFLIESS, KELLERGASSEN. Ein typisches Bild im Weinviertel: Presshäuser bilden den Eingang zu den Kellern, die in den lehmigen Lössboden eingegraben sind.

Ganz unten: DEUTSCH-WAGRAM, CITYCINE-KINO.

Auf der anderen Seite des Marchfelds bezaubert südlich der Donau eines der Rotweinjuwele Niederösterreichs mit seinen Weinen. Rund um Petronell, Höflein und Göttlesbrunn sind es vor allem Zweigelt und Blaufränkisch, die im Weinbaugebiet Carnuntum beste Bedingungen vorfinden. Und das Marchfeld selbst? Macht seinem Namen als Kornkammer alle Ehre, nämlich mit dem Untersiebenbrunner Storchenbräu.

Bevor wir uns nach all den Städten nun richtig ins Gemüsefeld hineinbegeben, legen wir doch noch einen letzten Stopp in Deutsch-Wagram ein. Im langgezogenen Straßendorf hat sich rund um den Marktplatz sogar ein kleines Zentrum erhalten, das neben den üblichen Treffpunkten wie Bäckerei und Café in eine Einrichtung lockt, die sich in die heutigen Zeiten retten durfte. Wer dem Charme alter Zeiten verfallen ist, darf sich hier in einer der ältesten „Filmbühnen" Österreichs – so die Aufschrift am seit 1910 bestehenden Kino – verzaubern lassen. Vom Kartenverkauf übers Kinobuffet bis hin zum Kartenabriss wird hier wie früher alles von einer Person gemeistert. Wer auf alte Kinos abfährt, ist im Deutsch-Wagramer City Cine also genau richtig. Unweit davon kann man auch im Deutsch-Wagramer Heimatmuseum in alte Zeiten eintauchen: Das Napoleonmuseum erzählt von der bedeutenden Schlacht gegen den berühmten französischen Feldherrn (siehe Seite 217).

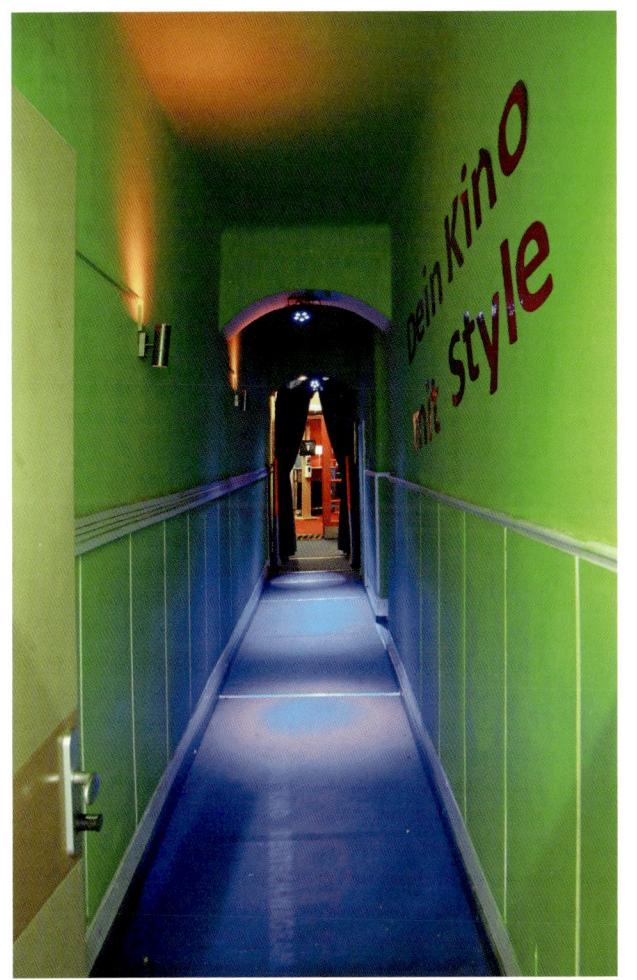

DEUTSCH-WAGRAM, CITYCINE-KINO. Kino wie früher: Das darf man im Marchfeld noch erleben.

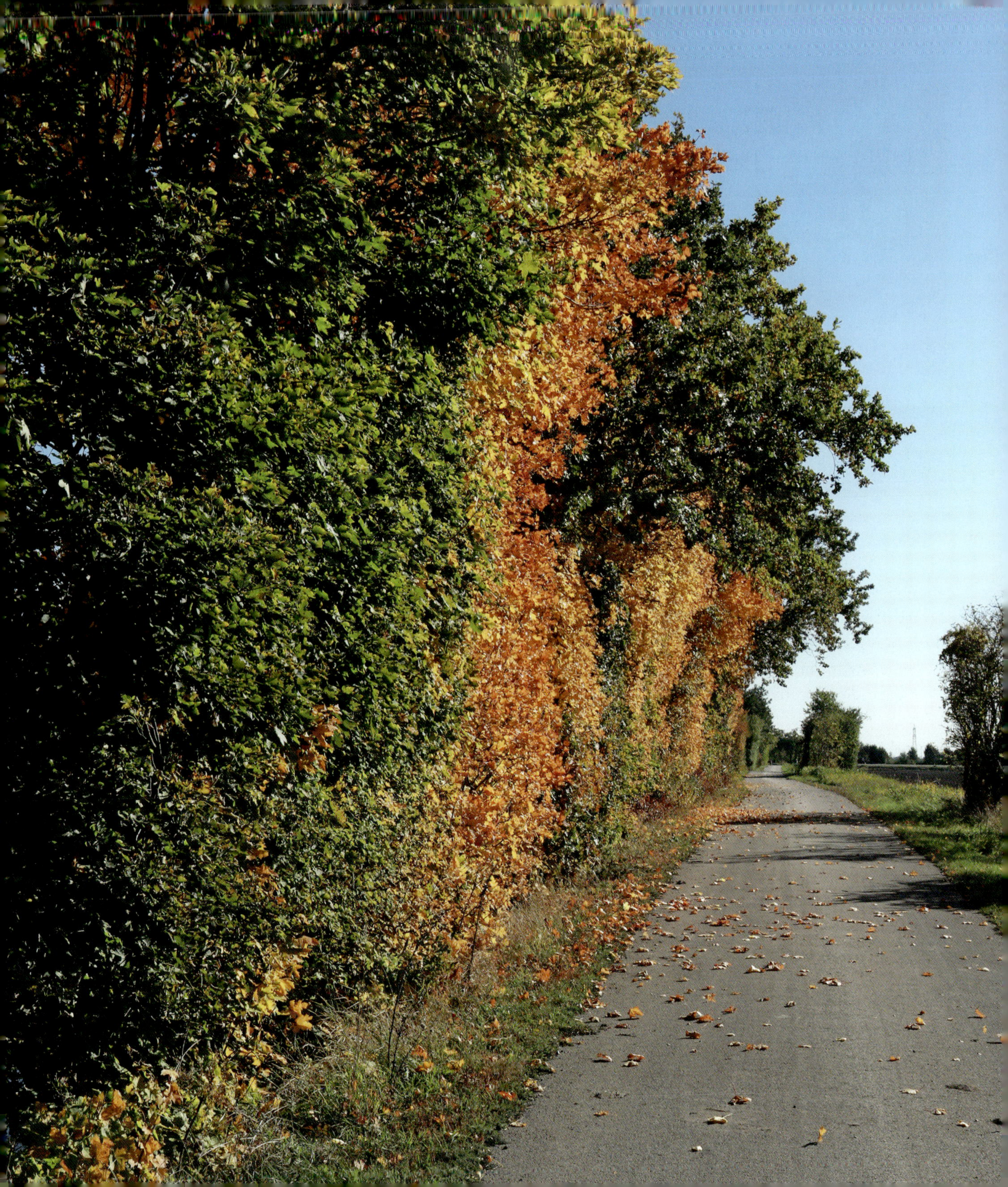

13 EINMAL RUNDHERUM UND MITTEN HINEIN
Von alten Verkehrs- und neuen Lebensadern

Gemeinde ADERKLAA

Gemeinde ADERKLAA
Einwohner: 198

Ein Blick auf die Karte zeigt: Das Marchfeld wird durch wichtige Verkehrsadern begrenzt, die ihren Ursprung in alten Handelsstraßen haben. Doch auch neue Wege eröffnen sich, die den Osten Wiens gerade für Radler attraktiv werden lassen. Noch dazu, wo die Radwege im Marchfeld durch interessante Naturräume führen.

Und wieder am Rand der Großstadt angelangt

Gute 25 Kilometer sind wir der B 8 von Angern aus gefolgt, bis wir in Aderklaa nun an ihrer Einmündung in die S 1 angelangt sind. Elendslange hat sie sich durchs Marchfeld gezogen, doch nun lassen sowohl die Außenring Schnellstraße als auch der Blick auf die dahinterliegende Skyline erkennen: Wir sind wieder am Wiener Stadtrand angelangt.
Wer nach der Durchfahrt durch Strasshof und Deutsch-Wagram nun geglaubt hat, dass das Marchfeld eine Ansammlung von Straßendörfern sei, wird in Aderklaa eines besseren belehrt. Vor allem im südlichen Teil reihen sich wunderschöne Angerdörfer aneinander – Orte, in denen man unvermittelt in ein Zeitloch zu fallen scheint. Auch Aderklaa ist ein solches Angerdorf. Die Kleingärten im Dorfanger der gerade mal 200-Seelen-Gemeinde sind vielleicht nur beim zweiten Blick ein Hingucker – aber dann staunt man umso mehr über die wunderschönen Bauerngärten und Gemüsegärten, in denen vielleicht gerade eine alte Dorfbewohnerin ihre Gartenarbeit verrichtet.
Die wahre Sehenswürdigkeit in Aderklaa hat in den 1960er Jahren ein paar dieser Gemüsegärten verdrängt, als ein neuer Standort für den Neubau der alten Pfarrkirche gesucht wurde. Das moderne Gotteshaus, das von außen

Unten: ADERKLAA, KATHOLISCHE KIRCHE. Ein moderner Bau, der im Zentrum des Dorfangers steht.

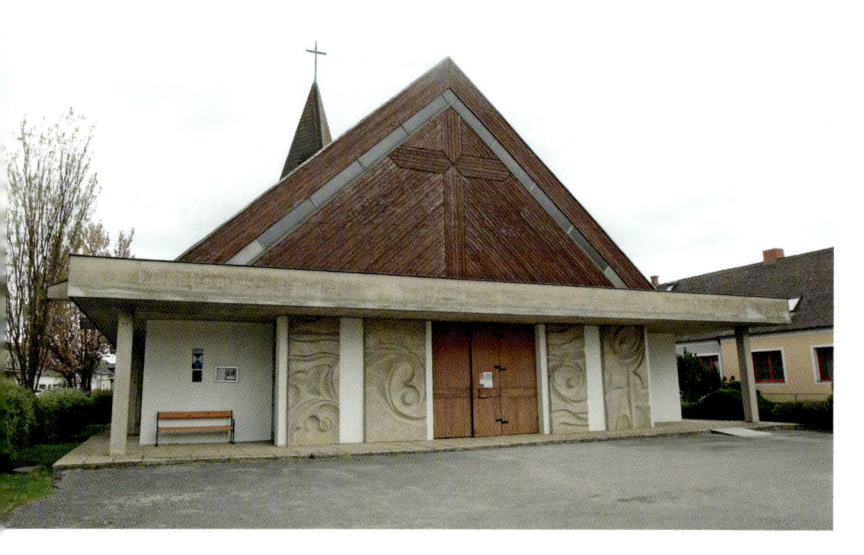

entfernt an ein Zelt erinnert, fällt durch einen dreieckigen Grundriss auf, der sich auch im spitzen Kirchturm fortsetzt. Im Innenbereich überrascht durch die in warmen Tönen gehaltene schlichte Gestaltung eine freundliche Atmosphäre.

In Aderklaa ist auch die Erdgasaufbereitungsanlage nicht zu übersehen. Wo einst das Kriegerdenkmal für den Ersten Weltkrieg, das am angrenzenden Friedhof beheimatet ist, als Zeichen der Zeit den öffentlichen Raum bestimmte, nimmt diesen Platz heute wohl eher das Gewirr aus Rohrleitungen und Hochfackeln ein.

Im schönen Angerort sind wir bereits an einem der Schauplätze der Schlacht bei Wagram angelangt. Bevor wir uns diesem wichtigen geschichtlichen Ereignis eingehender widmen wollen, sehen wir uns doch die Verkehrswege etwas genauer an: die alten Handelsrouten und Grenzwege, die das Marchfeld schon immer eingefasst haben, aber auch die neuen Radwege, auf denen es sich schön durch die Ebene radeln lässt.

Linke Seite:
ADERKLAA, KATHOLISCHE KIRCHE. Der dreiseitige Grundriss des Saalraums schafft von außen spektakuläre Ansichten – je nachdem, aus welchem Blickwinkel man sich dem modernen Gotteshaus nähert.

Links:
OMV-GASSTATION ADERKLAA. Schon von Weitem nicht zu übersehen und auch ein typischer Anblick des Marchfelds: Die Erdgasaufbereitungsanlage speist aufbereitetes Gas in die Netze ein.

Oben: FELDHAMSTER. Die Intensivierung der Landwirtschaft bedroht gerade auch im Marchfeld den Wühler, der hier eines seiner natürlichen Verbreitungsgebiete in Niederösterreich hat.
Aquarell: B. Wegscheider

Alte Verbindungen, die nicht erst die Römer genutzt haben

Bei Aderklaa sind es mit der B 8 und der S 1 relativ neue Verkehrswege, die sich dank Eisenbahn und Automobil an der nordwestlichen Ecke des Marchfelds kreuzen. Im Südosten, wo die historische Bernsteinstraße auf den jahrhundertealten Wasserweg der Donau trifft, handelt es sich um ganz alte Transitwege. Die Donau, einst Nordgrenze des Römischen Reiches, später „Truppentransporter" für die einfallenden Türken, stand als einer der wichtigsten Handelswege des alt-österreichischen Kaiserreichs dem Begriff „Donaumonarchie" Pate. Getreide aus Südosteuropa und Erdöl aus Rumänien fanden ihren Weg bis hinauf ins Zentrum des Kaiserreichs.

Die alte Bernsteinstraße, auf deren Trasse heute die B 49 gleichen Namens verläuft, sorgte als einer der ältesten Nord-Süd-Handelswege Europas aus der Bronzezeit für den Austausch von Warenströmen zwischen Nord- und Ostsee sowie Mittel- und Südeuropa. Vom Norden kamen Bernstein, Vieh, Felle, Wolle, Honig und Sklaven im Austausch für Öl, Wein und Schmuck aus dem Adriaraum. Später wurde die Bernsteinstraße vom Heereslager Carnuntum an der Nordgrenze des Römischen Reichs bis nach Aquileia ausgebaut. Ein weiterer Handelsweg führte im Nordosten des Marchfelds als Schnittstelle der Bernsteinstraße bei Hohenau als Böhmerstraße über die March und hinüber in die Kleinen Karpaten. Noch eine Route kannte man in Marchegg: Die Stadt besaß das Monopol auf den Handel mit Wein, der von Ungarn über die Stadt an der March ins Reich importiert wurde.

Neue Wege durch das Marchfeld

Aus den einstigen Handelsstraßen sind nun eindrückliche Verkehrswege geworden. Jeder, der einmal die B 49 von der Hainburger Donaubrücke bis hinauf nach Dürnkrut oder Hohenau gefahren ist, wird sich, abgesehen von den wenigen Siedlungen, an den Kreisverkehren erfreuen, die hier im flachen Land zwischen den Feldern zur Linken und den Marchauen zur Rechten etwas Abwechslung bieten. Über die Bernsteinstraße verläuft auch die Route des „Race Around Austria", eines der härtesten Radrennen Österreichs, das auf 2.200 Kilometern nicht nur im Marchfeld auf grenznahen Straßen geführt wird (der Rekord aus dem Jahr 2020 für die Umrundung Österreichs liegt bei 3 Tagen und 11 Stunden).

Ruhig geht es im Süden an der B 3 zu, während im Gegensatz dazu im Norden die Außenringautobahn bereits ihre Fühler nach außen streckt. Die geplante Trasse der Marchfeld-Schnellstraße S 8, die für eine Entlastung der Gemeinden an der B 8 sorgen sollte, ist durch den vom Aussterben bedrohten Vogel Triel fürs Erste auf Eis gelegt und wird wohl in der geplanten Form von Aderklaa/Raasdorf über Markgrafneusiedl bis nach Marchegg – und somit über das Natura-2000-Schutzgebiet Sandboden und Praterterrasse – nicht mehr verwirklicht werden. Auch der Lobau-Tunnel, der auf acht Kilometern durch das Naturschutzgebiet der Donau-Auen führen soll, ist umstritten. Die Zukunft wird weisen, wer hier gesiegt hat: die Stadt, die nach außen drängt, oder der immer stärker hervortretende Naturschutzgedanke.

Wie schön, dass man heutzutage das Marchfeld per Rad in einer Rundtour erkunden kann. Allseits bekannt ist der Donauradweg, der sich an der Donau von Wien bis nach Hainburg (und weiter nach Bratislava) zieht. Von dort radelt man an der Grenze auf österreichischer Seite entweder auf der Kamp-Thaya-March-Radroute – oder hinter der Grenzlinie auf dem

Oben: WILDSCHWEIN..
Aquarell: B. Wegscheider

Links: DONAURADWEG. Wunderschön naturnah geht es an der Donau zwischen Wien und Bratislava dahin. Hier am Marchfeldschutzdamm im Abschnitt nach Orth an der Donau.
Foto: Brigitte Huber

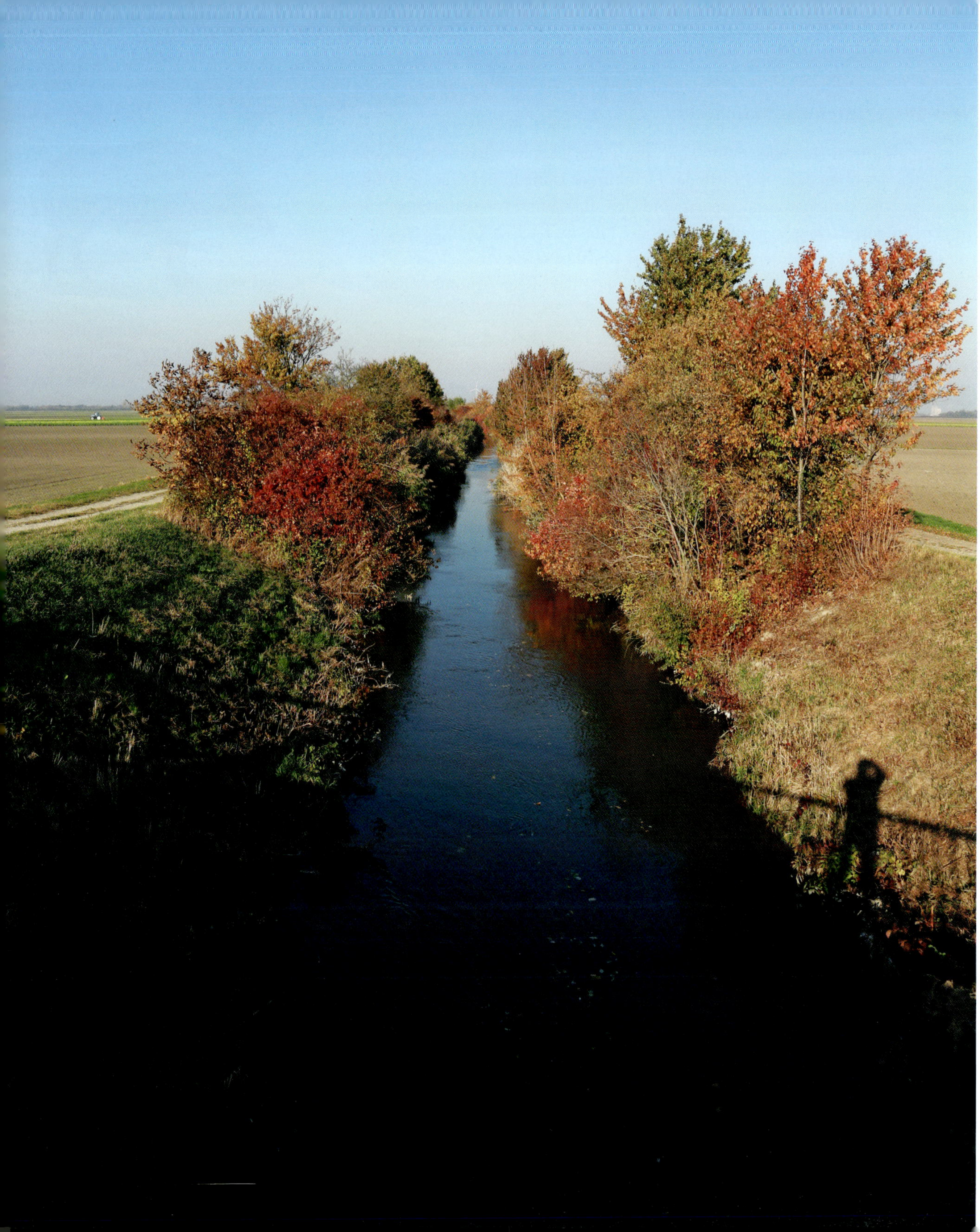

Iron Curtain Trail – in Richtung Norden bis nach Angern (und eventuell mit der Fähre wieder zurück nach Österreich). Nun kann man sich auf Feldwegen und über den OMV-Erlebnisradweg über Prottes und Schönkirchen nach Gänserndorf und weiter nach Strasshof schlagen, um von dort auf dem Dampfross- und Drahtesel-Radweg über Deutsch-Wagram (oder alternativ Wolkersdorf) wieder zurück nach Wien zu radeln.

Natürlich führt auch ein Weg mitten ins Herz des Marchfelds: Der Marchfeldkanal-Radweg zeigt die Region entlang von Gemüsefeldern vielleicht von ihrer typischsten Seite. Übrigens: Auch der erste Radweg Österreichs führte ins Marchfeld. Am 28. Mai 1899 waren an die 2.000 Radfahrer von Floridsdorf nach Deutsch-Wagram und Bockfließ auf einer mehr als 20 Kilometer langen Strecke (über Leopoldau, Süßenbrunn und Aderklaa) unterwegs – erstmals unter der Schirmherrschaft von Land und Gemeinden. Wo führen die Routen heute vorbei?

DER DONAURADWEG:
Naturnah durch die Donau-Auen gestrampelt

Der Klassiker, den schon Abermillionen Radler zumindest auf der Etappe zwischen Passau und Wien unsicher gemacht haben, verdient auch im Teilstück zwischen Wien und Bratislava Beachtung. Wie auch schon davor rollt man am Donauradweg Eurovelo 6 nur flach und ungestört vor sich hin. Schöne – und kurze – Abstecher führen zum Nationalparkhaus in der Lobau sowie zum Nationalparkzentrum in Schloss Orth, und auch ins Jagdschloss Eckartsau lädt ein kurzes Abzweigen vom Weg ein.

Die Route beginnt an der Neuen Donau, die ab den 1970er Jahren als Entlastungsgerinne für die

Vorherige Seiten:
MARCHFELDKANAL ZWISCHEN HARINGSEE UND LASSEE.
Der Rußbach zeigt sich von seiner herbstlichen Seite.

Rechts: ECKARTSAU, MARCHFELD-SCHUTZDAMM. Perfekt für Genussradler: Die flache Route des Donauradwegs führt kilometerlang am Damm entlang.

Donau entstand. Zuerst geht es am Rand von Wien entlang, wo sich Stadt und Natur eng berühren. Das Naturschutzgebiet der Donau-Auen grenzt in der Lobau direkt an den Ölhafen sowie das Tanklager der OMV. Das Nationalparkhaus Lobau liegt fast direkt am Weg, das Knusperhäuschen an der Panozzalacke ebenso. Und auch die kurze Runde in Schönau zum Donauufer fällt in der Zeitnehmung fast nicht auf, denn es sind kurzweilige drei Kilometer zu Fuß, die wunderschöne Einblicke in das Augebiet sowie Ausblicke auf die Donau bieten.

Nach dem nächsten Abstecher in Orth lassen sich auf der Dammkrone des Marchfeldschutzdamms gut die Unterschiede zwischen den verschiedenen Aubereichen erkennen: Mal sind es schilfige Altarme, mal mehr oder weniger vom Donauwasser umströmte Bereiche. Nach dem Schlosspark von Eckartsau, der vom Radweg nicht weit ist, kommt man in Stopfenreuth heraus, überquert die Hainburger Donaubrücke (Ausblicke ins Blätterdach erfolgen hier beiläufig) und radelt dort an der Donaulände sowie an der Hainburger Stadtmauer vorbei und weiter über Wolfsthal in

MARCHFELDKANAL-RADWEG. Die Gewässerqualität von Rußbach und Stempfelbach hat sich seit der Errichtung des Kanalsystems – des größten künstlichen Gewässernetzes Österreichs – verbessert. Tiere und Pflanzen haben sich wieder angesiedelt.

Oben: FISCHOTTER. Neben den Marchauen findet man den Fischotter auch in den Gewässern des Marchfeldkanals. *Aquarell: B. Wegscheider.*

Richtung Bratislava. Über den Iron Curtain Trail (oder bereits vorher über die Carnuntum-Schloss-Hof-Bratislava-Tour) kommt man nach Schloss Hof und kann dort über den Marchfeldkanal-Radweg zurückfahren.

DER MARCHFELDKANAL-RADWEG:
Einmal mitten durch's Gemüse

Auf gute 62 Kilometer kommt man bei dieser Radtour, die vom Stadtrand Wiens über Deutsch-Wagram bis nach Schloss Hof führt. Gemütlich flach verläuft die Route, oft auch auf Feld- und Schotterwegen, und meist ist am Rand der Gemüsefelder der Wind der einzige Begleiter. Dass man sich dabei am größten künstlichen Gewässernetz Österreichs bewegt, bemerkt man nicht wirklich: Heute ist der Marchfeldkanal, durch dessen Bau sich auch die Gewässergüte von Ruß- und Stempfelbach verbessert hat, gerade für die Wiener Außenbezirke eine Naherholungszone.

Ganz im Norden der Donauinsel zweigt man in Langenzersdorf beim Einlaufbauwerk auf den Radweg ab, um das erste Stück parallel zur Donau zu fahren. Fünf Holzbogenbrücken begleiten den Marchfeldkanal dann wieder innerhalb der Stadtgrenze, doch bereits nach zehn Kilometern ist man im Marchfeld angelangt. Der Kanal wirkt hier zwischen Windschutzgürteln und Gemüsefeldern nicht mehr wie ein künstliches Gewässer. In Deutsch-Wagram stößt der Rußbach dazu, in Parbasdorf ist es dann das Napoleondenkmal, das auf die Schlacht bei Wagram hinweist. Links und rechts des Wegs locken Ab-Hof-Schilder, in Leopoldsdorf die örtliche Konditorei und bei Haringsee das Trappenschutzgebiet, das allerdings großräumig umfahren wird. Am Ende der Tour staunt man über die Weite des Marchfelds, aus der zuerst Schloss Niederweiden herausragt und die dann bei Schloss Hof zur Niederung der March hin abfällt. Dort, wo hinter dem pompösen Barockschloss die Fahrradbrücke der Freiheit mit Blick auf den Thebener Kogel in den Iron Curtain Trail abzweigt.

Durch die neue Radfahrbrücke bei Marchegg ist es nun auch möglich, eine Rundtour zwischen den beiden Marchfeldschlössern zu drehen und somit einen kurzen Blick zu unserem Nachbarn zu werfen. Auf österreichischer Seite ist man dabei auf der Kamp-Thaya-March-Radroute zwischen Schloss Hof und Marchegg Bahnhof unterwegs, auf slowakischer Seite naturnah direkt an der March am Iron Curtain Trail.

Oben:
ENGELHARTSTETTEN, BRÜCKE DER FREIHEIT ÜBER DIE MARCH. Wer von Schloss Hof weiter nach Bratislava radeln möchte, kann dies seit dem Jahr 2012 tun. Über den Donauradweg gelangt man zurück nach Wien.

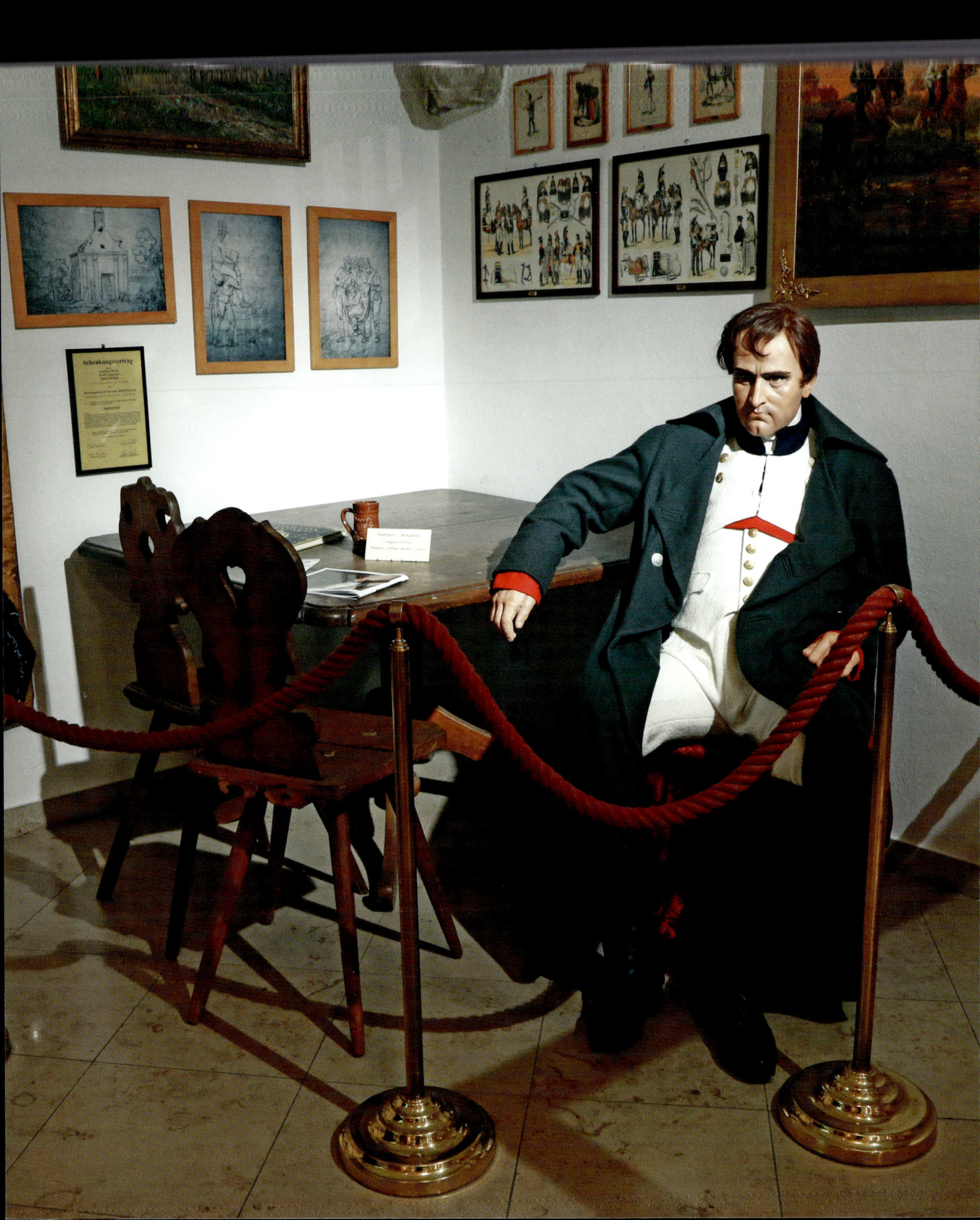
Schenkungsvertrag
Napoleon – Bonaparte

14 BEGEGNUNGEN DER ARMEEN
Das Marchfeld als Aufmarschgebiet

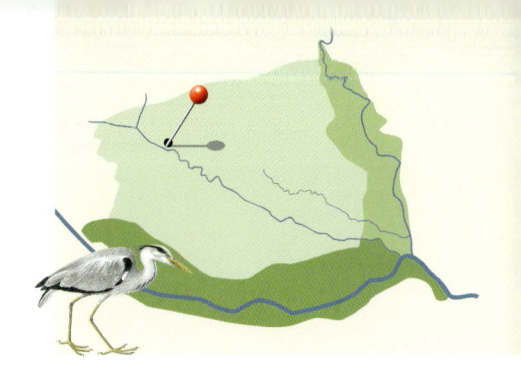

Gemeinde PARBASDORF

Gemeinde PARBASDORF
Einwohner: 173

Der Beginn der Habsburgermonarchie, der Einfall von Türken und Kuruzzen, die Schlacht bei Wagram gegen Napoleon. Im Marchfeld hat sich einiges getan. Wer genau hinsieht, kann die Spuren der früheren Gemetzel auf den Gemüsefeldern nicht übersehen. Für besonders Interessierte bietet sich das Napoleonmuseum in Deutsch-Wagram an.

HEISS UMKÄMPFT UND WILD UMSTRITTEN:
Das Marchfeld als Schlachtfeld

Wer am Donauradweg für einen Abstecher zum „Knusperhäuschen" an der Panozzalacke abbiegt oder wer vom Groß-Enzersdorfer Uferhaus einen kurzen Spaziergang in die Lobau unternimmt, wird an dem einen oder anderen Obelisken vorbeikommen, der in Erinnerung an die Napoleonschlachten aus dem Jahr 1809 aufgestellt wurde. So auch in Parbasdorf, einem kleinen Dorf mit nur 170 Einwohnern, dessen Anger zwischen Ruß- und Mühlbach man sogar als Insel bezeichnen könnte. Am Marchfeldkanal-Radweg kommend kann man das Napoleondenkmal in der Mitte des Orts gar nicht übersehen, das von dem Unheil erzählt, welches die Schlacht bei Wagram über Parbasdorf brachte. Heute ist der Ort rundum von Gemüsefeldern eingefasst, damals lag er in der Mitte des Schlachtfelds, dessen Hauptlinie von Aderklaa bis Markgrafneusiedl reichte.

Das Marchfeld war nicht nur zur Zeit des Fünften Koalitionskriegs gegen Napoleon Aufmarschgebiet – als weite Ebene im Grenzland war es schon immer eine Gegend, die es zu umkämpfen oder verteidigen galt. Viele Armeen sind über die March oder die Donau eingefallen. Die größte mittelalterliche Ritterschlacht wurde im Marchfeld ausgetragen, und selbst der unbesiegbare Korse musste hier seine erste bedeutende Niederlage entgegennehmen.

Lassen wir die Geschichte des heiß umkämpften Landstrichs kurz vor unserem geistigen Auge ablaufen und beginnen wir zu dem Zeitpunkt, als das Marchfeld erstmals zu Österreich kam.

Linke Seite: NAPOLEON IM HEIMATMUSEUM. Am „Napoleontisch" hat der große Feldherr einst seine Schlachtpläne gewälzt.

Oben: FELD ZWISCHEN DÜRNKRUT UND JEDENSPEIGEN. Einst Aufmarschgebiet der großen Marchfeldschlacht, heute fruchtbare Erde, die die „Bodenschätze" des Marchfelds hervorbringt.

SCHICKSALSTRÄCHTIGES SCHLACHTFELD. Hier wurden am 26. August 1278 die Weichen für die Zukunft des Kontinents gestellt und der Beginn der Habsburgermonarchie eingeläutet, die erst 640 Jahre später ihr Ende nahm.

Über 1.000 Jahre ist es her, dass nach der Schlacht auf dem Lechfeld 955 den Einfällen der ungarischen Reiterhorden ein Ende gesetzt wurde. Nur wenige Jahre danach kam das Marchfeld als Teil der Mark Ostarrichi, des späteren Herzogtums, in den Besitz der Babenberger. 300 Jahre später wurden die Ungarn abermals besiegt, als sie dem Machtzuwachs des Böhmenkönigs Ottokar II. Přemysl Einhalt gebieten wollten, der nach dem Ausbleiben der Erbfolge nach dem letzten Babenberger Friedrich II. den österreichischen Herzogshut übernommen – und sich somit das Erbe der Babenberger angeeignet hatte. Mit der Schlacht bei Kressenbrunn (Groißenbrunn bei Schloss Hof) konnte er seine Macht im Jahr 1260 weiter ausdehnen und beherrschte nun neben den österreichischen Erblanden auch die Steiermark.

Geographisch gesehen, müsste es sich bei dem Begriff „Marchfeldschlacht" eigentlich um die Schlacht bei Groißenbrunn handeln – und nicht um die ungleich bedeutendere 18 Jahre danach, in welcher der Böhmenkönig im Kampf um die Krone des Heiligen Römischen Reichs seine Macht – und sein Leben – abgab. Als „Schlacht auf dem Marchfeld" wird das Gemetzel gerne bezeichnet, das sich 1278 bei Dürnkrut und Jedenspeigen zutrug und mit dem Sieg des römisch-deutschen Königs Rudolf I. von Habsburg die 640 Jahre währende Dynastie der Habsburger begründete.

Auch danach blieb es im Marchfeld nicht ruhig. Die zahlreichen kriegerischen Auseinandersetzungen können und wollen wir nur in Kurzfassung wiedergeben: Bereits kurz nach der Schlacht bei Dürnkrut und Jedenspeigen fielen wieder die Ungarn ein, gefolgt von den Hussiten und Matthias Corvinus, die im 14. und 15. Jahrhundert den Landstrich verwüsteten. Die Türken kamen im 16. Jahrhundert (und brannten Schloss Orth und Marchegg nieder), im Dreißigjährigen Krieg waren es die Schweden, die das Marchfeld bei ihren Raubzügen verwüsteten. Noch im 17. Jahrhundert taten es ihnen die Türken gleich, gefolgt Anfang des 18. Jahrhunderts von den Kuruzzen (der Ausspruch „Kruzitürken" geht darauf zurück), und auch damals musste ein Großteil der Bevölkerung daran glauben. Die Pest tat wie bereits in den Jahrhunderten davor ihr Übriges.

Im Jahr 1809 war es Napoleon, der die Orte rund um das Schlachtfeld verwüstete. 1866 marschierten die Preußen nach der Schlacht bei Königgrätz bis zum Rußbach vor. Auch im Zweiten Weltkrieg blieb das Marchfeld von den Kampfhandlungen der vorrückenden Front nicht verschont. Die Russen, die über die March und Donau eingefallen waren, hielten sich bis zum Abzug des letzten Soldaten elf Jahre im Land. Noch im Jahr 2021 wurden beim ehemaligen Flugfeld Strasshof Bomben und Patronen gefunden, die aus den Kämpfen zu Kriegsende stammen. Mit dem Ende des Zweiten Weltkriegs wurde es ganz still im Schatten des Eisernen Vorhangs. Wie gut, dass sich heute mit dem Zusammenwachsen der „Twin Cities" Wien und Bratislava das Gemeinsame immer mehr über das Trennende stellt.

Linke Seite oben:
„SCHLACHT AUF DEM MARCHFELD", Gemälde von Anton Nowohradsky, um 1978.
Aus der Dokumentation „Schlacht & Schicksal" auf Schloss Jedenspeigen.

Linke Seite unten:
GEDENKSTEIN AN DER BUNDESSTRASSE zur Marchfeldschlacht.

DIE GRÖSSTE RITTERSCHLACHT EUROPAS:
Blutiges Gemetzel bei Dürnkrut und Jedenspeigen

Unübersehbar markieren die Ritterfiguren an den Ortseinfahrten von Jedenspeigen die historische Stelle, an der am 26. August 1278 die Weichen für die Zukunft des Kontinents gestellt wurden. Während der Böhmenkönig Ottokar II. Přemysl bei der Belagerung von Drosendorf (16 Tage konnte ihm die Stadt standhalten)

Oben: TAFEL AM SCHLOSS JEDENSPEIGEN. Der erste römisch-deutsche König aus dem Hause Habsburg.

Rechts: RITTERFIGUREN AN DEN ORTSEINFAHRTEN VON JEDENSPEIGEN. Ritterspiele finden beim jährlichen Mittelalterfest abwechselnd in Dürnkrut und Jedenspeigen statt.

und später Laa/Thaya aufgehalten wurde, konnte Rudolf I. von Habsburg sein Heer in der Ebene an der March sammeln. Der Österreicher rückte von Dürnkrut vor, der Böhme von Jedenspeigen – und beide trafen sich am „Kruterfeld", das zwischen den beiden Orten liegt.

Von der Bundesstraße aus betrachtet kann man sich fast nicht vorstellen, dass dieser schmale Streifen an der March von 60.000 Kriegern als Kampfzone benutzt wurde – auch wenn nur die Reiterverbände an der eigentlichen Schlacht beteiligt waren. Weitläufig ist das Areal aber trotzdem, sodass man den Gedenkstein an der Bundesstraße, der von zwei Linden eingefasst wird, leicht übersehen kann.

Mit seinen gepanzerten Rittern war Ottos Heer zwar in der Übermacht zu den teils leichten Reitern des Habsburgers. Durch eine List – einen in einem Seitental versteckten Truppenverband – konnte Letzterer aber die Böhmen überwinden und deren Heer spalten. Galt dies damals auch als unehrenhaft, so hat es ihm doch den Sieg gesichert. 12.000 Böhmen sollen es gewesen sein, die bei der Schlacht getötet wurden oder bei ihrer Flucht über die March ertrunken sind. Auch der fliehende Ottokar wurde gefasst – und seine Leiche danach 30 Tage lang in Wien zur Schau gestellt. Der Kampf um die Vorherrschaft im Römisch-Deutschen Reich ist als größte Ritterschlacht Europas in die Geschichte eingegangen. Rudolf I. von Habsburg gewann bei dem für ihn siegreichen Kampf die österreichischen Länder zurück, die sich der Böhmenkönig angeeignet hatte, und ebnete den Weg für die 640 Jahre währende Herrscherdynastie der Habsburger.

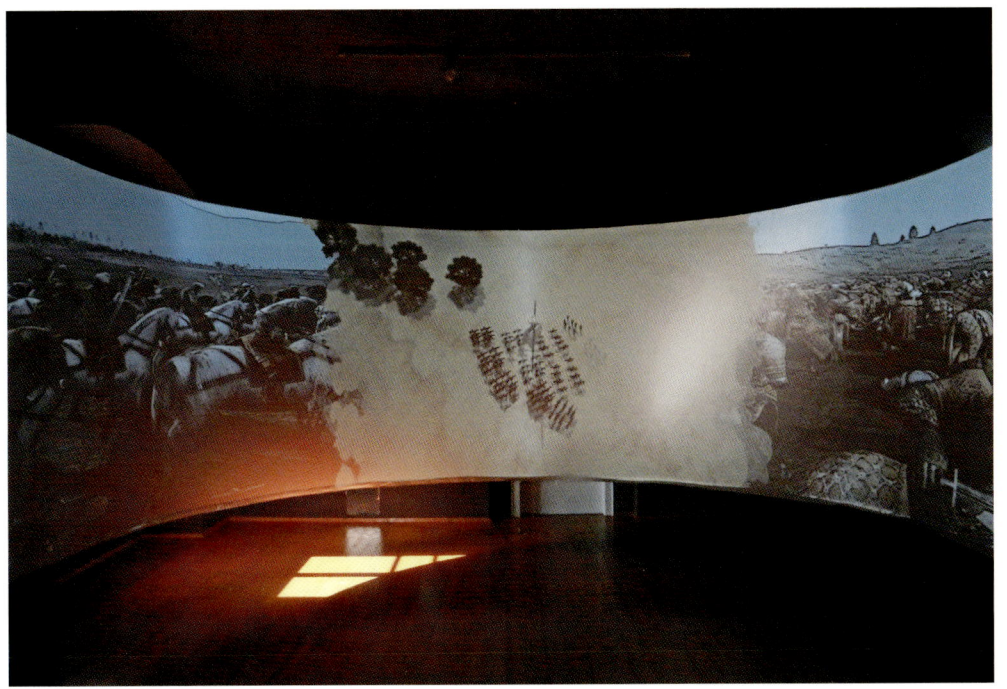

Oben: GEMÄLDE IM SCHLOSS JEDENSPEIGEN. Blutiges Gemetzel in der Entscheidungsschlacht.

Links: MULTIMEDIALE REKONSTRUKTION DER SCHLACHT IN SCHLOSS JEDENSPEIGEN.
Aus der Dokumentation „Schlacht & Schicksal – Jedenspeigen 1278 im Brennpunkt Mitteleuropas".

Oben: PFARRKIRCHE ST. MARTIN IN JEDENSPEIGEN. Westfront der im Kern romanischen und zu Ende des 17. Jahrhunderts barockisierten Kirche. Über dem Rosettenfenster zeigt sich ein steiler Dreiecksgiebel mit Maßwerkdekor.

Links: WASSERSPEIER. Dämonische und komische Figuren verzieren die Traufrinnen des Kirchendachs.

Oben:
EPITAPHE DER GRAFEN VON KOLLONITSCH, welche als Patronatsherren die Pfarre von 1583 bis 1874 unterstützten.

Wie hat man sich das vorzustellen, als Lanze auf Lanze stieß und blutgetränkte Leiber das Fortkommen auf dem Schlachtfeld versperrten? Eine multimediale Rekonstruktion der Schlacht lässt den Besucher in Schloss Jedenspeigen mitten ins Schlachtfeld eintauchen. Die Dokumentation zur Waffentechnologie des 13. Jahrhunderts ergänzt die Ausstellung, und wer ganz in die Zeit der Ritter zurückversetzt werden möchte, hat dazu bei den Ritterspielen des jährlichen Mittelalterfests in Dürnkrut und Jedenspeigen Gelegenheit. Beeindruckendes findet man aber auch in Jedenspeigen selbst. Die mächtige Pfarrkirche St. Martin, ein romanischer Bau aus dem 12. Jahrhundert mit gotischem Chor, zeigt außen Rosettenfenster und dämonische Wasserspeier. Innen überraschen Epitaphe der Grafen von Kollonitsch, Patronatsherren der Pfarre bis zum 19. Jahrhundert. Ein gewaltiger Bau, auf den man nicht nur aufgrund des Standorts am ehemaligen Schlachtfeld voller Ehrfurcht blickt.

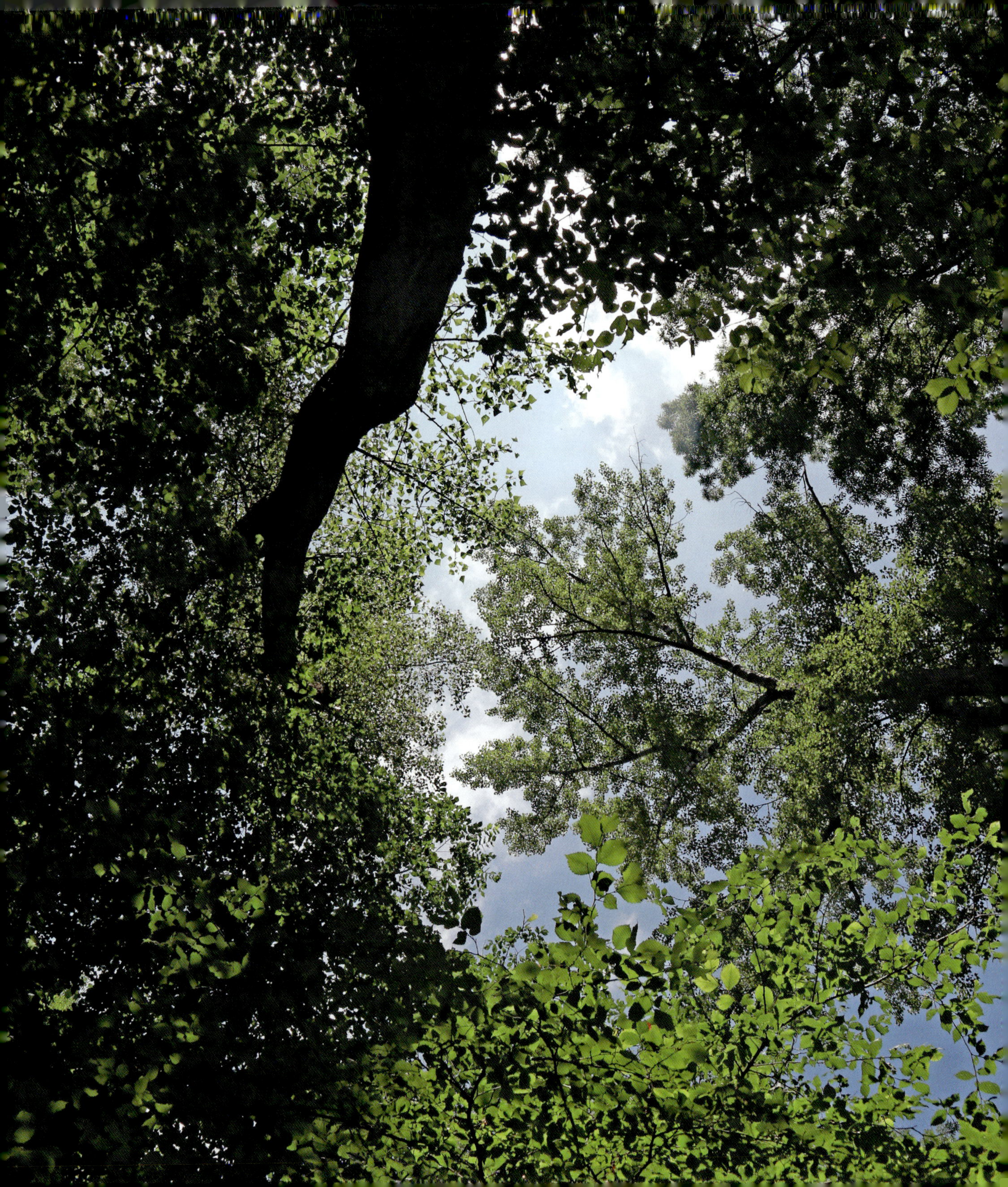

DER GROSSE FELDHERR SCHLÄGT ZURÜCK: Die Schlacht bei Wagram

Die Schlacht bei Wagram vom 5. und 6. Juli ist in die Geschichtsbücher eingegangen. Welcher Franzose würde heute vermuten, dass die Avenue de Wagram, einer jener pompösen Boulevards, die auf den Pariser Triumphbogen zustreben, sich auf das heutige Gemüseland zwischen Deutsch-Wagram, Raasdorf und Markgrafneusiedl bezieht?

In Schloss Schönbrunn, wo Napoleon bereits im Jahr 1805 Einzug gehalten hatte, war er nun am 10. Mai 1809 nach der neuerlichen Einnahme Wiens zum zweiten Mal zu Gast. Kurz darauf überquerte er die Donau, um die im Marchfeld stationierte österreichische Armee unter Erzherzog Carl zu bekämpfen. Die Schlacht bei Aspern gilt als die erste wichtige Niederlage des „Unbesiegbaren", in der er sich in Aspern und Essling, damals noch vor den Toren Wiens, am 21. und 22. Mai dem österreichischen Feldherrn geschlagen geben musste. Es dauerte nicht lange, bis Napoleon zurückschlug.

Die Geschichte der Schlacht liest sich wie ein Orientierungslauf durchs Marchfeld. Vom Turm der Pfarrkirche Groß-Enzersdorf beobachtete Erzherzog Carl die napoleonische Armee, die sich in der Lobau nach der ersten, verlustreichen Schlacht 40 Tage lang erholte und dort ihren Nachschub hortete. Man kann es sich schwer vorstellen, doch der heutige Auwald soll nach dem Abzug Napoleons frei von Bäumen gewesen sein. In der Nacht vom 4. auf den 5. Juli startete Napoleon mit dem Beschuss von Groß-Enzersdorf, das daraufhin in Flammen stand und am Morgen von den Franzosen überrollt wurde. Die Schlacht begann zu Mittag des 5. Juli.

Rechts: Am NAPOLEON-RUNDWANDERWEG durch die Lobau: ein naturbelassenes Stück Auwald, das sich am Weg von der Panozzalacke zum Groß-Enzersdorfer Uferhaus zeigt.

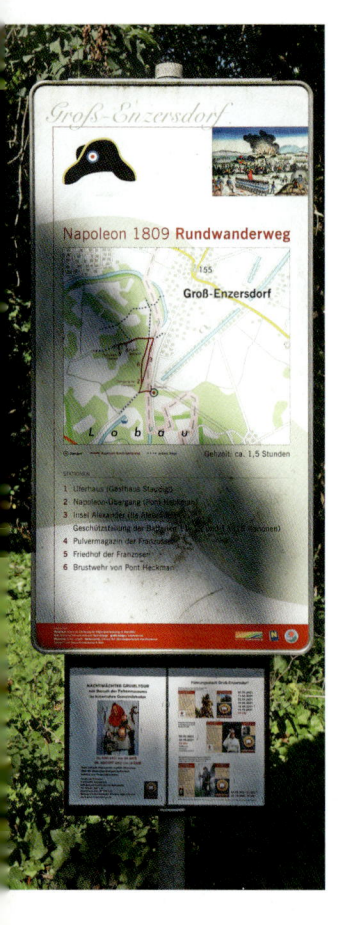

Bereits am späten Nachmittag waren die Franzosen in das Gebiet südlich von Aderklaa und Markgrafneusiedl vorgerückt, das am nächsten Tag zum Zentrum des Schlachtfelds wurde. Sein Hauptquartier und Beobachtungsposten über das Schlachtfeld bezog der Korse in der Nähe von Raasdorf. Die Österreicher waren indessen bei Parbasdorf hinter den Rußbach abgerückt und blickten von den Höhen des Wagrams auf das Schlachtfeld.

Im Morgengrauen startete der Angriff der Österreicher, im Zuge dessen mehrere Vorstöße und Rückzüge erfolgten – Aderklaa hat in diesen Stunden gleich siebenmal den Besitzer gewechselt. Die Entscheidung zu Ungunsten Österreichs fiel schließlich im Gebiet von Markgrafneusiedl, als die Franzosen den östlichen Verteidigungspunkt der Österreicher umgingen. Bereits am frühen Nachmittag zogen sich die Truppen unter Erzherzog Carl zurück, nachdem die Verstärkung durch seinen Bruder Erzherzog Johann nicht rechtzeitig aus Pressburg angerückt war. Bei der Zweitages-Schlacht, in der auf französischer Seite 160.000 und auf österreichischer Seite 130.000 Menschen gegeneinander kämpften, beliefen sich die Verluste auf 80.000 Soldaten – mehrheitlich auf Seiten der Österreicher.

Einige Tage nach Abzug Erzherzog Carls und einem weiteren Gefecht bei Znaim erfolgte der Waffenstillstand. Erst nach dem Frieden von Schönbrunn, der am 14. Oktober 1809 vom korsischen Feldherrn sowie Kaiser Franz I. unterzeichnet wurde, zog das Heer Napoleons aus dem Marchfeld ab. Gebietsverluste und wirtschaftliche Schwäche waren die Folge des Fünften Koalitionskrieges zwischen Frankreich und Österreich. Doch auch der große Feldherr musste büßen, insgesamt lag die Zahl der französischen Verluste bei den Schlachten von Aspern und Wagram bei knapp 60.000.

Rechts:
NAPOLEONSTEIN, GROSS-ENZERSDORF. Nach wochenlanger Belagerung der Lobau nahm Napoleon in der Nacht vom 4. zum 5. Juli 1809 den Angriff zur zweiten Marchfeldschlacht vor, die er nach nur zwei Tagen für sich entscheiden konnte.

Oben: KRIEGERDENKMAL, DEUTSCH-WAGRAM.
Die tapferen Grenadiere des 42. Infanterieregiments wurden nach der Schlacht damit geehrt, „allzeit den Grenadiermarsch" schlagen zu dürfen.

Oben: FRANZOSENFRIEDHOF, OBERSIEBENBRUNN.
Die Franzosen hatten sich für den Angriff auf die Flanke der Österreicher bei Markgrafneusiedl, der schlussendlich zum Sieg führte, in Obersiebenbrunn versammelt.

Oben:
FRANZOSENFRIEDHOF, OBERSIEBENBRUNN. Im Jahr 2008 wurde die Erinnerungsstätte, die den französischen Soldaten gewidmet ist, von entwurzelten Bäumen befreit und neu gestaltet.

Auf Napoleons Spuren: Eintauchen in die Schlacht von damals

Wie sehr die Schlachten gegen Napoleon das Marchfeld geprägt haben, wird einem erst richtig bewusst, wenn man auf die eingangs erwähnten Gedenksteine stößt. 22 Mahnmale wurden in 16 Orten errichtet, angefangen von den Obelisken in der Lobau bis hin zu den diversen Gedenksteinen rund um Aderklaa, Raasdorf und Markgrafneusiedl.

An das napoleonische Hauptquartier während der ersten Schlacht erinnert ein Obelisk in der Lobau, der sich am Weg vom OMV-Tanklager zur Panozzalacke befindet. Vom dortigen „Knusperhäuschen", dem viel geliebten Imbiss-Stand an der Lobauer Badestelle, kann man am Napoleon-Rundwanderweg über den Franzosenfriedhof und das Pulvermagazin bis zum Obelisken an der Übergangsstelle spazieren, an der der Feldherr nahe des Groß-Enzersdorfer Uferhauses bei der zweiten Schlacht ins Marchfeld vordrang. Auch ein eigener Abschnitt des Marchfeldkanal-Radwegs ist den beiden Gefechten gewidmet – führt doch ein Teil der Strecke durch die Gemüsefelder bzw. das ehemalige Schlachtfeld.

Eine der schönsten und wichtigsten Gedenkstätten, an denen heute noch Kranzniederlegungen abgehalten werden, erinnert am Kriegerdenkmal Deutsch-Wagram an die tapferen Grenadiere des 42. Infanterieregiments, die nach der Schlacht ausgezeichnet wurden, „allzeit den Grenadiermarsch" schlagen zu dürfen. Auch in Aspern gedenkt man am Heldenplatz gleich neben dem Museum „Aspern-Essling 1809" beim „Löwen von Aspern" der im Mai 1809 gefallenen Krieger.

In Aderklaa erinnert man sich auch an die sächsischen Soldaten, die hier den Tod fanden. In Glinzendorf findet man am Friedhof noch heute französische Gräber, und in Obersiebenbrunn, wo das Schloss schon während der Schlacht für die Franzosen als Feldlazarett gedient hatte, wurde ein eigener Soldatenfriedhof für die gefallenen Franzosen errichtet. Nach Verwüstungen durch einen Sturm im Jahr 2008 wurde das Areal wieder neu gestaltet. Richtig eintauchen in die Geschehnisse des Jahres 1809 kann man aber im ehemaligen Hauptquartier Erzherzog Carls in Deutsch-Wagram.

Das Napoleonmuseum erzählt mehr

Vom kleinen, aber dann doch so großen Feldherrn, der unaufhaltsam seine Truppen durch das Marchfeld führte, erzählt das kleine Museum, das im Haus des Heimatmuseums eingerichtet wurde. Neben vielen Karten, Skizzen und Gemälden, die die Ereignisse der Schlacht abbilden, kann man alte Waffen, Bleikugeln sowie die Uniformen der einzelnen Regimenter bewundern. Unzählige Miniatursoldaten wurden für die Veranschaulichung einzelner Bataillone aufgestellt. Am „Napoleontisch" hat der große Feldherr einst selbst gerne Platz genommen, um seine Schlachtpläne zu wälzen. Und natürlich darf er auch selbst als lebensgroße Puppe im Museum nicht fehlen.

HEIMATMUSEUM DEUTSCH-WAGRAM. Im einstigen Hauptquartier Erzherzog Carls befindet sich heute neben dem Heimatmuseum auch das Napoleonmuseum.

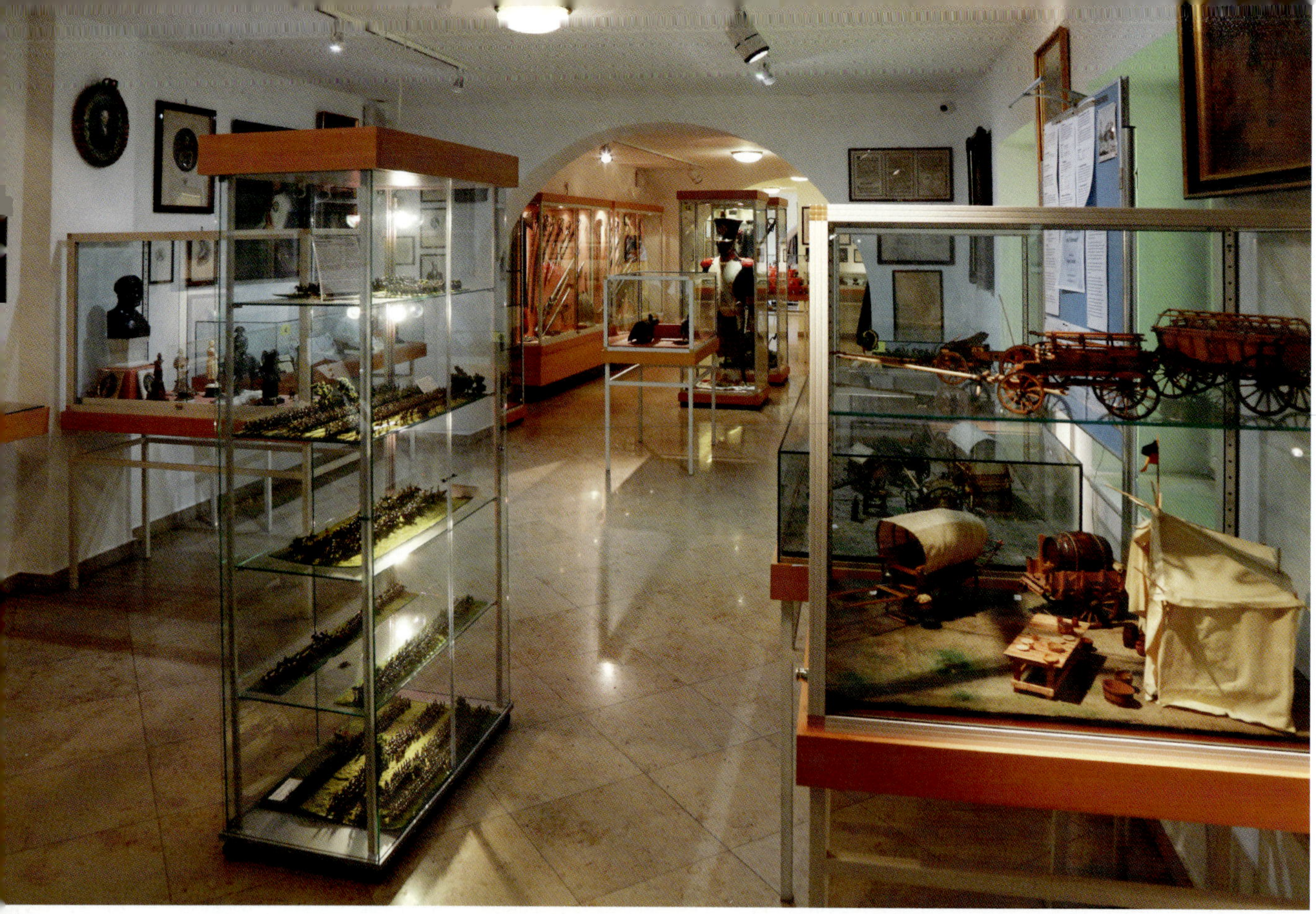

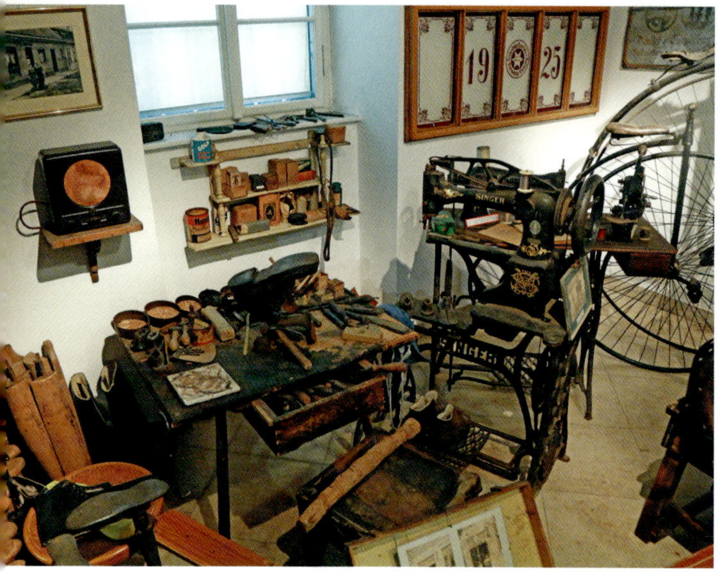
19
25
SINGER

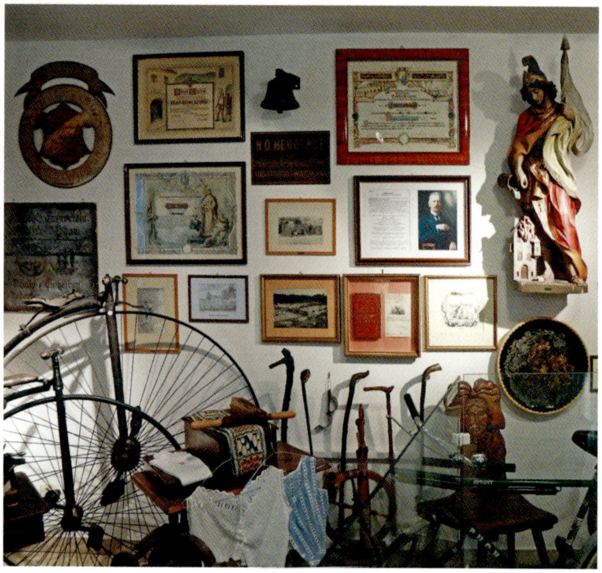

Oben:
NAPOLEONMUSEUM. Uniformen aus der Zeit vor dem Ersten Weltkrieg und zahlreiche Artefakte werden in einem eigenen Gedenkraum für das Infanterieregiment Nr. 42 präsentiert.

Auch wenn das Schlachtfeld heute unter Gemüsefeldern begraben liegt: Die Erdkrume erzählt immer noch von den Ereignissen, die sich hier vor 200 Jahren zugetragen haben. Bei den Planungen zum Bau der Marchfeld Schnellstraße S 8 wurden rund um Parbasdorf Teile von Stellungen und Massengräbern, Uniformen, Waffen und Münzen sowie Munition aus der Schlacht bei Wagram entdeckt.

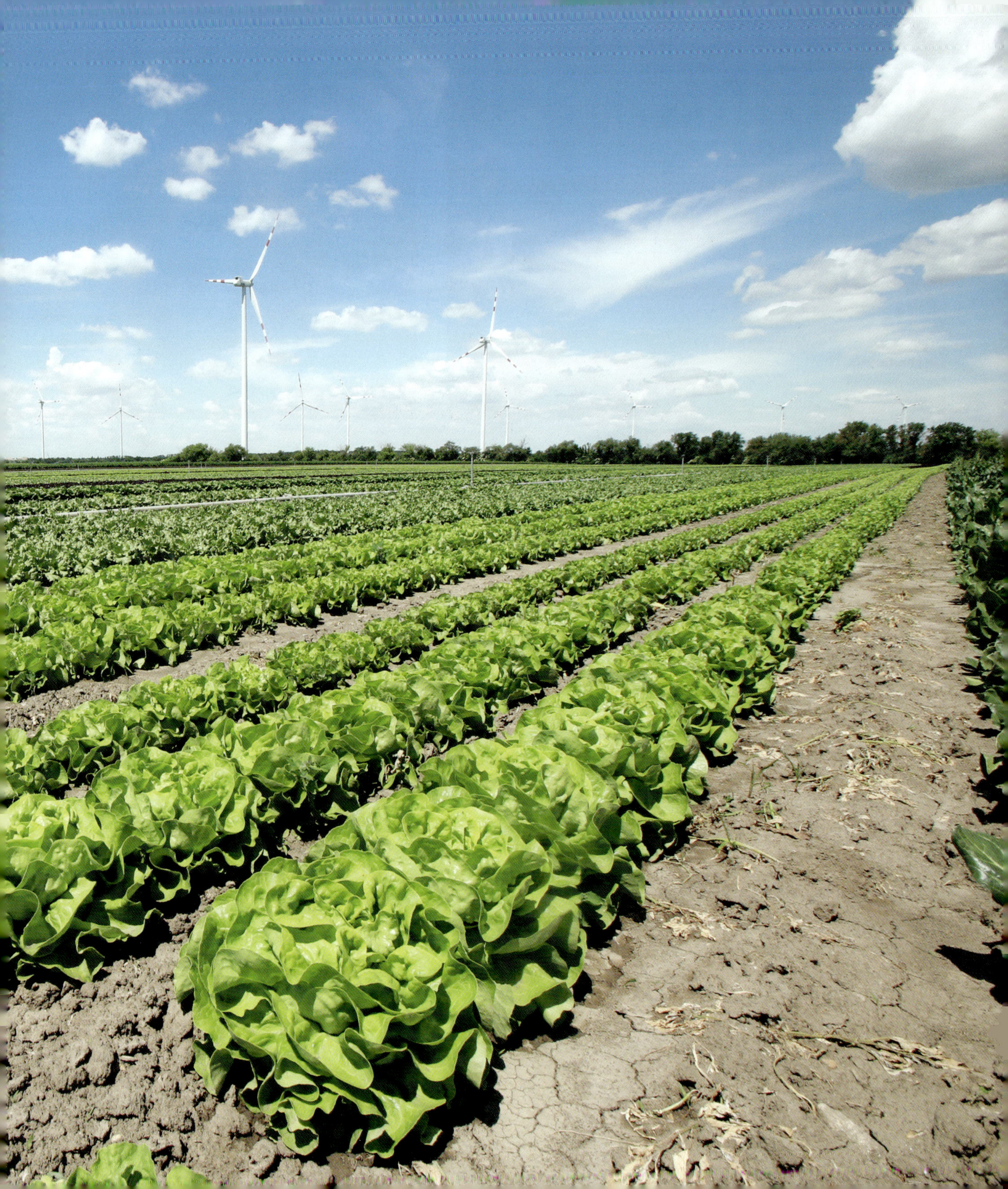

15 EIN LANDSTRICH ERNÄHRT EINE GANZE STADT
Der Gemüsegarten Wiens

Gemeinde RAASDORF

Das ist Marchfeld pur: Einmal stehenbleiben bei einem der unzähligen Gemüsefelder, dem Landwirt beim Abladen seiner kostbaren Fracht zusehen – oder beim Spargelbauern seiner Wahl hinter die Hoftüre blicken. So richtig kalt erwischt es einen, wenn man am Marchfeldkanal aus der Großstadt herausgeradelt ist und abrupt über die unzähligen Gemüsefelder staunt.

Gemeinde RAASDORF
Einwohner: 665
Katastralgemeinden (alphabetisch)
Pysdorf
Raasdorf

GEMÜSE, SO WEIT DAS AUGE REICHT:
Perfekter Boden für Erbsen, Karotten & Co

Besser als bei der Fahrt nach Raasdorf, von Norden her kommend, kann man die Grenze zu Wien eigentlich gar nicht erleben. Hier im äußersten Westen des Marchfelds weiß man genau, wo die Stadt beginnt. Gerade noch die Skyline rund um den Handelskai im Blickfeld, werden die hohen Türme auf einmal abrupt von den Bewässerungsanlagen der Gemüsefelder abgelöst. Auch der berühmte Marchfelder Spargel wird direkt am Rande Wiens gestochen.
Die LGV-Frischgemüse-Genossenschaft, die einst als Verband der Wiener Gärtner entstanden ist, hat nicht umsonst in Raasdorf einen weiteren Standort. Nach dem Ende des Zweiten Weltkriegs drängte der Gemüseanbau immer mehr über den Rand der Stadt hinaus – bis ins Jahr 1954 war Raasdorf selbst noch Teil davon gewesen. Die gut 650 Einwohner zählende Gemeinde wird denn auch gerne als Gemüsedorf Österreichs bezeichnet: 90 Prozent des Gemeindegebiets ist landwirtschaftliche Fläche, auf der ein Gros der österreichischen Karotten, Zwiebeln, Spargel, Artischocken, Marillen und Erdbeeren kultiviert – und auch verarbeitet wird.
Deutlich ersichtlich ist das auch im Gewerbegebiet von Pysdorf, das direkt an der Bahn liegt und als Übernahmestation der Vermarkter LGV und Marchfeldgemüse (einer weiteren Erzeugergemeinschaft), des Lagerhauses sowie des Agrarhändlers Hasitschka dient. Nur gut fünf Kilometer südlich davon befördert der Platzhirsch Iglo in Groß-Enzersdorf Erbsen, Spinat, Salat und Karotten direkt vom Feld – und blitzgefroren – in die Verpackung. Es gilt, das Marchfelder Gemüse so schonend und vitaminreich wie möglich über ganz Österreich zu verteilen.

Linke Seite:
GEMÜSEANBAU. Perfekte Voraussetzungen durch nährstoffreiche Schwarzerdeböden, mildes, pannonisches Klima und bis zu 1.900 Sonnenstunden im Jahr.

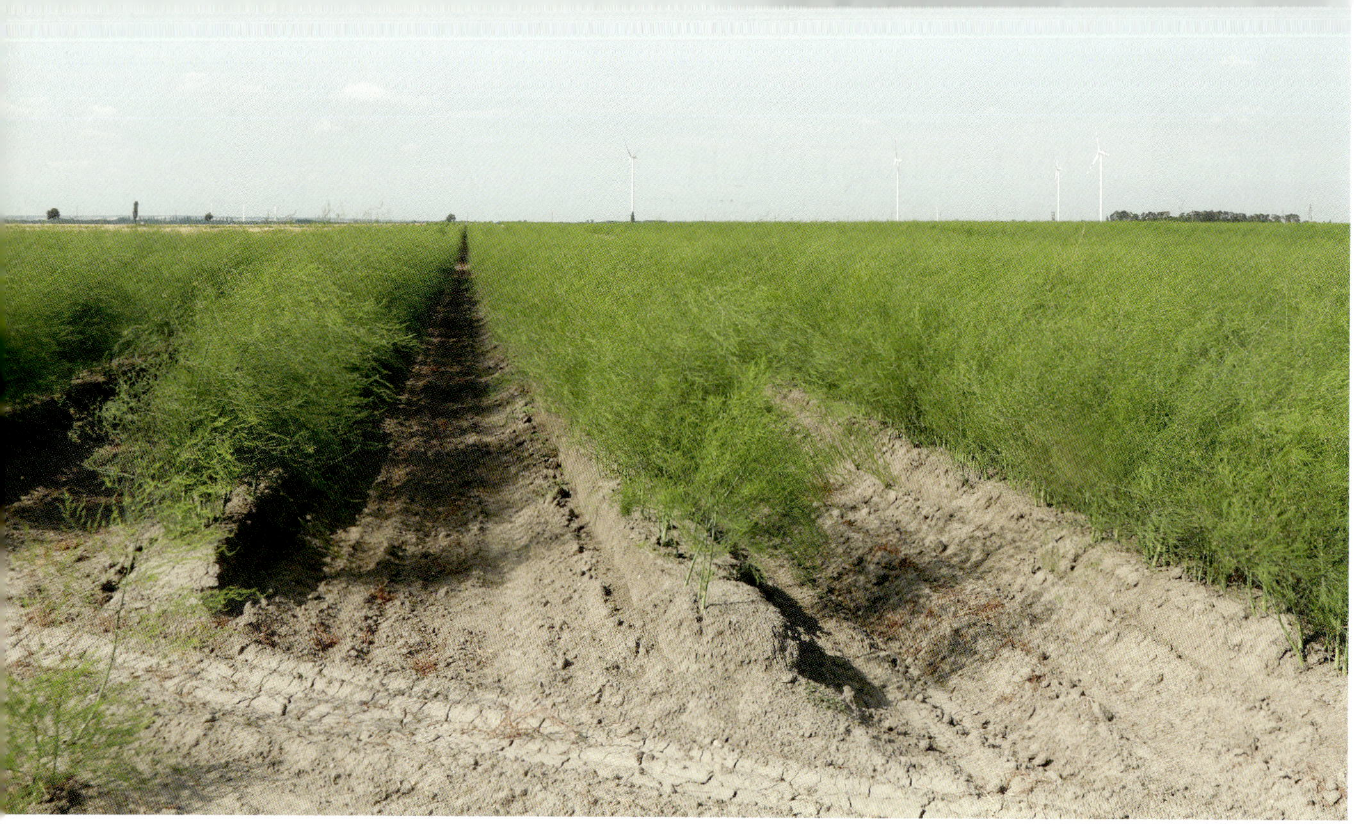

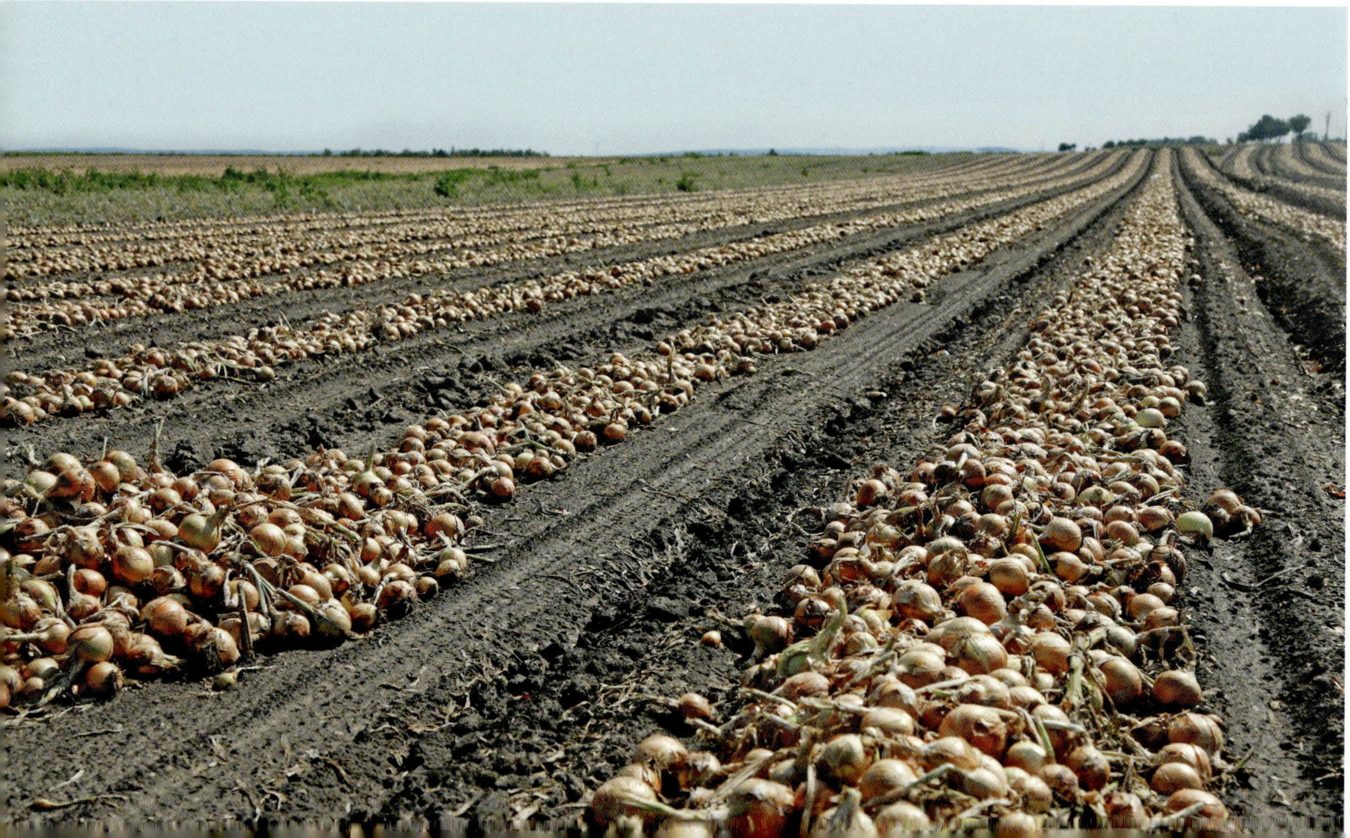

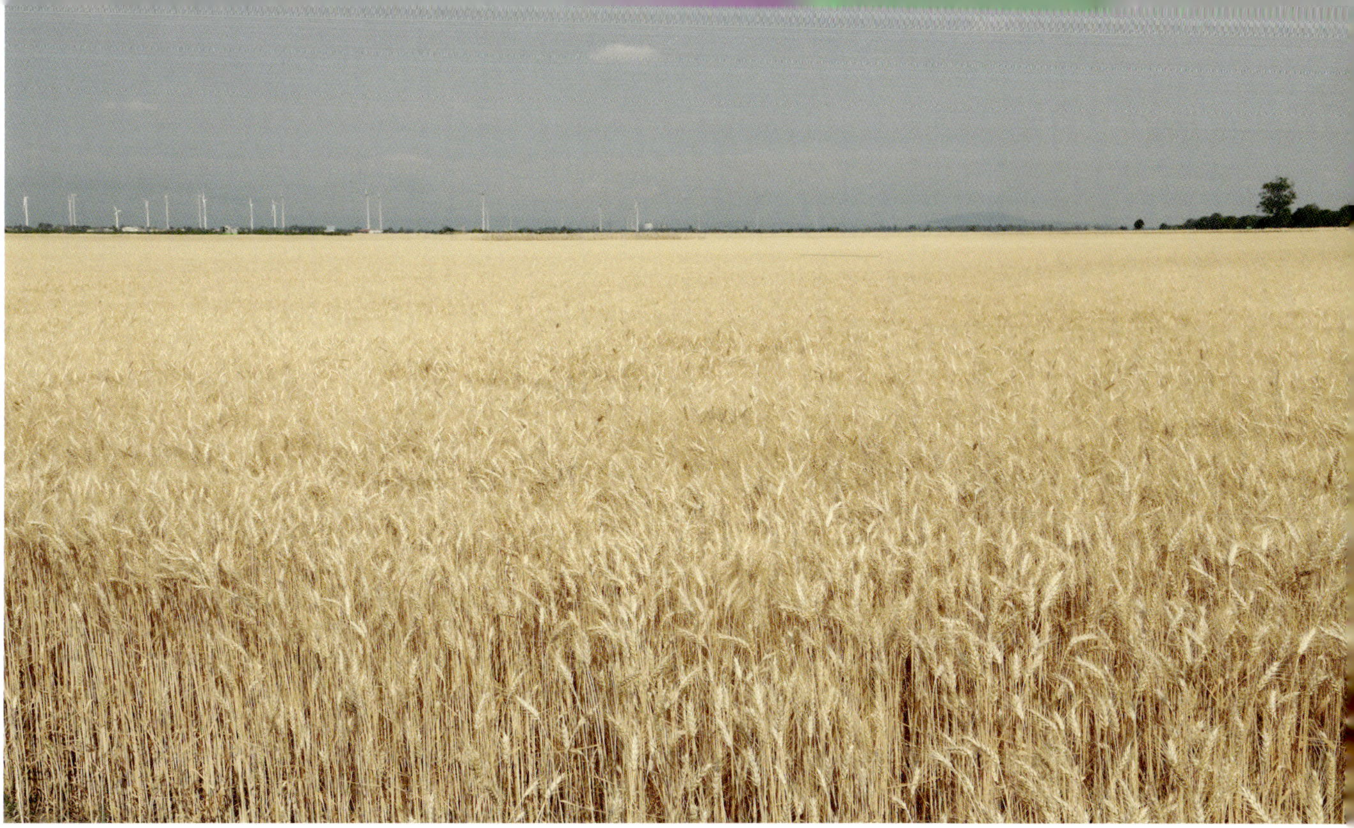
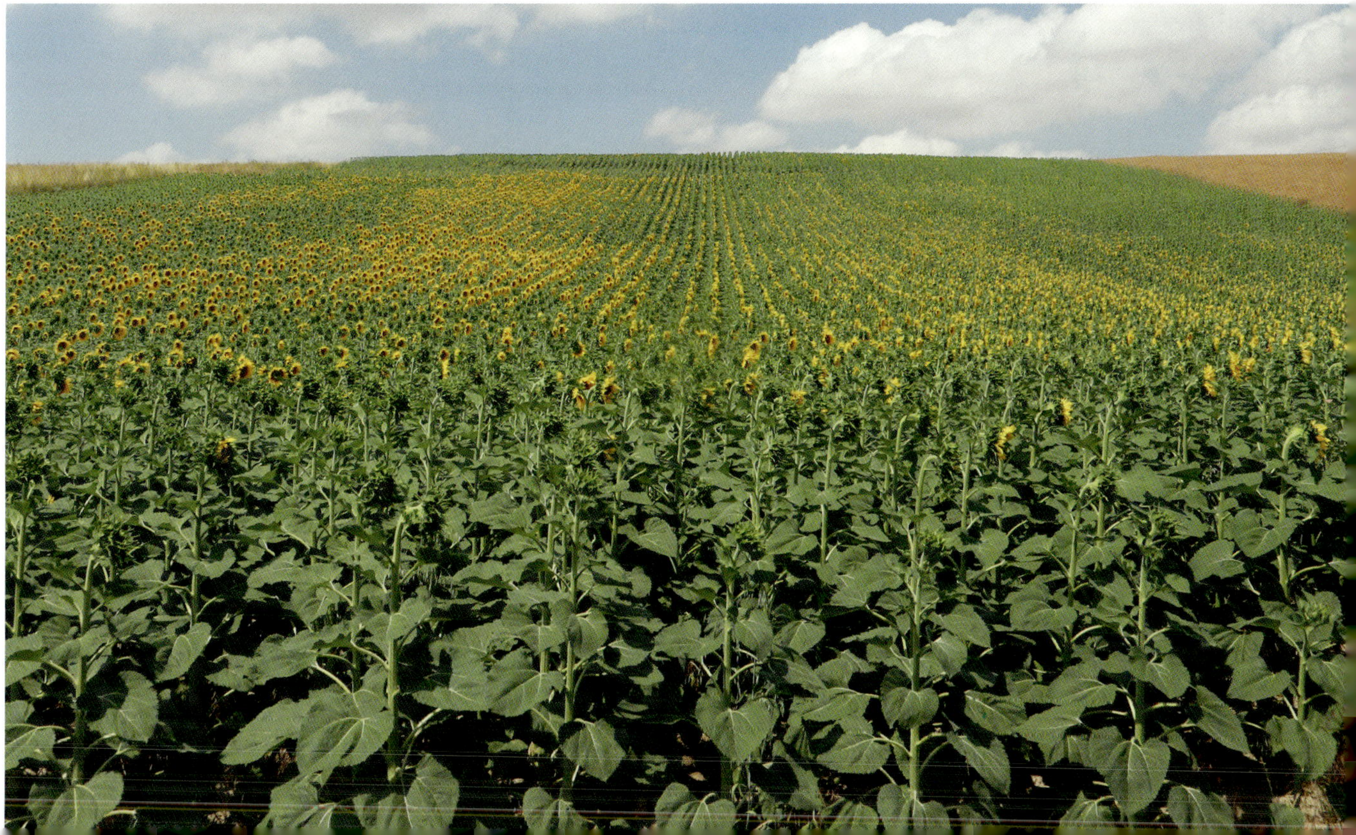

Oben:
FELDBEWÄSSERUNG. Große Teile der Gemüseanbauflächen werden im Marchfeld bewässert, was nicht zuletzt durch den Marchfeldkanal gut möglich wurde.

Die Voraussetzungen für den Anbau sind in diesem Teil des Marchfelds ideal: nährstoffreiche Schwarzerdeböden, mildes, pannonisches Klima, 1.900 Sonnenstunden im Jahr – und dazu regelmäßiger Niederschlag, wenngleich es sich beim Marchfeld mit weniger als 550 Millimetern pro Jahr um einen trockenen Landstrich handelt. Das Bewässerungssystem des Marchfeldkanals schafft seit Jahren Abhilfe (siehe Seite 307).

Bis ins 19. Jahrhundert war der Getreideanbau im Marchfeld vorherrschend, doch die kargen Zeiten nach dem Ende des Zweiten Weltkriegs förderten den Gemüseanbau vor den Toren Wiens. Bereits seit 1946 wird hier Tiefkühlgemüse erzeugt, Spezialisierung und Intensivierung der Landwirtschaft folgten im weiteren Schritt, und spätestens seit den 1970er Jahren dominieren das Feldgemüse sowie mehrere große Erzeugerbetriebe. Mit rund 7.000 Hektar Fläche und 700 Gemüsebauern handelt es sich beim Marchfeld um die wichtigste Region des niederösterreichischen Gemüseanbaus. Heute liegt der Bio-Anteil bereits bei 20 Prozent.

Mehr als 60 Gemüsesorten werden im Marchfeld kultiviert, flächenmäßig allen voran Zwiebeln, Erbsen, Karotten, Spargel, Spinat, Schnittbohnen und Kraut. Auch der Anbau von Erdbeeren und anderem Obst ist ein Wirtschaftszweig im Marchfeld. Selbst Fertigrasen wird im Marchfeld gezüchtet, und wenn im Juni die „Gurkerlflieger" unterwegs sind, also Traktoren, auf deren „Tragflächen" die Erntehelfer liegen, dann wissen die Besucher: Jetzt sind wir mittendrin in der Erntezeit. Seinen Ruf verdankt das Marchfeld aber vor allem dem Spargel – wer noch nie das Marchfeld besucht hat, kennt zumindest sein Aushängeschild.

Oben: ZIESEL. Ein früher typischer Gast im Marchfeld, der Trockenrasenflächen, Wegraine und Böschungen liebt. Heute ist der Bestand bereits gefährdet, auch wenn sich einige Tiere auf der Orther Schlossinsel sowie in den Gartenanlagen von Schloss Hof zeigen.
Aquarell: B. Wegscheider

225

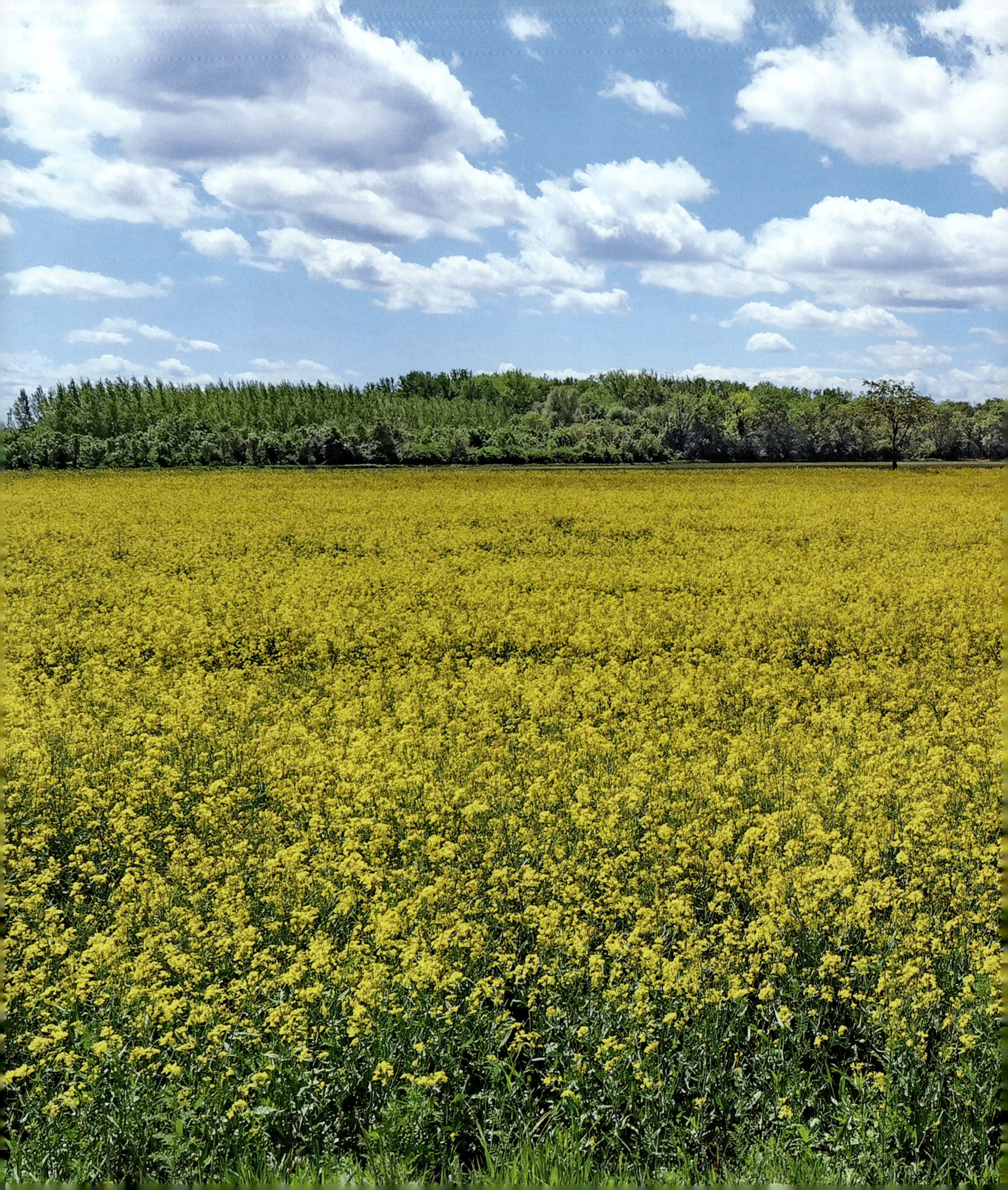

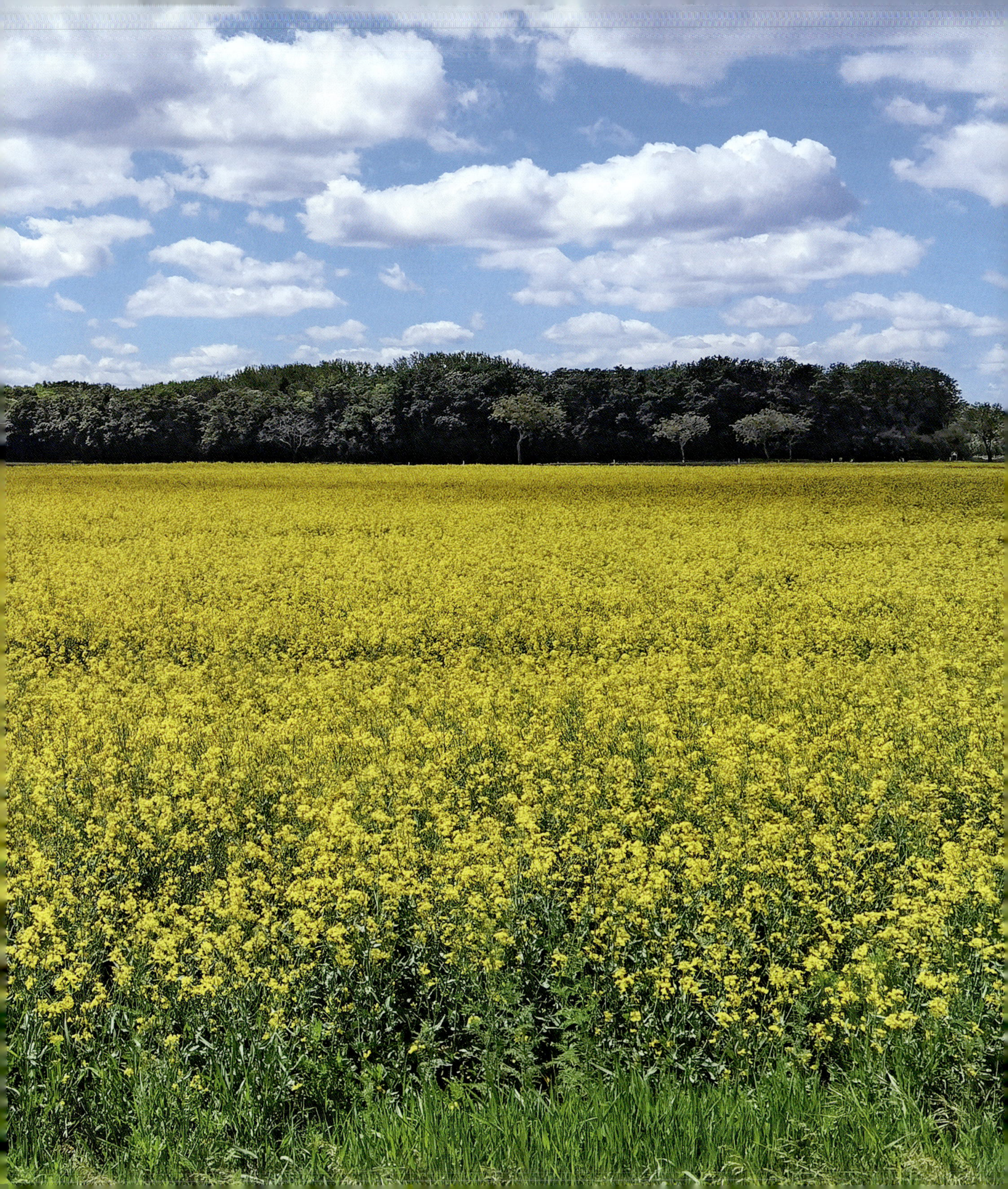

EIN BUNTER MIX. Eine Vielfalt von Feldfrüchten und über 60 Gemüsesorten werden im Marchfeld zu besten Bedingungen kultiviert. Nebem dem Spargel – Aushängeschild der Region und seit dem Jahr 1996 sogar als „Marchfeld-Spargel" EU-geschützt – sind vor allem auch Erdbeeren beliebt.

TIEF VERWURZELT
IM MARCHFELD: Das weiße Gold

Was im Marchfeld zwischen April und Juni frisch auf die Speisekarten kommt, galt im Alten Ägypten als Götterspeise – die wiederum im Wien des 19. Jahrhunderts den Herrschern von Gottes Gnaden vorgesetzt wurde. Während sich die österreichischen und französischen Soldaten in den Feldern des Marchfelds metzelten, wurde das weiße Gold in Schloss Wolkersdorf serviert – dort, wo Franz I. sein Exil bezogen hatte. Man könnte fast sagen: Der Name „Kaisergemüse" kommt nicht von ungefähr.

So richtig aufgelebt im Land um Raasdorf ist das vitaminreiche Wurzelgemüse, von dem man die Sprossen verspeist, in den 1970er Jahren – seit dem Jahr 1996 sogar EU-geschützt als „Marchfeld-Spargel". Fast zwei Drittel der österreichischen Spargelproduktion (im Jahr 2020 spricht man von 2.730 Tonnen) werden im Marchfeld erzeugt.

Es ist also kein Wunder, dass man bei der Einfahrt nach Raasdorf den Blick nicht von den markanten Spargeldämmen abwenden kann, die sich Reihe für Reihe ziemlich eindeutig von den anderen Feldkulturen abheben. Die Spargelgräben werden im Abstand von zwei Metern ausgehoben, die Jungpflanzen bilden im sandigen, nährstoffreichen Boden erst nach zwei Jahren Knospen aus, bis sie im dritten Jahr abgeerntet, d. h. „gestochen", werden.

Typisch sind die Abdeckfolien, die für die Wärmeregulierung und kontrollierte Steuerung der Ernte eingesetzt werden

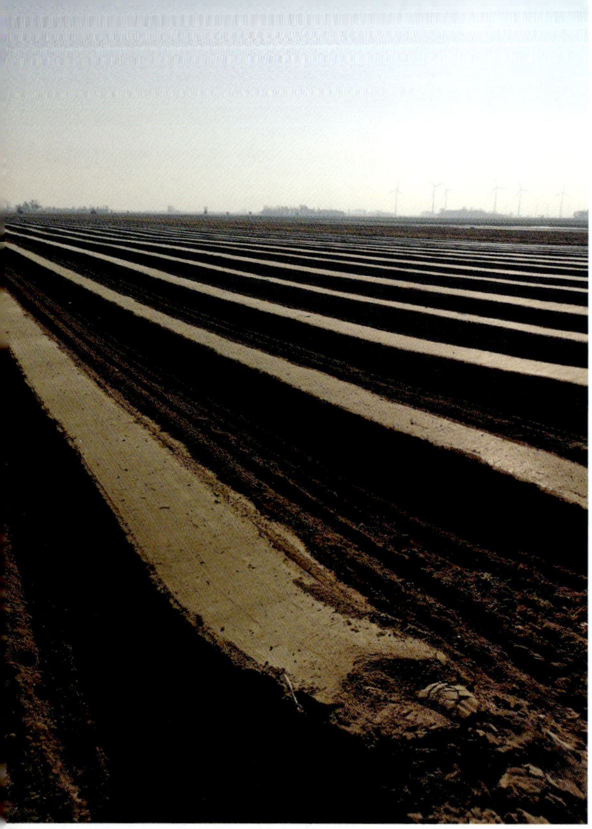

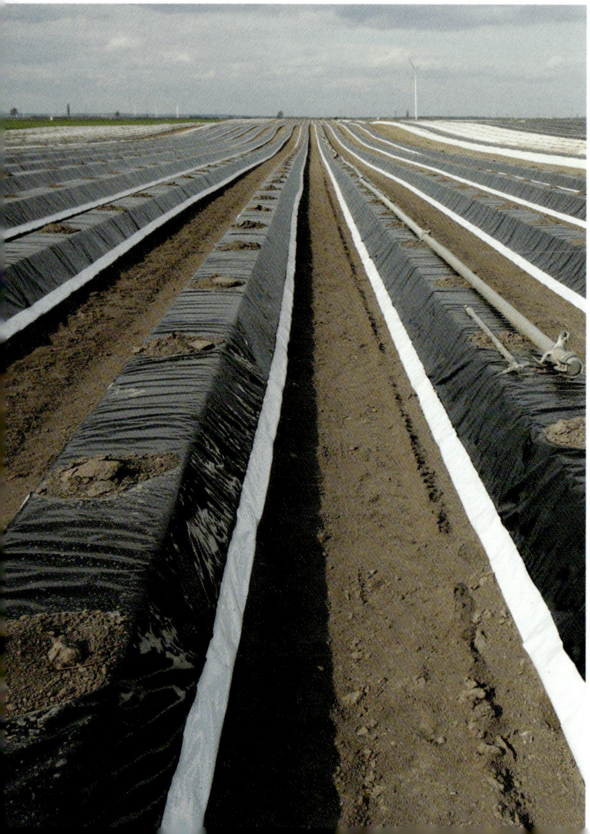

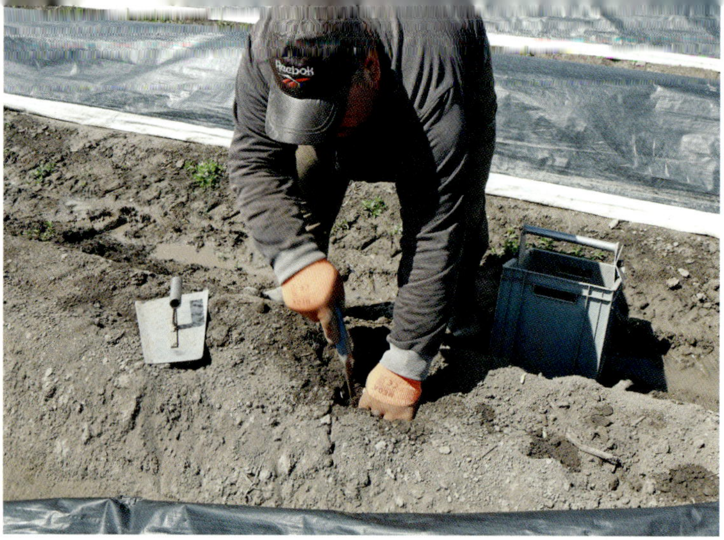

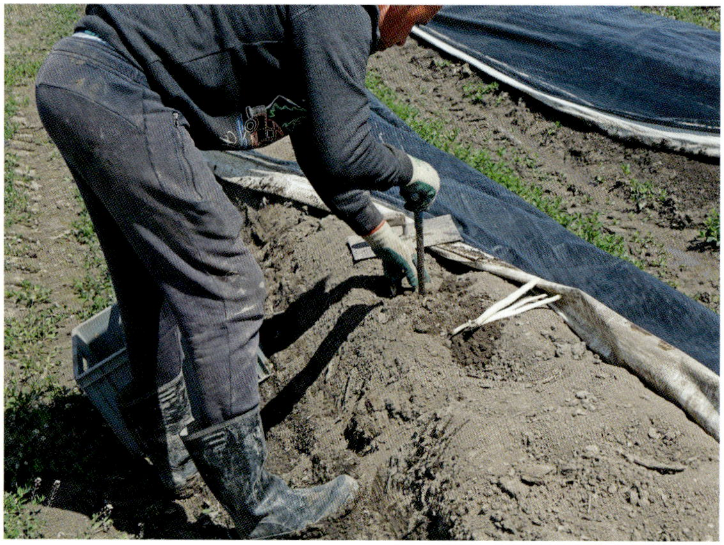

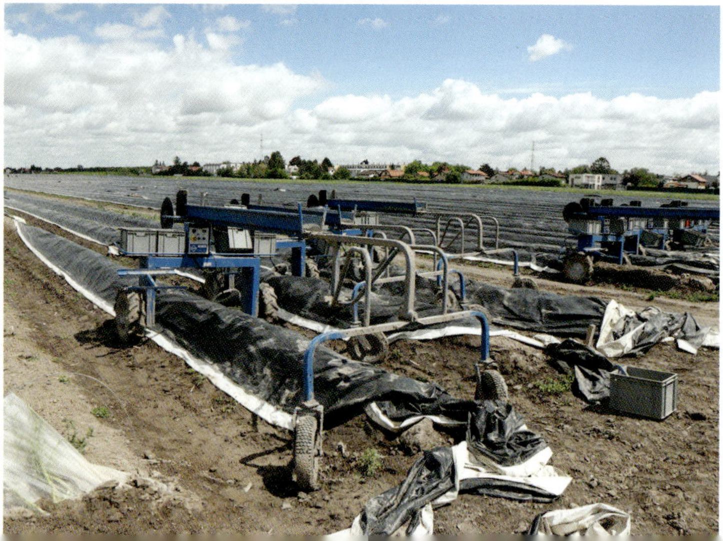

und somit auch dafür sorgen, dass die Spargelstangen nicht zu schnell in die Höhe „schießen". Bei idealen Bedingungen von 20 Grad wächst der Spargel fünf bis zehn Zentimeter pro Tag. Mindestens einmal täglich muss daher zwischen Anfang April und Mitte Juni geerntet werden. Das weiße Gold wird zuerst leicht ausgegraben und dann auf eine Länge von maximal 22 Zentimetern „gestochen". Grüner Spargel darf sogar etwas länger werden und aus dem Erdreich herauswachsen (er erhält durch das Chlorophyll seine Farbe). Wie der violette Spargel (Bleichspargel, der bei der Ernte nicht vor den Sonnenstrahlen geschützt wurde) ist er intensiver im Geschmack. Gekühlt kommt der Bleichspargel frisch auf den Teller oder direkt zum Kunden: Ein guter Teil der Spargelernte wird im Marchfeld „ab Hof" verkauft. Man glaubt es kaum, aber der Marchfelder Spargel ist nicht nur österreichweit ein Garant für Regionalität und Qualität, er steht auch international „seinen Mann" – immerhin hat er es nicht nur aufgrund seines Geschmacks in die internationalen Gazetten geschafft. Was war der Grund für die Aufregung um das Marchfeld-Gemüse? Ein Posting in den sozialen Medien, das im Frühling 2021 aufgrund sexuell expliziten Inhalts von Facebook gestoppt wurde, war schuld. Weißer Spargel ist in den USA nicht bekannt – und Werbung in modernen Zeiten dann doch nicht so einfach wie gedacht. Immerhin hat die Geschichte mit #spargelgate nun einen eigenen Hashtag erhalten.

Oben: SPARGELERNTE. Der Marchfeldspargel wird zwischen Anfang April und Mitte Juni täglich von Hand „gestochen". Zuvor ist er mit Hilfe der schwarzen Abdeckfolien konstant gewachsen.

Oben:
GRÜNER SPARGEL. Die einen schwören auf den klassischen Bleichspargel, die anderen lieben den knackigen und herzhaften Geschmack des grünen Spargels. Dieser Bund durfte die Sonne sehen, wodurch er seine weiße Farbe verloren hat.

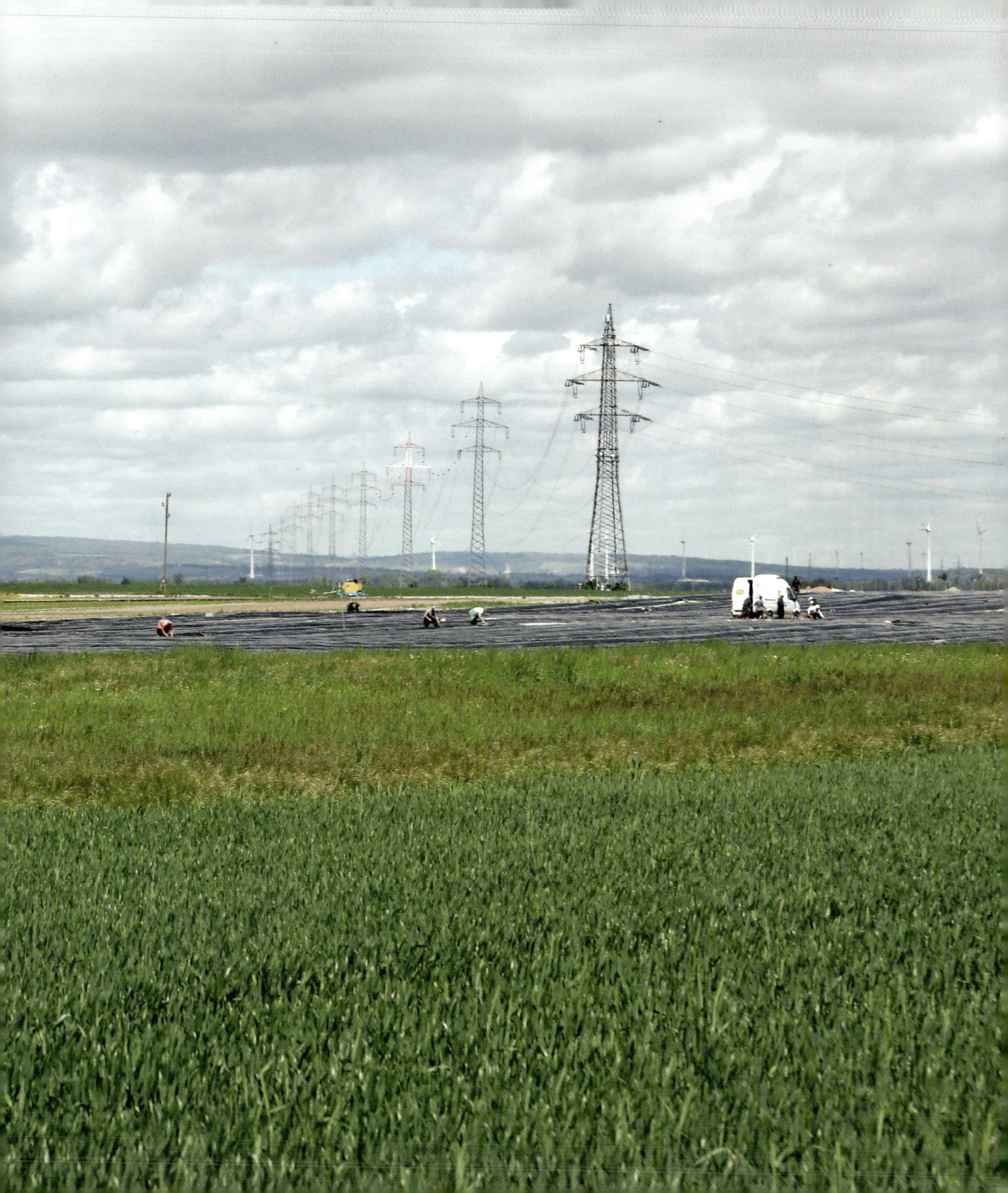

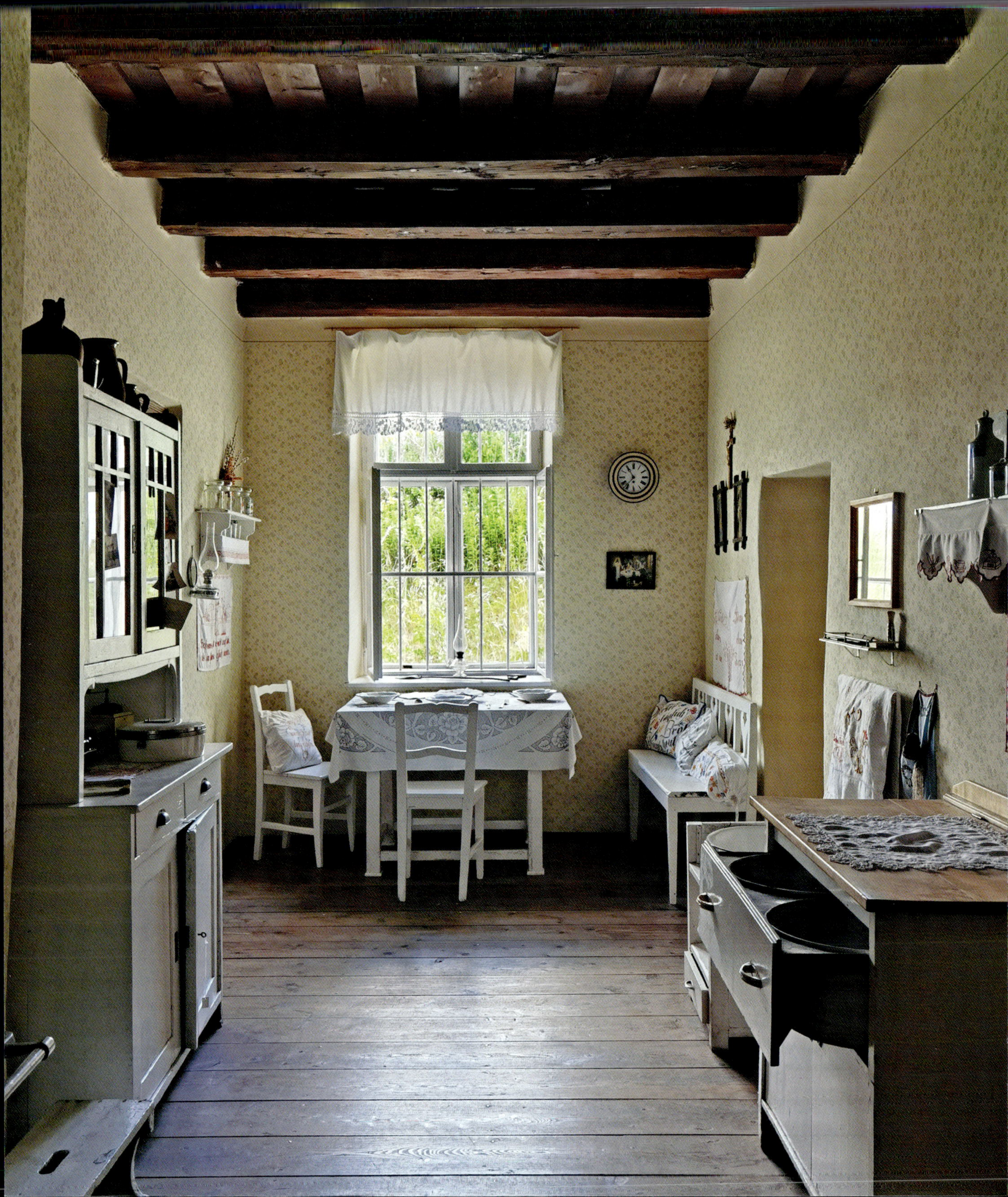

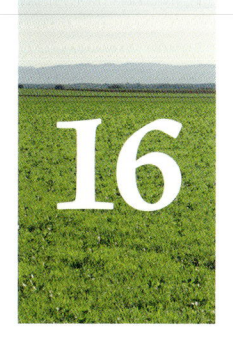

16 EINTAUCHEN IN GROSSMUTTERS ZEITEN
(K)eine Sightseeing-Tour

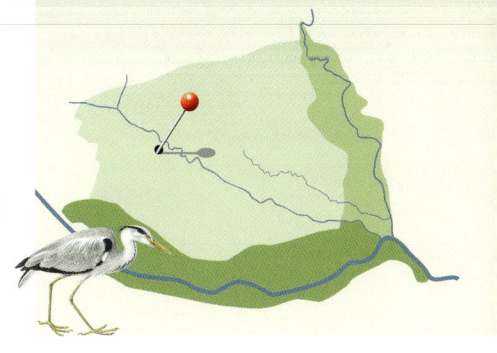

Gemeinde GROSSHOFEN

Wer Altes und Schönes liebt und sich auch an kleinen Dingen erfreuen kann, dem sei der Ausflug in den Süden des Marchfelds ans Herz gelegt. Man wird mit einem wunderschönen Ensemble aus Dörfern belohnt, die sich noch ihren alten Charakter erhalten haben.

Marktgemeinde GROSSHOFEN

Einwohner: 106

DAS MARCHFELD:
Mehr als ein Refugium für Pendler

Bei dem nur 106 Einwohner zählenden Großhofen handelt es sich um die kleinste selbständige Gemeinde Niederösterreichs. Verträumt und idyllisch liegt sie zwischen den Gemüsefeldern da und passt somit gut in den Landstrich, der auf dieser Reise durchs Marchfeld nun folgen wird.

Begonnen haben wir unsere Tour mit den größeren Ansiedlungen und alten Grenzfesten. Vier Städte durften wir dabei schon kennenlernen – übrigens die einzigen im Marchfeld. Marchegg wurde im Jahr 1268 (laut neuesten Erkenntnissen bereits 1261) als Stadt gegründet, Groß-Enzersdorf erhielt im Jahr 1396 das Stadtrecht, Gänserndorf und Deutsch-Wagram folgten relativ spät (1958 bzw. 1985). Von den größeren Gemeinden wären noch Strasshof an der Nordbahn, Leopoldsdorf im Marchfelde sowie Lassee zu erwähnen.

Die erstgenannten Städte zeigen noch heute ihre mittelalterlichen Mauern, während Gänserndorf und Deutsch-Wagram ihren wirtschaftlichen Aufschwung (und damit die Erhebung zur Stadt) der Eisenbahn und vor allem der ersten S-Bahn-Linie in den 1960er Jahren verdanken. Heute kratzt die Bezirkshauptstadt, die noch im Jahr 1961 von nur 3.400 Menschen und in den 1990er Jahren von etwa doppelt so vielen bewohnt wurde, an der 12.000er-Marke.

Neben der Eisenbahn hat in Strasshof und Deutsch-Wagram vor allem die B 8 das Ortsbild geprägt und Ansiedlungen entstehen lassen, deren Wohnhäuser zur Straße hin eine geschlossene Linie bilden. Manchmal handelt es sich bei solchen Straßendörfern wie in

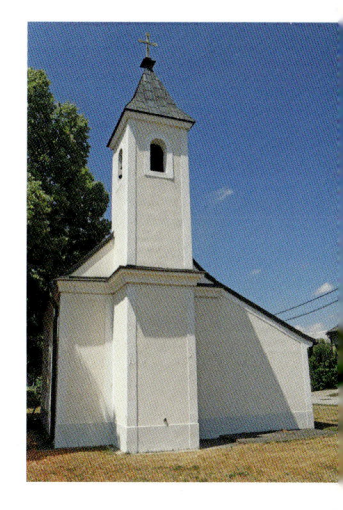

Oben:
LAURENTIUS-KAPELLE IN GROSSHOFEN. Ein Kleinod mitten am Dorfanger der kleinen Gemeinde.

Linke Seite:
MUSEUMSDORF NIEDERSULZ. Bauernleben in einem typischen Weinviertler Dorf um 1900.

235

Deutsch-Wagram um alte Angerdörfer, die sich aufgrund des Transitverkehrs zu einem Straßendorf entwickelt haben.

Wo kein Durchzugsverkehr herrscht, zeigt sich das Marchfeld allerdings noch von einer ganz anderen Seite, nämlich in Form genau solcher, zu Zeiten der Ostkolonisation, angelegten Angerdörfer. Werfen wir nun einen Blick auf diese wunderschönen Juwele, die vom Dorfleben früherer Zeiten erzählen.

Oben: GROSSHOFEN, AUTOKLINIK. Private Liebhaberstätte für rüstige und rostige Oldtimer.

Unten rechts: MARKGRAFNEUSIEDL. Ein schönes Gründerzeithaus aus dem 19. Jahrhundert.

Rechte Seite:
Oben: ADERKLAA. Kleingärten in einem der schönsten Dorfanger des Marchfelds.

Unten: SCHÖNFELD, DORFANGER. Ein liebevoll gestaltetes Dorfzentrum.

DIE TOUR DER ETWAS ANDEREN ART:
Eine kleine Zeitreise durchs Marchfeld

Zugegeben: Etwas abseits liegen sie schon da, die Marchfelder Angerdörfer. Wer große Sehenswürdigkeiten erwartet, wird vielleicht wieder enttäuscht auf die Hauptrouten zurückkehren. Wer aber das Schöne im Kleinen sucht und Orte sehen möchte, die noch ihre ursprüngliche Anlageform zeigen, ist hier genau richtig. Auch wenn es an touristischen Attraktionen in den kleinen Dörfern fehlen mag: Mitnehmen kann man aus der „Tour des Villages" einiges, angefangen vom Marchfelder Spargel im Frühling bis zu den Kürbissen im Herbst, die gefühlt vor jeder zweiten Hoftür attraktiv auf einem Stand arrangiert wurden. Wir wählen für unsere Tour, die uns von der B 8 hinunter zur Donau führt, die Route Aderklaa–Raasdorf–Glinzendorf–Frazensdorf–Breitstetten–Haringsee–Witzelsdorf. Jeder ist natürlich herzlich dazu eingeladen, seine persönliche Traumroute selbst zu entdecken.

Heutzutage findet man auf den Marchfelder Dorfangern alles Mögliche, angefangen von Kirchen über Feuerwehrhäuser, Schulen, Kindergärten bis zu alten Milchhäusern – oftmals im Ortsteil, der sich noch „altes Dorf" nennt. Ursprünglich war der Anger aber eine unbebaute Grünfläche in der Mitte eines Dorfes, die entweder als Weide- oder Marktplatz diente. Bei den in dieser Form angelegten Siedlungen handelte es sich um Wehrbauerndörfer, in denen die Bauernhöfe rund um den Anger gruppiert wurden, um bestmöglich nach außen geschützt zu sein. Vorgärten und Viehschwemmen komplettierten das Ensemble, und im Bedrohungsfall versammelten sich Bewohner und Weidetiere geschützt im Inneren des Dorfes. Die Dorfteiche wurden im Lauf der Jahrhunderte zugeschüttet und das Straßennetz über die beiden Zufahrtsstraßen hinaus nach außen verlängert. Heute zeugen schöne Gründerzeithäuser wie in Markgrafneusiedl von den Erweiterungen des 19. Jahrhunderts.

Oben: ADERKLAA. Kleingärten in einem der schönsten Dorfanger des Marchfelds.

Rechts: SCHÖNFELD, DORFANGER. Ein liebevoll gestaltetes Dorfzentrum.

Beginnen wir mit Aderklaa. Der gerade erst neu gestaltete Dorfanger ist rund um die Kirche angelegt, die von Kleinparzellen mit wunderschönen Bauerngärten und Gemüsegärten eingefasst wird. Auch in Raasdorf ist es die Kirche, die im „Alten Dorf" das Zentrum markiert. Bänke laden am kleinen Platz zum Verweilen ein, auf der anderen Seite lockt die örtliche Infrastruktur in Form von Gasthaus, Trafik, Grillstation – und einer Bücher-Telefonzelle.

In Glinzendorf ist die Kirche auf dem Anger noch vom Friedhof umgeben, weiters findet das Kriegerdenkmal Platz und auch der Dorfwirt hat sich im alten Zentrum erhalten. Am schönsten ist aber der neu errichtete Landeskindergarten samt dazugehörigem Spielplatz. Am Franzensdorfer Anger führt eine schöne lange Allee in Richtung Kirche. Auch dort findet sich ein Spielplatz, nach der Kirche noch ein altes Feuerwehr-Haus.

In Breitstetten wird der Dorfanger von einigen Querstraßen unterbrochen, aber auch hier trifft man auf Klassisches: das Vereinsgebäude für Jagd, Musik und Landwirtschaft, die Feuerwehr, das Kriegerdenkmal und die Kirche. Wunderschön anzusehen sind die drei Giebel-Bauernhäuser am nordöstlichen Ende der Grünfläche. Im Anger von Haringsee kommen zu Kirche, Kriegerdenkmal, Feuerwehr und Gasthaus noch Kindergarten und Volksschule dazu. In Witzelsdorf hat sich nach dem Milchhaus und der Raiffeisenkasse die Feuerwehr im Häuschen am schmalen Anger angesiedelt. Gleich ein ganzes Kunstprojekt findet man übrigens in Lassee – siehe auch Seite 293.

Ganz oben: RAASDORF, KIRCHE. Neben dem Gotteshaus finden sich am Dorfanger im „Alten Dorf" Gasthaus, Trafik, Grillstation und eine Büchertelefonzelle.
Oben: MUSEUMSDORF NIEDERSULZ. Den Haupteingang hat man vor einigen Jahren errichtet, um dem über die Jahre gewachsenen Besucherinteresse gerecht zu werden. Das idyllische Museumsdorf hat sich als Ausflugsziel herumgesprochen.

DORFLEBEN WIE FRÜHER:
Von Bauerngärten und alten Haustierrassen

Wie früher das Dorfleben ablief, lässt sich heute gut im Niedersulzer Museumsdorf erfahren. Überqueren wir dazu kurz die nördliche Grenze des Marchfelds und tauchen dort in die Welt von früher ein. Schön anzusehen ist das Freilichtmuseum allemal, und noch dazu dürfen wir dort auch einen Blick ins Weinglas werfen – und zwar in der Museumsvinothek am Gelände, in der man idyllisch auf einer der Bänke vor dem Keller sitzt.

Oben: MUSEUMSDORF NIEDERSULZ. Ein Weinviertler Dorf anno 1900: Handwerks-Betriebe und Wohnhäuser, die von schönen Vorgärten gesäumt werden.

Aus dem halben Weinviertel wurden im Museumsdorf Niedersulz Häuser zusammengetragen und zu einem Weinviertler Zeilendorf nachgebaut. Normalerweise an einem Bach aufgereiht, versammeln sich hier Wohnhäuser, Handwerkshäuser und Bauernhäuser um die „Dorfzeile" sowie rund um einen Dorfplatz mit Gasthaus. Mit einzelnen Stadeln, Kapellen,

Oben: MUSEUMSDORF NIEDERSULZ. Für jeden ist etwas dabei: Wunderschöne Bauerngärten sowie ein lebender Bauernhof erfreuen das Herz der ganzen Familie.

Oben: MUSEUMSDORF NIEDERSULZ. Die historische Wagnereiwerkstatt Halmschlag aus Hollabrunn wird seit 2019 im Museumsdorf ausgestellt. Die Maschinen sind noch funktionstüchtig.

MUSEUMSDORF NIEDERSULZ. Neben Einblicken ins alte Handwerk führen private Wohnräume sowie Schule und Dorfgreißler ins Dorfleben von anno dazumal.

Presshäusern und der Schule zeigen 80 Objekte das Alltagsleben eines Weinviertler Dorfs. Wer historische Bauerngärten mit Kräutern, Gemüse und Obst liebt, ist im Museumsdorf bestens aufgehoben. Das Ausflugsziel ist auch für Kinder ideal, die im Streichelzoo auf Tuchfühlung mit Ziegen, Schweinen, Gänsen, Hühnern und Eseln gehen möchten. Wer einmal das Museumsdorf besucht hat, wird schnell wiederkommen, so schön lässt es sich hier in der Zeit zurückfallen und entschleunigen.

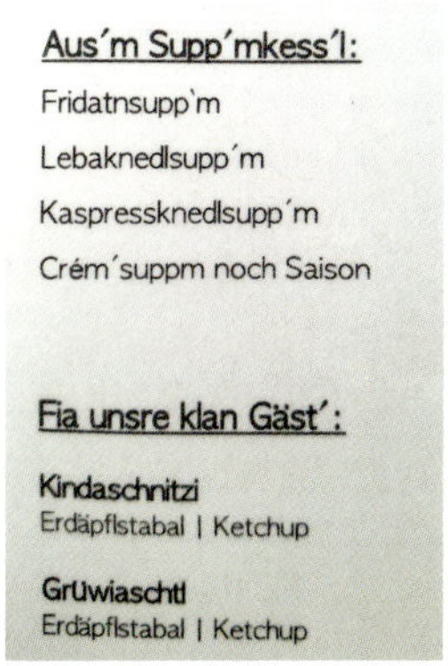

Aus'm Supp'mkess'l:

Fridatnsupp'm

Lebaknedlsupp'm

Kaspressknedlsupp'm

Crém'suppm noch Saison

Fia unsre klan Gäst':

Kindaschnitzi
Erdäpflstabal | Ketchup

Grüwiaschtl
Erdäpflstabal | Ketchup

Wiaz'haus Kuchl:

Schnitz'l vo da Sau
g'mischta Solod

Schweinsbrad'l (am meisten bstöd)
Semmlknedl | Sauakraut

Weiviadla Rindsgulasch
Semmlknedl

Softige Fleischlawal
g'stompfte Erdäpfl | Röstzwievö

Brodwuascht
Sauakraut | Broderdäpfl | Senf

Söwagmochte Söchfleischknedl
Sauakraut

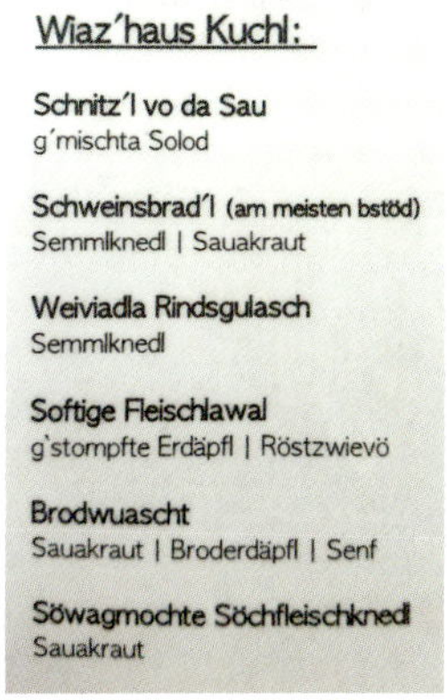

Oben: WIRTSHAUS IM MUSEUMSDORF NIEDERSULZ. Idyllischer geht es kaum – außer in der Gebietsvinothek gleich ums Eck.

Um nun aber wieder ins Marchfeld zurückzukehren: Alte Haustierrassen und historische Gärten findet man auch im Meierhof von Schloss Hof. Dort lassen sich Zier,- Nutz- und Heilpflanzen nicht nur im Weinviertel- und Allerleigarten, sondern auch im Kräutergarten entdecken – von Färberpflanzen angefangen bis hin zu solchen mit Schokoladeduft. Im Rosengarten begegnet man heute der floralen Ausgabe von „Prinz Eugen", der Naschgarten ist nicht nur für Kinder ein Traum, auch der Gutshof erfreut das Herz von Groß und Klein.

Auf dem riesigen Areal des Meierhofs werden 200 Tiere gehalten. Wer gerne alte und vom Aussterben bedrohte Haustierrassen entdecken möchte, ist hier genau richtig. Neben wei-

213

**Aufnahmeort:
SCHLOSS HOF.**

MEIERHOF VON SCHLOSS HOF. Alte österreichische Haustierrassen wie das Sulmtaler Huhn gesellen sich zu seltenen Rassen wie den Österreichisch-Ungarischen Weißen Barockeseln und weißen Pfauen. Vor allem die Shetlandponys sind bei Kindern sehr beliebt.
Fotos: Brigitte Huber

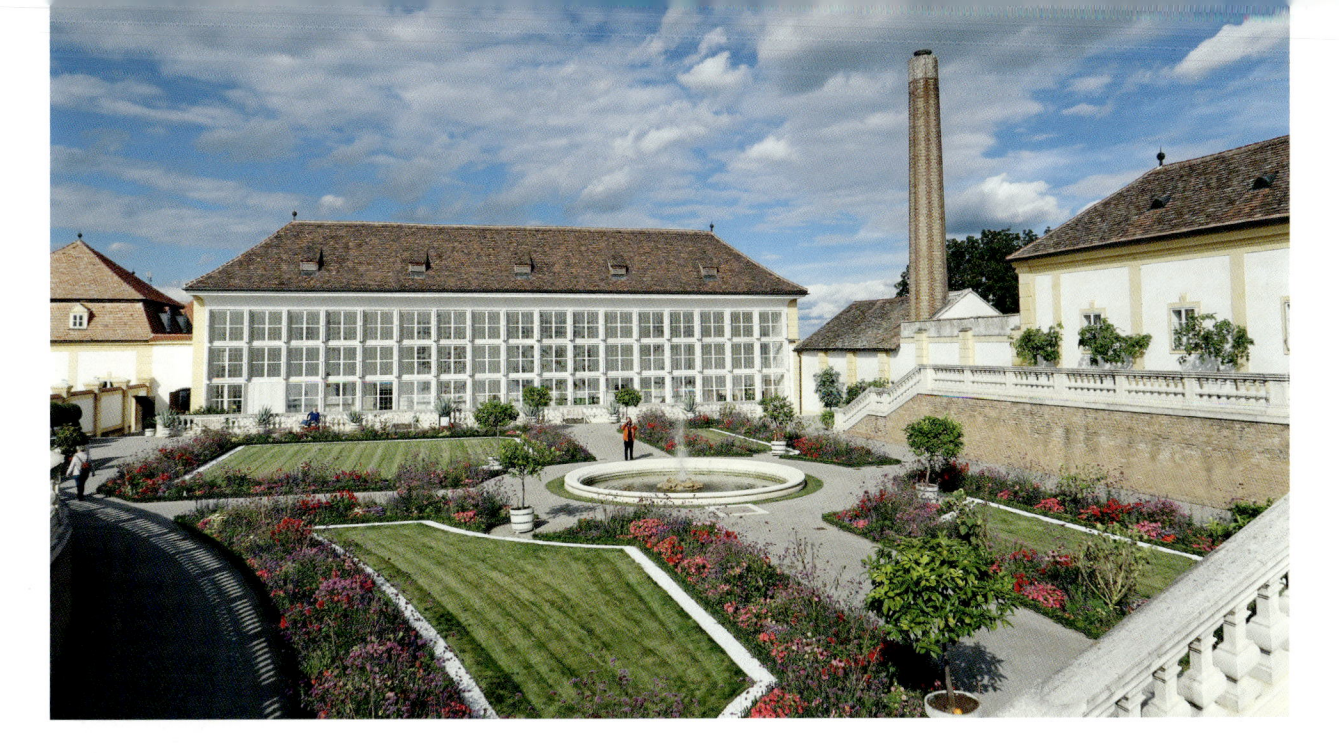

ßen Barockeseln und Vierhornziegen, Brillen- und Walachenschafen, Trampeltieren und Lipizzanern sind auch weiße Pfaue zu sehen. Letztere auch in Form des Gasthauses „Zum weißen Pfau", auf dessen Terrasse sich Eltern zurückziehen können, während sie ihre Kinder eine Etage darunter beim Spielen mit Ziegen beobachten. Wer sich für altes Handwerk interessiert, kann beim Schautöpfern, Korbflechten oder auch beim Schnapsbrennen zusehen. Man sollte, wenn möglich, einen ganzen Tag für Schloss Hof einplanen – so viel gibt es hier zu sehen und zu tun.

SCHLOSS HOF, ORANGERIE. Eines der zwei Gewächshäuser, die für die Exoten-Liebhaberei Prinz Eugens von Johann Lucas von Hildebrandt errichtet wurden.
Fotos: Brigitte Huber

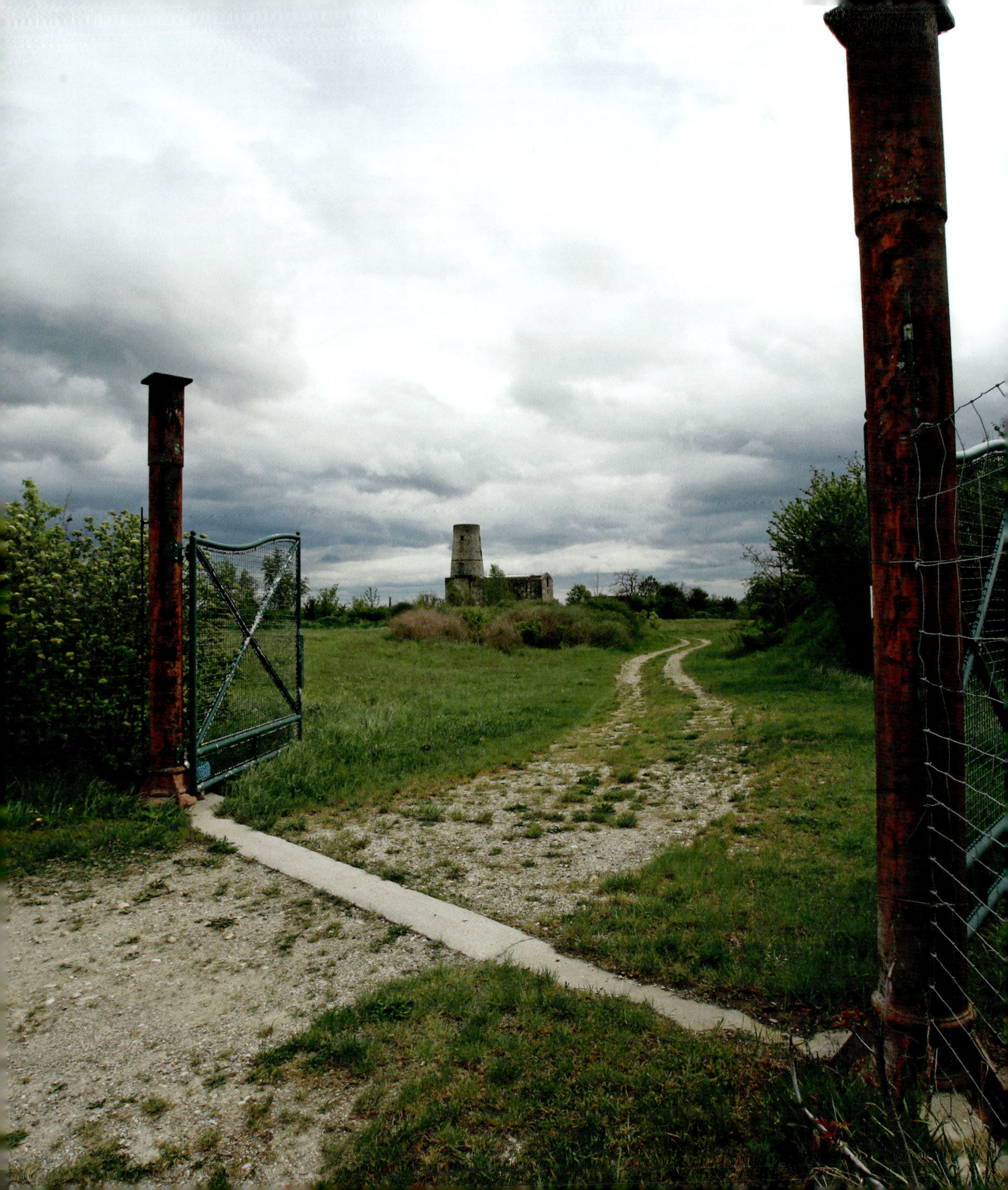

17 AUF DER SUCHE NACH LOST PLACES
Wo im Marchfeld die Zeit stehengeblieben ist

Gemeinde MARKGRAFNEUSIEDL

Wohl in allen Landregionen Österreichs ist der Lauf der Zeit nicht aufzuhalten. Auch im Marchfeld lassen sich Zeichen des Verfalls finden, die man leicht mit offenem Auge wahrnehmen kann. Ein paar verborgene Schätze haben wir aufgestöbert – den Rest möge jeder für sich selbst entdecken!

Gemeinde MARKGRAFNEUSIEDL
Einwohner: 892

EIN LOST PLACE, DER WIEDERAUFERSTEHT:
Neue Action rund um die Marchfelder Schottergruben

Markgrafneusiedl beherbergt ein interessantes Geheimnis, das nicht zu übersehen ist. Der Ort trägt sein Wahrzeichen, die Kirchenruine Hl. Martin, sogar im Wappen. Aber worum handelt es sich eigentlich bei diesem Gebäude mit der eigenartigen Bauweise, das man beim ersten Anblick nicht als Kirche, sondern viel eher als wehrhaften Fabriksbau samt Schlot bezeichnen möchte?

Wenn man vom Turm des geheimnisvollen Bauwerks hinuntersehen könnte, würde man rund um die knapp 900 Einwohner zählende Gemeinde auf die zahlreichen Löcher der umliegenden Kiesgruben blicken. Der Ortskern birgt allerdings Schönes, nämlich verspielte Gründerzeithäuser sowie alte Fassadenmalereien auf einem aus dem 17. Jahrhundert stammenden Meierhof. Die Frage aber bleibt: Was hat es mit dem unüblichen Blockbau mit dem auffälligen Turm auf sich?

Der Wehrbau, der im 13. Jahrhundert als Grenzbefestigung angelegt wurde, diente später auch als Kirche – eine der ersten, die aus Quadersteinen errichtet wurden. Noch im Dreißigjährigen Krieg sollte die Wehrkirche Schutz vor den Schweden bieten (wurde aber gestürmt), kurz danach spricht man bereits von einer Ruine, die in der Schlacht bei Wagram als Kommandositz für Erzherzog Carl dienen durfte. Schlussendlich wurde die Kirchenruine Markgrafneusiedl im Jahr 1817 zu einer Windmühle ausgebaut. Bereits im Jahr 1862 brannte sie nieder. Im Zweiten Weltkrieg soll sie als Außenposten des Flugplatzes Strasshof gedient haben, danach ging sie in privaten Besitz über. Im Jahr 2021 wurde sie schließlich von der Gemeinde gekauft.

Unten: KIRCHENRUINE HL. MARTIN. Bald wird das Tor zum imposanten Wahrzeichen der Gemeinde Besuchern wieder offen stehen.

Oben: KIRCHENRUINE HL. MARTIN. Grenzfeste, Wehrkirche, Kommandositz für Erzherzog Carl, Windmühle, Außenposten des Flugplatzes Strasshof und schlussendlich Privatbesitz: Heute ist die Kirchenruine im Besitz der Gemeinde.

Das überwucherte Areal rund um die Burg wurde mittlerweile gerodet und soll in den nächsten Jahren saniert werden. Dann soll man auch das französische Gräberfeld (Markgrafneusiedl war Entscheidungspunkt der Schlacht bei Wagram, siehe Seite 213) wie auch die imposante Säulenhalle, die vom Vorbesitzer errichtet wurde, besichtigen können. Wie schön, wenn man bald wieder wie wohl einst Erzherzog Carl vom Turm der Ruine ins Marchfeld hinuntersehen könnte.

Ein Ort, der sich Altem widmet – und an dem nun selbst der Zahn der Zeit nagt

Seit Millionen von Jahren lagert das Erdöl des Matzner Felds in den Erdschichten. Ganz so alt ist der Erdöllehrpfad in Prottes noch nicht – aber auch er erzählt mittlerweile eine alte Geschichte. Der Themenweg, der zu Ende der 1970er Jahre errichtet wurde, lässt uns tief ins Öl-Dorado des Weinviertels eintauchen und führt rund um Prottes bis zur Schutzheiligen der Bergleute beim Barbarakreuz sowie ins „Hintaus" der Protteser Kellergasse. Die ausgestellten Gerätschaften in und rund um Prottes –

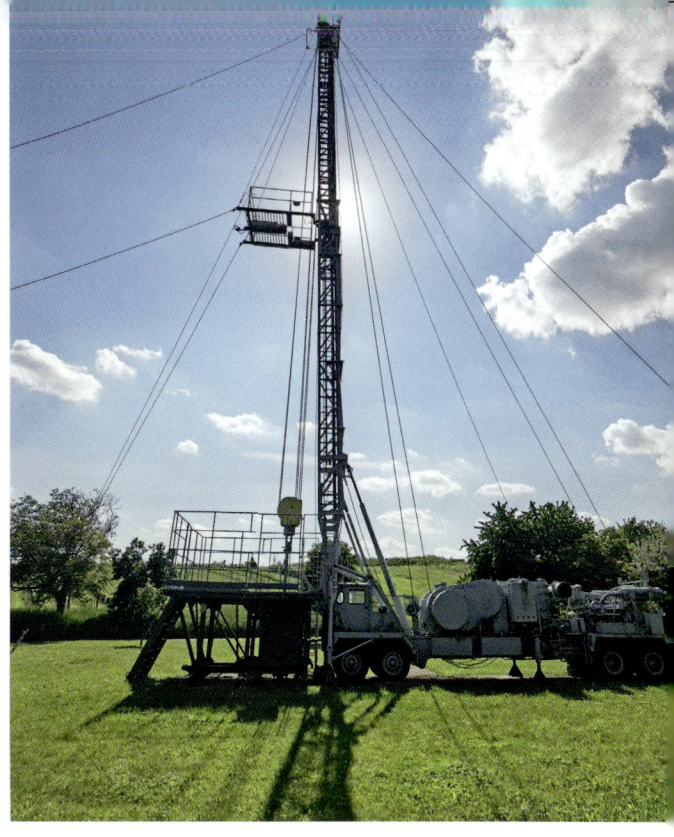

ERDÖL-ERDGAS-LEHR-PFAD, PROTTES. Noch ist der Lehrpfad in der Erdölgemeinde zu besichtigen. Wollen wir hoffen, dass ihn nicht das gleiche Schicksal wie jenen in Neusiedl/Zaya ereilt.

Sonden und Bohrköpfe, eine alte Tankstelle, der letzte von den Sowjets eingesetzte Raupentraktor mit dem bezaubernden Namen „Stalinec" – erzählen von der Zeit, als dieser Landstrich noch mehr als heute von unzähligen Perdekopfpumpen und Bohrtürmen übersät war. Wer einen Sprung in die „goldenen Jahre des schwarzen Goldes" machen möchte, sollte noch bald kommen, bevor der Erdöl-Lehrpfad wie jener in Neusiedl/Zaya von der Bildfläche verschwindet.

AUF DEM ABSTELLGLEIS:
Ein Friedhof der Eisenbahngeschichte

Einsam und verlassen steht er da, der vergessene Waggon hinter dem Bahnhof von Strasshof. Auch er erzählt von einem Stück Geschichte der einst so bedeutsamen Eisenbahnerstadt. Aber viel lieber wäre er wohl in Gesellschaft seiner Kollegen, die am großen Freigelände des Strasshofer Heizhauses, rund drei Kilometer von ihm entfernt, ihren Ruhestand gemeinsam genießen dürfen. Für alle Eisenbahnfreunde ein wahres Paradies – aber auch für alle jene, die sich an Maschinen begeistern, die schon längst ausgedient haben.

Vorne im Heizhaus sind die mächtigen Dampffrösser untergebracht, die immer noch gerne in Betrieb genommen werden und die wir bereits auf Seite 165 kennenlernen durften. Auf der anderen Seite des Geländes findet man dafür Lokomotiven und Waggons, die schon lange mit der Böschung verwachsen zu sein scheinen. Alle Zustän-

Oben: ERDÖL-ERDGAS-LEHRPFAD, PROTTES. Alte und neue Technik nebeneinander.

Rechts und rechte Seite: Verlassener Waggon beim BAHNHOF STRASSHOF. FREIGELÄNDE DES STRASSHOFER HEIZHAUSES. Ganz rechts im oberen Bild „Der blaue Blitz". Eisenbahngeschichte, die schon bessere Tage gesehen hat.

de, alle Farben sind vorhanden, fast blankgeputzte Vorzeigeloks brillieren neben ihren von Graffiti verunstalteten Kameraden. Die Bezeichnung „ausrangiert" kommt am einst größten Verschubbahnhof Österreichs nicht von ungefähr.

Ein Highlight ist der „Blaue Blitz" – der Dieseltriebwagen aus den 1950er Jahren war noch bis in die 1990er Jahre im Einsatz. Aber auch Raritäten wie alte Salonwaggons findet man am Gelände, weiters rostbraune Riesen, die neben ihren neugierigen runden Augen sogar runde Fensterscheiben zeigen. Und wer nicht kurz ganz ehrfürchtig vor der Schneefräse-Lok steht, die sich mit ihren

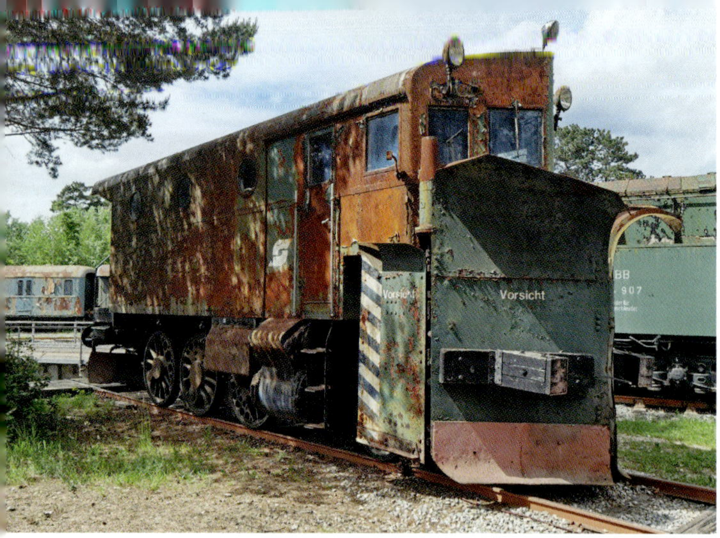
Vorsicht
Vorsicht

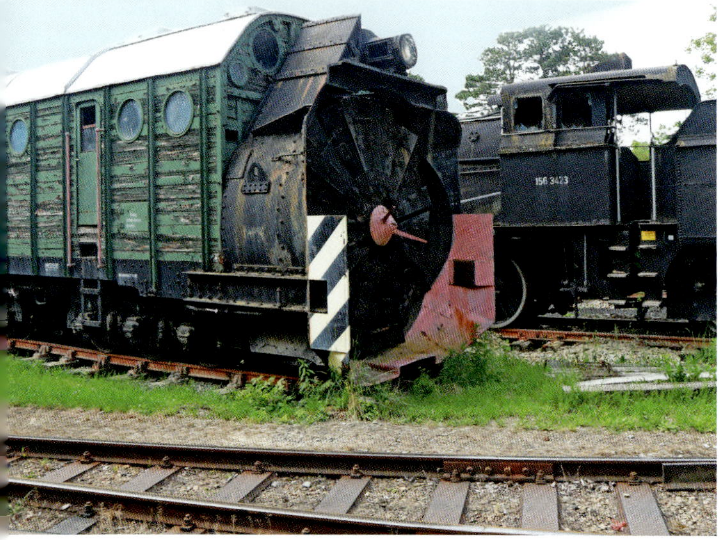
156 3423

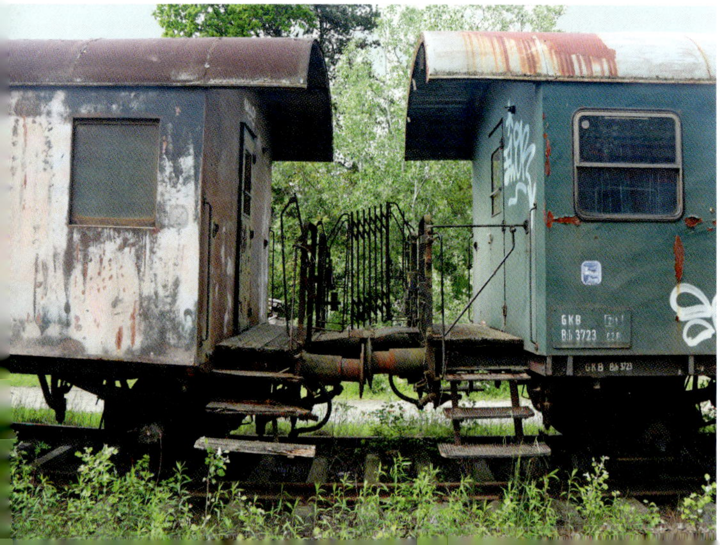

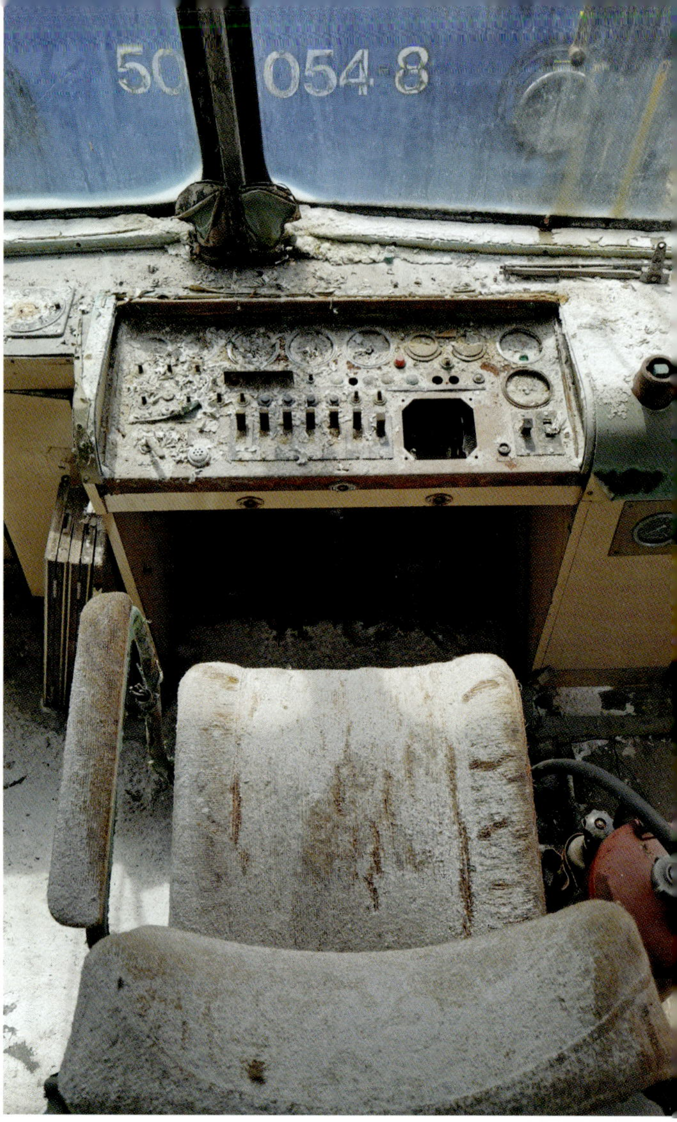
50
054-8

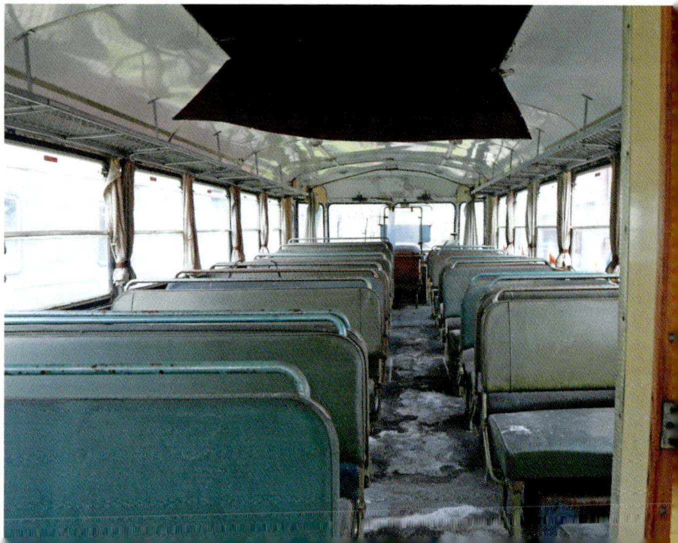

mächtigen Schaufeln so gar nichts und niemandem zu widersetzen scheint, der ist nicht richtig in die faszinierende Welt eingetaucht, in der Mensch und Maschinen zu verschmelzen scheinen.

Es ist ein richtiges Abenteuer, sich einen Weg durch die teils verwachsenen Wege zu bahnen. Aber kein Wunder, es kann kein Einfaches sein, das Freigelände im Ausmaß von 150.000 Quadratmetern in Schuss zu halten – wir sind vom Heizhaus bis zum Ende der Anlage einen ganzen Kilometer unterwegs.

UNTER UND ÜBER DER ERDE VERSTECKT:
Schätze, die gar keine sind

Das Marchfeld ist Grenzland, in das schon viele Völker eingefallen sind – wir haben darüber auf Seite 206 berichtet. Heute finden sich in der Marchfelder Erde nicht nur Spuren von Napoleon, sondern auch Reste des Zweiten Weltkriegs. Die Rollbahnen des Deutsch-Wagramer Flugplatzes, der nach dem Zweiten Weltkrieg noch bis 1955 von den Russen verwendet wurde, waren noch lange sichtbar. Hier werden noch immer Kriegsrelikte aus dem Boden ausgegraben. Mittlerweile ist Gras über die Sache bzw. das Areal gewachsen, auf dem sich heute ein Modellflugplatz sowie ein Fahrtrainingszentrum für motorisierte Zweiradfahrer befinden – geleitet von den „weißen Mäusen" der Wiener Polizei.

Wer per Rad unterwegs ist, wird im Osten des Marchfelds so einiges entdecken. Direkt an der March – und somit in der Sperrzone des ehemaligen Eisernen Vorhangs – radelt man am Iron Curtain Trail auf der gegenüberliegenden Seite von Angern an einigen Bunkern vorbei, die in den Jahren 1935–1938 als Reaktion auf die Machtübernahme Hitlers errichtet wurden. Am Donauradweg kann man kurz vor Bratislava bei Petržalka zu den ehemaligen

Linke Seite:
STRASSHOF, FREIGELÄNDE DES STRASSHOFER HEIZHAUSES.

Unten links:
BURG BRATISLAVA.

Unten rechts:
BUNKER BEI PETRZALKA
Wer am Donauradweg von Österreich kommend nach Bratislava einfährt, kommt an mehreren Schaubunkern des Eisernen Vorhangs vorbei.

Von oben nach unten: Geschlossenes GASTHAUS IN GÄNSERNDORF und geschlossene TABAK-TRAFIK IN DEUTSCH-WAGRAM.

HAUS UND BÄCKEREI IN MARCHEGG.

GASTHOF ZUR ALTEN FÄHRE IN SCHÖNAU und FLEISCHEREI IN MARCHEGG.

Verteidigungsstellungen abbiegen, die ab 1948 im Kalten Krieg weiter ausgebaut wurden und heute als Bunkermuseen zu besichtigen sind. Am Thebener Kogel sind noch Reste einer Raketenbasis zu finden, die Anfang der 1980er Jahre als Verteidigungsanlage der slowakischen Hauptstadt errichtet wurde.

Im Ort vergessen oder in der Landschaft verlassen

Nicht nur an der Lasseer Hauptstraße stößt man auf verlassene Juwele, die jeden Fotografen zur Kamera greifen lassen: Häuser, an denen der Zahn der Zeit unentwegt nagt und für deren Instandhaltung niemand die Kraft oder das Interesse aufbringt.

Der Leerstand ist natürlich nicht nur ein im Marchfeld typisches Phänomen. Heute nicht mehr gefragte Handwerksbetriebe wie Schmieden, Sattler oder Schuster sind schon lange aus dem Ortsbild verschwunden, und Nahversorger wie Bäcker und Fleischer sterben genauso wie die Dorfwirte aus. Nur manch alter Greißler poppt heute als hipper Bioladen wieder auf. In Deutsch-Wagram sind die Rollläden der Trafik beim Bahnhof längst heruntergezogen, die Fassade des angrenzenden Cafés erinnert mit Dampfeisenbahn und Schmuckwaggons an lange vergessene Zeiten. Auch das Gasthaus Schuster neben dem Lagerhaus-Silo in Gänserndorf trauert heute besseren Tagen nach, und das Gasthaus „Zur Alten Fähre" in Schönau hat schon lange seinen Betrieb aufgegeben.

VERLASSENES HAUS IN LASSEE.

EHEMALIGES UMSPANN-WERK IN OBERWEIDEN. Eine Landmark im Marchfeld: Wie eine Filmkulisse wirken die ausgehöhlten Reste der Trafostation, die sich auf der Straße zwischen Oberweiden und Weikendorf befindet.

Gerade in der unendlichen Weite des Agrarlands fallen Gebäuderuinen, die aus der Landschaft herausstechen, umso mehr auf. Vom auffälligen Silo mit der alten Aufschrift „Panny" an der aufgelassenen Bahnstation von Stripfing haben wir schon auf Seite 141 berichtet. Unweit davon befinden sich an der Straße von Oberweiden nach Weikendorf die Reste eines ehemaligen Umspannwerks, das speziell in der Abendsonne und vor dem fast endlos weiten Hintergrund des Marchfelds einen echten Hingucker abgibt. Das Gebäude existierte bereits zu Zeiten des Zweiten Weltkriegs und wäre bei anderem Kriegsausgang wohl erweitert worden. Aber Achtung: Es ist baufällig, und das Dach ist schwer beschädigt. Jeden Augenblick können sich Ziegel aus dem Dachstuhl lösen und herabstürzen.

UMSPANNWERK OBERWEIDEN. Vom Inneren des Gebäudes ist heute nicht mehr viel übrig geblieben, bis auf die üblichen „Verzierungen". Lost Places sollten mit Bedacht besucht werden!

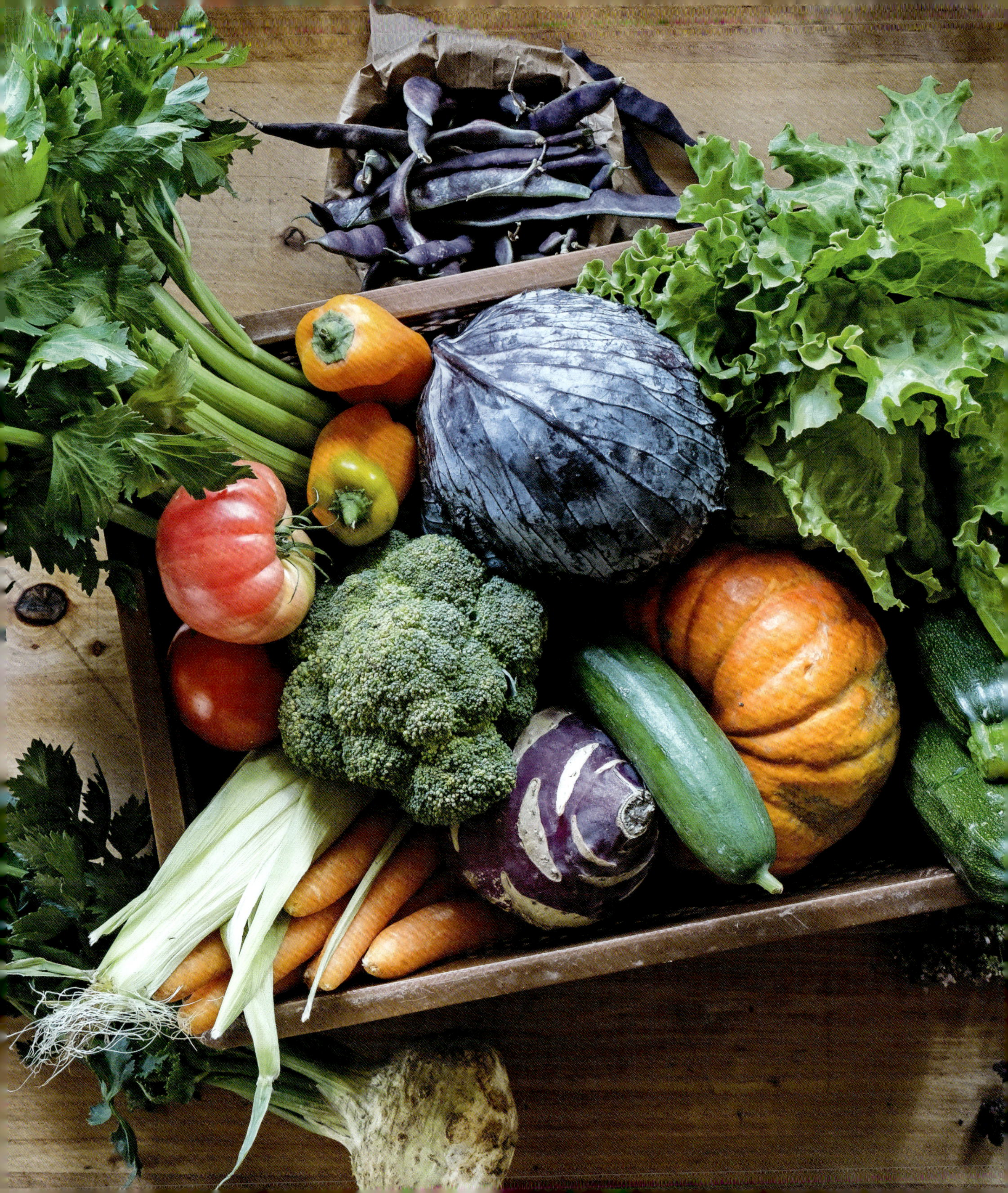

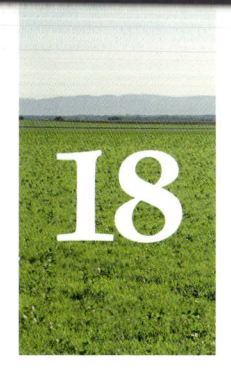

18 EINE REGION ALS VORREITER
Die „neue" Landwirtschaft im Marchfeld

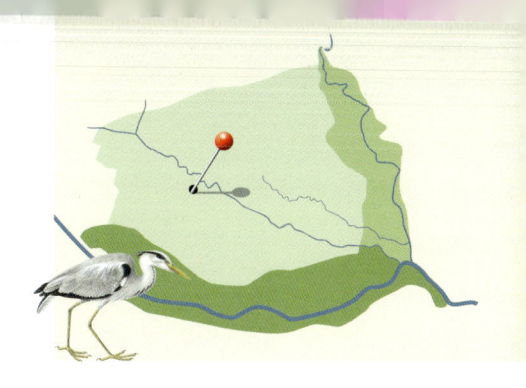

Gemeinde GLINZENDORF

Es muss nicht unbedingt der Platzhirsch des Marchfelds sein – doch falsch ist es nicht, dem Biohof Adamah einen Besuch abzustatten. Auch zahlreiche andere Bio-Produzenten von Klein bis Groß laden dazu ein, hinter die Hoftür zu blicken. Es gibt viel Neues zu entdecken im Marchfeld!

Gemeinde GLINZENDORF
Einwohner: 329

Wo heute Reis, Haselnüsse und Kiwis angebaut werden

Wie Schwammerln schießen sie aus dem Boden, die unzähligen Hofläden im Marchfeld. Man muss nicht erst die großen Erzeuger ansteuern – viel eher stechen die gefühlt tausend fast unscheinbaren Hoftore in den Dörfern ins Bild, vor denen das Gemüse der Saison auf kleinen Stellagen lockt oder Kürbisse meterhoch vor den Einfahrten aufgetürmt wurden. Ein Blick hinter das Hoftor – und schon offenbart sich eine Welt aus Kräutern, Gewürzen, Marmeladen und natürlich weiterem Marchfeldgemüse.

Was nun gerade Glinzendorf, das kleine Dorf mit nur etwa 330 Einwohnern, das bis in die 1950er Jahre Teil von Wien war und dessen schönen Dorfanger wir ja bereits beschrieben haben, damit zu tun hat? Der Platzhirsch der Marchfelder Bio-Betriebe ist hier zu Hause, der Vorreiter, der mit seinen Biokistln nicht nur das Marchfeld, sondern halb Wien und sein Umland umgekrempelt hat.

„Bio" ist nicht nur im Marchfeld großes Thema, wo man nach der Intensivierung der letzten Jahrzehnte beim Gemüse bereits einen Bio-Anteil von 20 Prozent erreicht hat. Man könnte fast meinen, dass der Begriff „Bio-Diversität" nicht nur für die besonders artenreichen Lebensräume von Fauna und Flora gilt, sondern auch für das Marchfelder Obst und Gemüse. Weg von Intensivbewirtschaftung hin zu fast vergessenen Sorten ist ein Trend, der mittlerweile nicht nur im Marchfeld boomt. Was man dabei alles ins Einkaufskistl packen kann? Wir wollen ein paar Betriebe und Initiativen vorstellen, die auf Bio umgestellt oder sich auf Raritäten spezialisiert haben.

Das Marchfeld ist nicht nur Gemüse-, sondern auch Erdbeerland – und immer mehr Anbaufläche für weitere Artverwandte. Prenner Beerenkultur in Markgrafneusiedl hat sich

Linke Seite:
Das BIOKISTL aus dem Marchfeld hat sich seinen Weg in die Hauptstadt erobert. *Foto: ADAMAH.* © Thomas Apolt

Oben:
AB-HOF-VERKAUF IM BIOHOF THOMAY IN OBERWEIDEN. Verkaufsstellen für Bio-Obst und -Gemüse finden sich überall.

Ganz oben:
ÖSTERREIS. Seit einigen Jahren wird auch im Marchfeld Reis angebaut. © Österreis.

Oben:
Glückliche Schweine, glückliche Menschen: Am BIOHOF HUBICEK darf man sich ein genaues Bild davon auf der Schweineweide machen.
Foto: © Wolfgang Garhöfer

Rechts:
MARCHFELDRINDER, FAMILIE SCHAUER.
Foto: Christian Huber/marchfeld.tv

auf Brombeeren, Ribiseln, Heidel- und Stachelbeeren spezialisiert. Am gleichen Ort verwandelt Familie Haindl die Frucht der Aroniabeere zu vitaminreichen Säften und genussvoller Schokolade. Bio-Sanddorn wird von Familie Burik in Engelhartstetten angeboten, und in Angern wächst die Bio-Kiwi von Familie Böchzelt. Eine neue „Marchfeldnuss", nämlich die Haselnuss, hat die Familie Böckl in Deutsch-Wagram aus der Türkei ins Marchfeld geholt. Und seit Neuestem wächst rund um Gerasdorf sogar nachhaltig produzierter Reis in Österreich, nämlich ÖsterReis von Gregor Neumeyer.

In Breitensee genießen Mangalitzaschweine, Schwäbisch-Hällische Landschweine und schottische Hochlandrinder biologische Fütterung und genügend Auslauf am Biohof der Familie Hubicek. In Glinzendorf sind es die Marchfeldrinder der Familie Schauer, die in Direktvermarktung angeboten werden. Und die Vögel der Deutsch-Wagramer Straußenfarm liefern nicht nur Fleisch, sondern Eier der besonderen Art und Größe.

Bei der Marchfelder Genusstour im Frühling darf man sogar einen Blick hinter die Hoftür werfen – aber nicht nur dann: Die 12 Betriebe, die sich in der Genuss-Initiative Carnuntum-Marchfeld zusammengeschlossen haben, öffnen auch übers Jahr ihre Tore. Am Spargelhof Magoschitz in Mannsdorf an der Donau erfährt man Wissenswertes zum Spargelanbau, am Biohof Adamah zum Gemüseanbau, am Biohof Hubicek wird die Schweineweide besichtigt, und bei der Bauernspeis darf man Unger-Erdbeeren verkosten. Die Verkaufsläden selbst stehen natürlich zu den jeweils individuellen Öffnungszeiten für den Einkauf von regionalen Genussprodukten zur Verfügung.

Links oben: BIOHOF THOMAY IN OBERWEIDEN.

Rechts oben: STRAUSSENFARM IN DEUTSCH-WAGRAM.

Rechts unten: Genuss hoch 2 im Schönwettercafé.
© BAUERNSPEIS, WAGRAM A. D. DONAU.

AB-HOF-VERKAUF IN OBERWEIDEN (links oben) und **LASSEE** (unten). Wer Obst und Gemüse aus der Region kaufen möchte, findet im Marchfeld unzählige Gelegenheiten sowie eine große Produktauswahl.

Vom Marchfelder Markt bis zum Wiener Gemüsekistl

Auch wenn viele Hofläden nicht nur die eigenen Erzeugnisse, sondern bereits ein schönes Sortiment aus unterschiedlichen Produktsparten anbieten: Eine satte Auswahl an frischen Produkten erhält man auf den drei Genussmärkten der Region. Samstagvormittags kann am Frischemarkt am Groß-Enzersdorfer Hauptplatz im „Delikatessen-Shop unter freiem Himmel" eingekauft werden, ebenso am Frischemarkt des Deutsch-Wagramer Marktplatzes. Freitagvormittags gilt das für die Marktfrisch-Stände am Marktplatz im Zentrum der Bahnstraße von Gänserndorf.

Andere Initiativen der Gemüse- und Obstvermarktung setzen im Gemüseland weitere interessante Trends. „Gemeinsam Landwirtschaften" ist das Bestreben des solidarischen bzw. biologisch-dynamischen Projekts „Ochsenherz". Die 300 Mitglieder beteiligen sich am Pflanzen und Ernten und können ihr Bio-Gemüse dann aus dem Kistl in Gänserndorf oder am Wiener Naschmarkt frei beziehen. Der „Ögreissler" wiederum liefert die Erzeugnisse regionaler Produzenten meist noch am gleichen Tag per E-Auto oder Lastenrad aus – das Marchfelder Gemüse und Obst bleibt auch bei diesem Projekt umweltschonend in der Region. Den Vorreiter der diversen Projekte findet man am Biohof Adamah in Glinzendorf, und zwar nicht nur was die biologische Bewirtschaftung, sondern auch die Direkt-Vermarktung über die berühmten Biokistln betrifft, mit denen er die Hauptstadt erobert hat.

Oben links: FELDARBEIT.
Foto: ADAMAH.
© Thomas Apolt

Oben rechts:
SONNENBLUMENKERNE-AB-HOF-VERKAUF IN OBERWEIDEN. So manches versteckt sich hier hinter einer Hoftür.

Links:
BIOHOF ADAMAH.

Oben und rechts:
Das Biokisterl vom Biohof ADAMAH, das wohl jeder Wiener kennt.
Fotos oben: ADAMAH
© Thomas Apolt

Oben: VERKAUFSSTELLE IN GLINZENDORF

Der Hof des „Bio-Pioniers" Gerhard Zoubek ist im Jahr 2021 in die Hand seiner Kinder übergegangen – so wie er im Jahr 1997 selbst den Hof von seinen Eltern übernommen und auf biologische Produktion umgestellt hatte. Der Name ist Programm, mit „Adamah" ist im Hebräischen ein „lebendiger" Ackerboden gemeint, der sich nur dann gut entwickeln kann, wenn auf die Vielfalt der gepflanzten und gesäten Kulturen geachtet wird.

Aus einem Pionierprojekt hat der Marchfelder Biobauer einen Betrieb mit 200 Mitarbeitern aufgestellt, der vor allem durch seine Bio-Kistln ein Begriff ist, die in Direktzustellung an Endkunden geliefert werden. 8.000 solcher Gemüse- und Obstkistln gehen wöchentlich weg, vor allem in den Großraum Wien. Auch vor Ort kann man sich eindecken, natürlich im eigenen Bioladen und Pflanzenmarkt. Wer mehr möchte als „nur" einkaufen, kann bei Workshops und Betriebsführungen oder beim BioHof-Fest noch tiefer in die Welt des Marchfelder Biogemüses eintauchen.

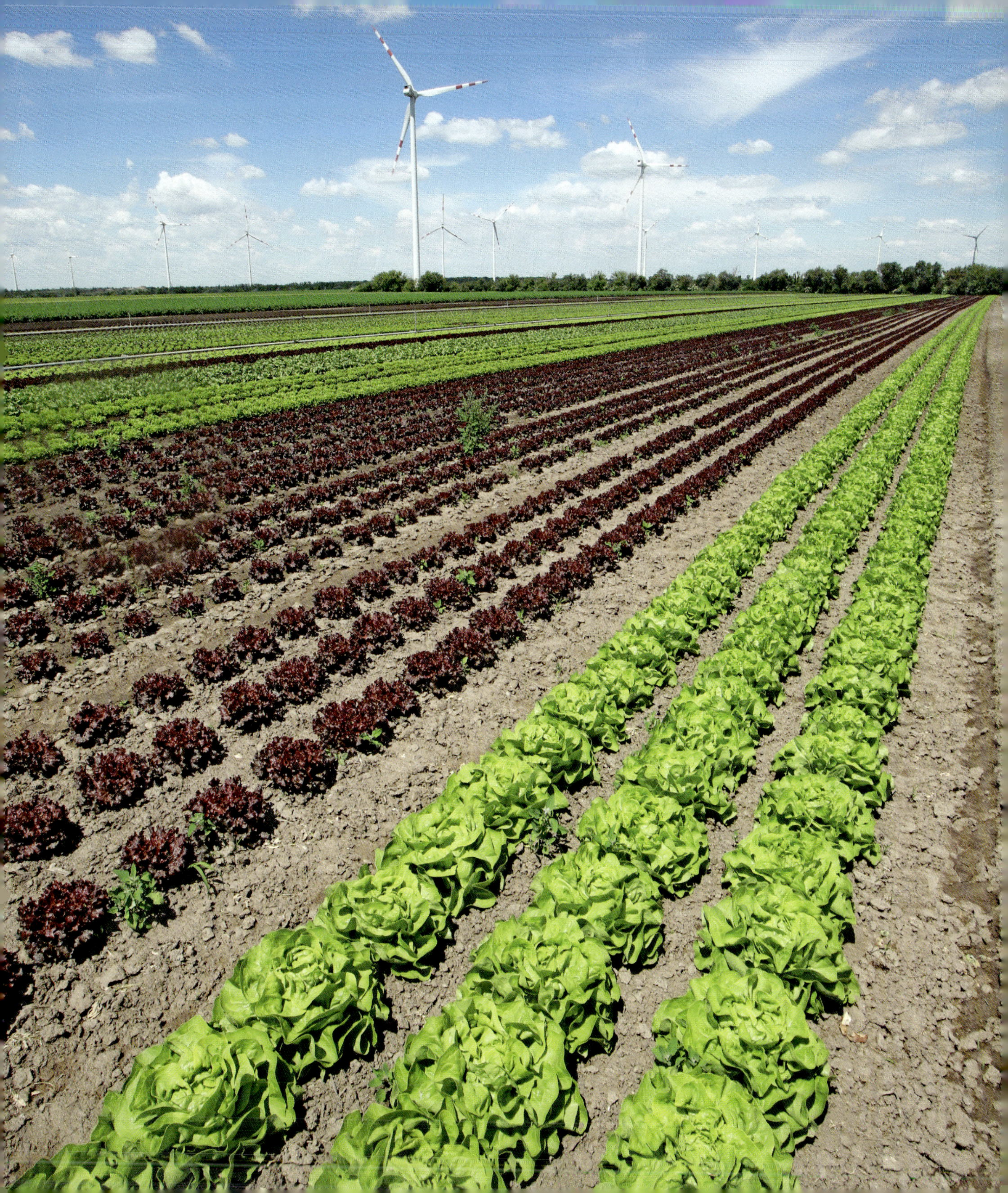

HL. FLORIAN.

GEWIDMET
von FAMILIE
JOSEF & MARIA
MÖRING 1943

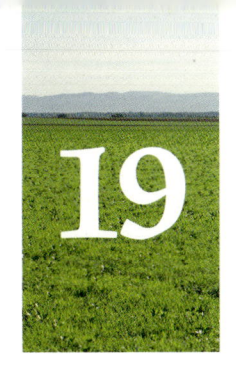

19 VON LAND UND LEUTEN
Und alten Traditionen, die wieder aufleben dürfen

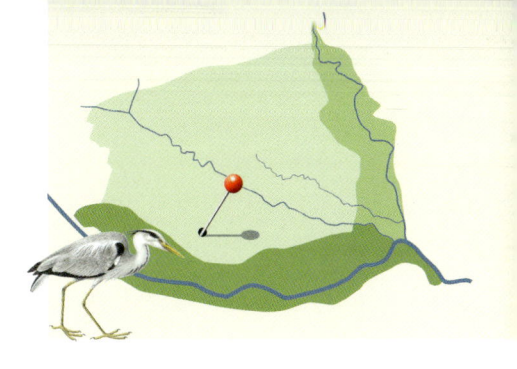

Gemeinde ANDLERSDORF

Gemeinde ANDLERSDORF
Einwohner: 127

Etwas knifflig war die Frage zum Selbstverständnis der Bewohner dieses einzigartigen Landstrichs. Wir tauchen in die Geschichte der Besiedelung ein, lassen altes Brauchtum wieder aufleben – und wollen es schlussendlich wirklich wissen: Was zeichnet die Marchfelder aus?

Wer sind die Marchfelder?

Noch so ein verträumtes Kleinod im Marchfeld, mit 127 Einwohnern die zweitkleinste Gemeinde Niederösterreichs und auf die Fläche bezogen die kleinste überhaupt. Andlersdorf ist eines der früheren Kroatendörfer – eine Besonderheit der Region, die man sonst nur mehr im Mittelburgenland findet, wenn auch dort Sprache und Volkszugehörigkeit noch hochgehalten werden. Außergewöhnlich ist auch der Zusammenhalt der Andlersdorfer: Der Sportverein soll hier mehr Mitglieder haben als der Ort selbst. Was die Frage aufwirft: Wer sind die Marchfelder eigentlich – und wo kommen sie her?

Die Marchfelder sind keine Weinviertler, auch wenn sie im Sinne der niederösterreichischen Vierteleinteilung mit diesen in einen Topf geworfen werden. Man fährt auch heute noch „hinauf" ins Weinviertel, genauso wie die Nachbarn von oben „herunter" ins Marchfeld kommen. Ein Selbstverständnis als „Marchfelder" möchte sich manchmal schwer einstellen, speziell an der Wiener Ausfallstraße der B 8, an der sich die „Schlafstädte" aufreihen, die sich gerade in den letzten zwanzig bis dreißig Jahren durch den Zuzug der Pendler immens vergrößert haben. Die Anbindung an die Bundeshauptstadt ist entlang der Nordbahnlinie einfach zu gut.

Welcher Gänserndorfer ist schon in die kleinen Dörfer im Süden des Marchfelds gefahren, wenn ihn nicht gerade die Fußballspiele der unteren Klassen dorthin gelockt haben? In Groß-Enzersdorf drückt man immerhin heute in der früheren Außenstelle des Gänserndorfer Gymnasiums die Schulbank (seit dem Schuljahr 2017/18 ist das Gymnasium eigenständig) oder shoppt im „Marchfeld Center" am Stadtrand zu Wien. Die öffentliche Anbindung nach Wien, damals eine kleine „Weltreise", ist von Groß-Enzersdorf heute noch

Linke Seite:
KIRCHE LASSEE. Fenster in der Pfarrkirche, die dem Schutzpatron der Feuerwehrleute gewidmet ist. Die Glasmalereien stammen aus der Mitte des 20. Jahrhunderts.

immer nicht besonders gut ausgebaut. Immerhin gibt es die Buslinie 26A – die einzige Wiener Buslinie, die über die Stadtgrenze hinausführt. Eine Zugverbindung existiert bis heute nicht.

Und sonst? Lässt sich, abgesehen vom „Marchfelder Spargel", irgendetwas finden, das die Regionsbezeichnung im Namen trägt? Heute feiert man die „Sommernacht der Marchfelder" in Schloss Hof, seit Kurzem werden die „Marchfelder Gemüseprinzessin" sowie der „Marchfelder Bio-Gemüseprinz" gekürt (natürlich im Marchfelderhof, wo sonst) und, immerhin, im Amateurfußball findet sich, ganz unten, die „2. Klasse Marchfeld". Also alles nicht so einfach mit dem Selbstverständnis der Marchfelder. Eigentlich waren es ja die Bayern, die das Marchfeld einst dauerhaft besiedelten. Als Grenzland war es eine Region, die auch immer im Austausch mit den Slawen im Osten stand.

Das weite Land wird kolonisiert: Die Bayern erobern das Marchfeld

Die ersten Bewohner des Marchfelds betrieben bereits in der Bronzezeit Ackerbau und Viehzucht, später war der Landstrich von Illyrern, Kelten und Germanen bevölkert. Nach dem Sieg über die Awaren unter Karl dem Großen entstanden im 8. und 9. Jahrhundert die ersten planmäßig errichteten kleinen Weiler und Einzelhöfe. Richtig kolonisiert wurde das Land zwischen dem 11. und 13. Jahrhundert zur Zeit der Landnahme durch bairische Klöster. Wie die Ansiedlungen entlang der Donau wurden auch viele Ortschaften im Marchfeld von den Bistümern Passau, Regensburg oder Freising (später Stift Melk und Wiener Schottenstift) planmäßig angelegt.

Unten: DETAIL AN DER KIRCHE LASSEE.

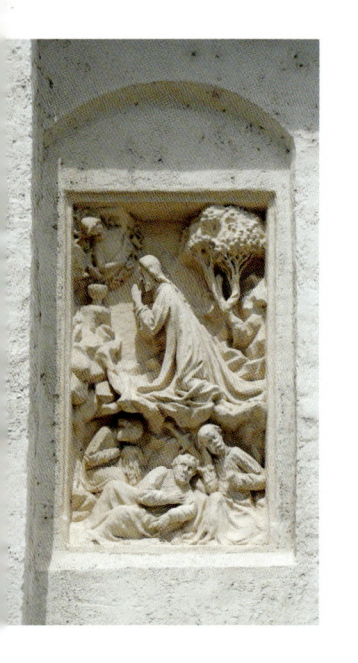

Aus dem Jahr 1021 ist die Schenkung der „insula Sahsonaganc" Kaiser Heinrichs II. an das Kloster Weihenstephan bekannt, aus dem das heutige Groß-Enzersdorf sowie Probstdorf, Rutzendorf, Wittau, Schönau und Oberhausen, Mannsdorf, Raasdorf und Pysdorf, Großhofen, Glinzendorf sowie Markgrafneusiedl und Orth hervorgingen. Kurz darauf wurde die Schenkung an Freising übertragen, mit dem das „Stadtl" noch bis vor 200 Jahren herrschaftlich verbunden war. Das Marchfeld selbst wurde erstmals im Jahr 1058 in einer Schenkungsurkunde Kaiser Heinrichs IV. an das Kloster Ebersberg erwähnt, als von einer Hochzeit auf dem „Marahafelt" die Rede war.

Die Ostkolonisation lief gleichzeitig mit der Christianisierung des Donauraums ab – und zwar auch dort, wo der Herrschaftsbereich der Deutschen auf jenen der Magyaren traf. Mit der Gründung des Königreichs Ungarn im Jahr 1.000 brachen auch hinter der Grenzlinie neue Zeiten an.

Nach den Grundherren siedelten sich die Bauern samt ihren Familien im weiten Landstrich an. Den in der Grenzmark errichteten Wehrdörfern, die heute als wunderschöne Angerdörfer von der alten Besiedelungsgeschichte erzählen, haben wir uns ja bereits auf Seite 236 gewidmet. Neben den heutigen Marchfeldschlössern, die in den meisten Fällen einst als Grenzfesten angelegt wurden, fallen im Marchfeld aber auch die Wehrkirchen auf, die vor allem

Schutzfunktion für die Bevölkerung hatten. Die Kirche bildete das Zentrum der Gemeinde und war Sammelpunkt und Treffpunkt nicht nur bei feierlichen Anlässen. Von allen Punkten des Ortes aus war der Kirchturm zu erblicken, und als Zufluchtsort trotzte dieser Feuer und Hochwasser und bot zumindest zeitweise Schutz vor kriegerischen Einfällen.

Die mächtige Pfarrkirche Maria Schutz in Groß-Enzersdorf, von deren Wehrturm und heutigem Kirchturm schon Erzherzog Carl auf die französischen Truppen in der Lobau hinuntergeschaut hat, wurde trotz Beschuss durch die Franzosen nie zerstört. Genauso wie in Groß-Enzersdorf war die Pfarrkirche Lassee, die durch ihre eindrucksvolle Fassade glänzt, ein Wehrbau des 13. Jahrhunderts, der erst nach der Bedrohung durch Kuruzzen und Türken im 17. Jahrhundert barockisiert wurde. Der einstige Wall mit Mauer und Schießscharten ist heute nicht mehr vorhanden. In Untersiebenbrunn stehen Reste der Wehrmauern rund um den Friedhof noch da, auch wenn der barocke Kirchenbau die alte Wehrkirche ersetzt hat. Interessant sind auch die Kirchenhügel im Marchfeld, so zum Beispiel in Kopfstetten,

Oben: KIRCHE LASSEE. Die einstige Wehrkirche wurde nach den verheerenden Einfällen von Türken und Kuruzzen Ende des 17. Jahrhunderts barockisiert. Sie war einst von einem doppelten Wall und einer Wehrmauer umgeben.

KIRCHE LASSEE. Die Wehrkirche wurde im 12. Jahrhundert vom Babenberger Markgraf Leopold III. dem Heiligen zur Sicherung der Grenzmark im Osten gegründet und dem Stift Melk vermacht.

wo die örtliche (Wallfahrts-)Kirche auch die Funktion im Namen trägt – Maria Schutz thront auf einem ziemlich imposanten Kegel. Auch die Kirchenruine in Markgrafneusiedl steht erhöht. Den Hausberg von Schloss Sachsengang haben wir ja bereits auf Seite 17 kennengelernt.

Wo noch bis in die Mitte des 20. Jahrhunderts Kroatisch gesprochen wurde

Einen weiteren Bevölkerungsschub brachte die Zuwandererwelle nach der ersten Türkenbelagerung. Wobei: Von einem Zuwachs kann man bei einer entvölkerten Region nicht sprechen, die sich in der Mitte des 16. Jahrhunderts menschenleer und verlassen zeigte.

Diesmal ging die Besiedelung nicht von bairischen Klöstern aus – es waren Kroaten, die sich auf der Flucht vor den Türken im südlichen Marchfeld niederließen. Als Folge entstanden mehrere Kroatendörfer wie zum Beispiel Andlersdorf. Bis in die Mitte des 19. Jahrhunderts hinein waren die Mehrzahl der Einwohner in Dörfern wie Zwerndorf, Breitensee, Eckartsau oder Kopfstetten Kroaten, noch bis zur Mitte des 20. Jahrhunderts wurde in Loimersdorf von Teilen der Bevölkerung Kroatisch gesprochen. Wagram an der Donau grenzte sich einst als „Kroatisch Wagram" (bzw. Chrowat Ogrun) von der heutigen Stadt im Norden des Marchfelds ab, und auch auf der anderen Seite der March hatte das heutige Devínska Nová Ves als „Kroatisch Neudorf" bis ins 18. Jahrhundert die Herkunft seiner Bewohner im Namen. Heute ist im Marchfeld nur mehr manch kroatischer Familienname übrig geblieben. Anders als im Burgenland, wo sich im Bezirk Oberpullendorf noch heute Orte mit mehrheitlich Burgenlandkroaten finden, wird im Marchfeld nicht mehr Kroatisch gesprochen.

Von anderen Bewohnern, die nicht nur im Marchfeld einen gewaltigen Bevölkerungsrückgang erleiden mussten, erzählen die jüdischen Friedhöfe der Region. Traurig ist die Geschichte von Deutsch-Wagram und Marchegg: Der Friedhof der erstgenannten Gemeinde wurde von den Nationalsozialisten enteignet und ist heute verwildert und verschlossen. Jener der zweiten ist zwar neben dem Ortsfriedhof zugänglich, aber auch hier existieren keine Grabsteine mehr. Auf beiden findet sich heute nur mehr ein Gedenkstein. Am jüdischen Friedhof in Groß-Enzersdorf befinden sich noch einige verwilderte Grabstellen. In gutem Zustand zeigt sich jener in Gänserndorf, der in den 1990er Jahren saniert wurde. In der Bahnstraße existiert auch noch das Gebäude der einstigen Synagoge.

Ausflug in die Urgeschichte an der alten Bernsteinstraße

Die Bernsteinstraße in ihrem Marchfelder Abschnitt ist wohl jedem Archäologen bekannt – und heute auch vielen Kindern. „Betty Bernstein" sind die Ausflugsziele entlang des alten Verkehrswegs gewidmet. Und auch dort, wo das Marchfeld ins Hügelland des Weinviertels übergeht, findet sich eine archäologische Besonderheit an einem Ort, an dem seit knapp 150 Jahren durchgehend Ausgrabungen gemacht werden.

Seit 30.000 Jahren ist Stillfried ununterbrochen besiedelt und gilt als einziger Ort Österreichs, an dem es aus allen Kulturepochen, von der Altsteinzeit bis in die Neuzeit hindurch, Funde gibt. Ob es sich dabei um Steingeräte und Schmuck der Rentierjäger handelt, oder um

JÜDISCHER FRIEDHOF GÄNSERNDORF. Einer von vier jüdischen Friedhöfen im Marchfeld, die heute das Andenken bewahren. Die 63 erkennbaren Gräber können im Rahmen von Führungen besichtigt werden.

Die Bernsteinstraße

KULTURDENKMAL
CULTURAL PROPERTY
BIEN CULTUREL
КУЛЬТУРНОЕ ДОСТОЯНИЕ
STILLFRIED - Zentrum der Urzeit
Museum für Ur- und Frühgeschichte
Ausgrabungsdokumentation
Öffnungszeiten: April - 15. November
Mittwoch, Samstag, Sonn- und Feiertag
13:30 - 17:30 Uhr
(letzter Einlass 17:00 Uhr)

Grabungs-
technik

Das ZENTRUM DER URZEIT IN STILLFRIED am Rand des Marchfelds, das eine 30.000-jährige Besiedlungsgeschichte aufweist und den größten Elfenbeinschmuck Österreichs aus der Altsteinzeit beherbergt.

Keramik oder Metallgegenstände aus der Bronzezeit, von Kelten, Römern oder Germanen. Im „Zentrum der Urzeit" kann man eine kleine Zeitreise in die Vergangenheit erleben.

Auch wenn dem Museum, das in der alten Schule aus 1884 untergebracht ist, selbst bereits etwas Staub anzuhaften scheint. Auch wenn hier keine multimedialen Inhalte locken. Das Museum darf sich seit 2021 als eines von nur 41 von 700 niederösterreichischen Museen mit dem Museumsgütesiegel zieren und hat sich somit durchaus einen Besuch verdient – gerade mit Kindern. Neben dem Urzeitbrot, das selbst gebacken werden darf, können auch historische Gewürzweine nach römischen oder mittelalterlichen Rezepten verkostet werden. Auch Bernstein- und Mammutschmuck gibt es zu kaufen. Nur den größten Elfenbeinschmuckfund Österreichs aus der Altsteinzeit geben sie in Stillfried nicht mehr her.

273

Rechts und rechte Seite:
HUBERTUSKAPELLE, BREITSTETTEN.
In der erst im Jahr 1989 eingeweihten Jagdkapelle wird jedes Jahr im Herbst eine Hubertusmesse gefeiert. Jagdhornbläser leiten die Jagd an der Kapelle ein.

Altes Brauchtum, das heute wieder aufleben darf

Eine Tradition aus dem bäuerlichen Jahreskreis, die im ganzen Land gefeiert wird, darf natürlich auch in der Korn- und Gemüsekammer Österreichs nicht fehlen. Ende September, Anfang Oktober werden nach wochenlanger Arbeit die Kirchen für das Erntedank-Fest geschmückt. Auf die Tradition als Kornkammer Österreichs bezieht sich auch die neue Marchfeld-Tracht, die auf ihrem Dirndlstoff unter anderem Getreideähren zeigt. Die Volkstanzgruppe Marchfeld ziert sich noch mit der alten Arbeitstracht in blau-kariertem Oberteil und weiß-rot gestreifter Schürze. Die alte Festtracht in Seide oder Brokat wurde bis über die Regionsgrenzen hinaus zum Beispiel auch früher vom Singkreis Hohenau getragen.

Und natürlich ist auch die Jagd wichtig im Marchfeld. Die Landstriche rund um Obersiebenbrunn, Schloss Hof und Orth wurden von Prinz Eugen und den Habsburgern als Jagdgebiete genutzt, und nicht zuletzt hat sich der letzte österreichische Kaiser in Zeiten der Lebensmittelknappheit sein Jagdschloss in Eckartsau auch aufgrund des Nahrungsangebots in den Donau-Auen als Rückzugsort ausgesucht. Zeugnisse davon zieren bis jetzt das Land – in der Hubertuskapelle von Breitstetten werden noch heute Hubertusmessen gefeiert.

Eine andere Tradition im Marchfeld widmet sich der Pferdezucht. Wer einmal durchs Land gefahren ist, wird die unzähligen Reiterhöfe bemerkt haben, von denen wir bereits auf Seite 144 erzählt haben. In

Oben:
MARIABRÜNDLKAPELLE. Der 15 Kilometer lange Pilgerweg ins slowakische Marianka beginnt unweit von Schloss Hof in Groißenbrunn. Eine alte Tradition, die im Jahr 2014 wieder aufleben durfte.

Schloss Hof existiert ein eigener Reit- und Fahrverein, der an das k.u.k. Reit- und Fahrlehrinstitut zu Beginn des 20. Jahrhunderts erinnert. Auch heute wird beim Barockschloss am Ende des Sommers noch groß aufgetrabt. Und weil wir schon dort sind: Gleich hinter den sieben Terrassen des Barockgartens führt der Weg ins Grenzland, auf dem eine andere Marchfelder Tradition wieder aufgenommen wurde.

Seit 2014 kann man wieder am alten Pilgerweg nach Marianka, dem ältesten und bedeutendsten Wallfahrtsort der Slowakei, wandern – zum Beispiel im September bei der Marchfelder Herbstwallfahrt. Auf 15 Kilometern führt die Strecke von der Groißenbrunner Mariabründlkapelle nach Schloßhof und über die Fahrradbrücke der Freiheit nach Devínska Nová Ves sowie weiter nach Záhorská Bystrica. Zu Zeiten der Monarchie machten sich bis zu 50.000 Men-

MARIABRÜNDLKAPELLE. Von der einstigen Wallfahrtskapelle ist heute nur mehr eine Marienstatue übrig geblieben. Das Quellwasser soll bei Augenleiden und Viehkrankheiten helfen.

schen täglich auf den Weg ins alte Oberungarn nach Mariatal (oder Marienthal), dessen einstige Bedeutsamkeit man heute mit Mariazell vergleichen kann.

Ein kurzer Abstecher zur Mariabründlkapelle lässt sich bei der Fahrt nach Schloss Hof schon einlegen – liegt diese in Groißenbrunn doch quasi am Weg. Keine drei Minuten vom Autoabstellplatz entfernt überrascht ein kleiner Platz mit riesigem Wasserbecken. Schon Prinz Eugen nutzte das Wasser der hier entdeckten Quelle für die Springbrunnen in Schloss Niederweiden und baute die erste Kapelle vor Ort. Heute findet sich hier nur mehr eine Marienstatue – aber auch ein guter Ausblick auf die Felder und den gleich hinter der Quelle anschließenden Wald. Trinken sollte man das Wasser nicht. Aber wer weiß, schaden kann es ja nicht, sich das Gesicht zu benetzen: Ob es wirklich gegen Augenleiden hilft?

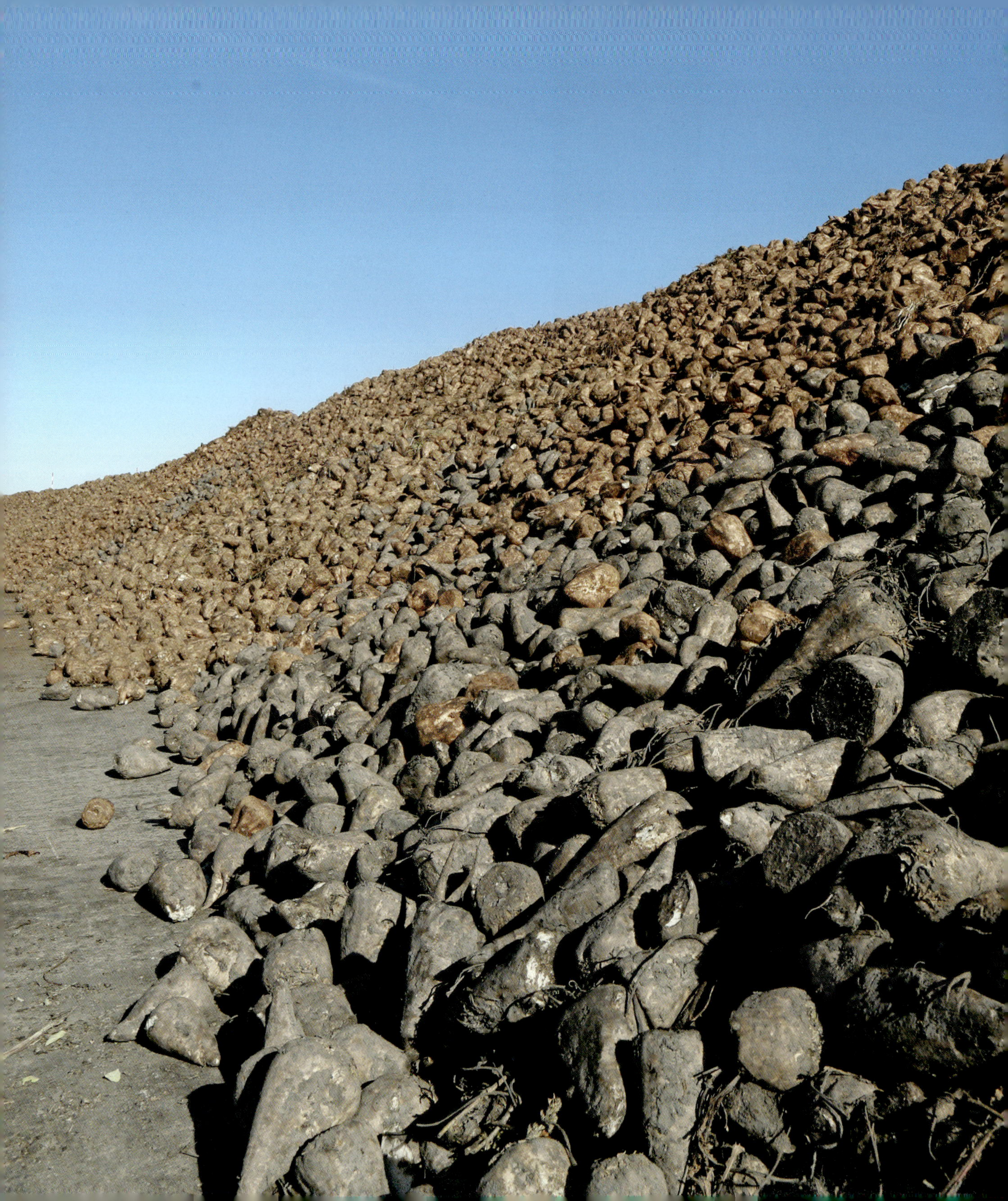

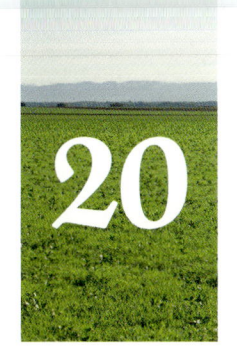

20 WO DAS LEBEN ZUCKERSÜSS IST
Die letzte Kampagne, die die Stellung hält

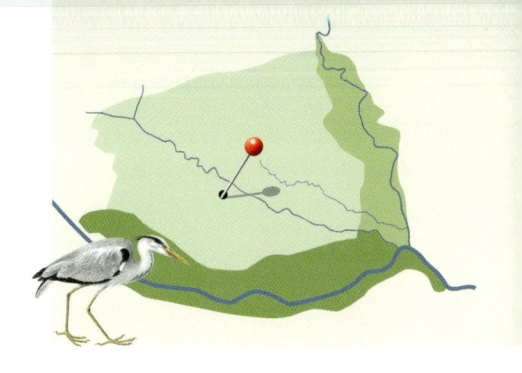

Marktgemeinde LEOPOLDSDORF IM MARCHFELDE

Sie waren bedeutende Arbeitgeber für die ganze Region, die Zuckerfabriken von Leopoldsdorf, Dürnkrut und Hohenau. Nur eine ist davon übrig geblieben, die heute noch den Glanz alter Zeiten erahnen lässt. Was hat es mit den Zuckerrüben auf sich? Neben ihrer Bedeutung als Wirtschaftsfaktor haben sie einfach auch das Landschaftsbild der Region geprägt.

Marktgemeinde LEOPOLDSDORF IM MARCHFELDE

Einwohner: 2.893

Katastralgemeinden *(alphabetisch)*

Breitstetten
Leopoldsdorf i. M.

Ein Wurzelgemüse von österreichweiter Bedeutung

Das Marchfeld als Landschaftsraum: unendliche Weiten, die sich beim Blick über die flache Ebene eröffnen. Das hatten wir schon einmal, man schlage auf den Seiten 108 und 141 nach. Unendliche Weiten tun sich aber auch im Herbst auf, wenn die Zuckerrüben geerntet und in endlos langen Reihen auf den Rübenplätzen aufgeschüttet werden. Dann wissen die Marchfelder: Es ist „Kampagne" in der Leopoldsdorfer Zuckerfabrik, also die Zeit der Rübenverarbeitung, die sich von Oktober bis etwa Ende des Jahres zieht. Für gute drei Monate wird sich hier die Welt nur um die süßen Seiten des Lebens drehen, nämlich um die Erzeugung des Wiener Zuckers. Das Marchfeld ist eines der österreichischen Hauptanbaugebiete der Zuckerrübe.

Mittendrin in der Rübengegend liegt nun Leopoldsdorf im Marchfelde. Im Park des Ortszentrums kann man den Brunnen nicht übersehen, der das Wappen der Gemeinde (die goldene Ähre) sowie den Hinweis auf die Verbundenheit mit dem Lehensträger, dem Minnesänger Tannhäuser, zeigt. Die Fassade des daneben liegenden Rathauses zierten einst Motive von Bauern und der Kirche – aber auch die Zuckerfabrik samt ihren Arbeitern. Dieser verdankt das einstige Wehrbauerndorf viel. Heute ist Leopoldsdorf im Marchfelde eine große Industriegemeinde mit etwa 2.900 Einwohnern.

Wo unterm Jahr Flohmärkte stattfinden, werden zwischen September und Dezember (Haupternte ist Mitte Oktober) auf den Plätzen von Oberweiden, Lassee und Engelhartstetten Tonnen von Rüben abgeladen, die dort auf ihren Abtransport in die Leopoldsdorfer Zuckerfabrik warten.

Oben: ZUCKERRÜBE. *Aquarell: B. Wegscheider.*

Linke Seite: RÜBENPLATZ IN OBERWEIDEN.

Oben: RÜBENPLATZ DER ZUCKERFABRIK LEOPOLDSDORF. Meterhoch türmen sich im Herbst die Rüben auf und warten auf ihren Weitertransport.

Rechte Seite: ZUCKERFABRIK LEOPOLDSDORF. An- und Abtransport der Zuckerrüben zur Verarbeitung. Rund sieben Kilo Rüben ergeben ein Kilo Zucker.

Aber auch in Schloss Hof stolpert man über den Zucker. Zwar nicht physisch, dennoch erfährt man dort, dass das weiße Kristall auch am Wiener Hof nicht unbedeutend war. Zum viertägigen Barockfest, das im Jahr 1754 zu Ehren Maria Theresias und Franz Stephans von Lothringen veranstaltet wurde (und dazu dienen sollte, das Schloss an diese zu verkaufen), wurden Kunstwerke aus Zucker dargereicht – wie zum Beispiel ein Dessert, dessen süße Skulpturen die zwölf Monate zeigten. Das Spektakel samt Wasserschlachten und Feuerwerk war von Erfolg gekrönt und Maria Theresia erwarb das Schloss für ihren Gatten. Wiener Zucker ist auch heute noch Teil der österreichischen Mehlspeiskultur – man denke an das Café Demel, das noch immer stolz den Zusatz „K.u.K. Hofzuckerbäcker" im Namen trägt.

Ein (letzter) wichtiger Arbeitgeber im Marchfeld

Der erste „Wiener Würfelzucker" sowie der Beginn der industriellen Herstellung von Zucker stammt aus dieser Zeit: Seit der Mitte des 19. Jahrhunderts wird Zucker nicht mehr aus dem importierten Zuckerrohr der Kolonien, sondern aus heimischen Zuckerrüben gewonnen. Zuckerfabriken waren keine Seltenheit wie heute, allein in Böhmen soll es 119, in Mähren 54 Fabriken gegeben haben. Von den fünf niederösterreichischen Zuckerfabriken ist heute neben Leopoldsdorf nur noch der Standort in Tulln übrig geblieben. Interessant ist die Geschichte der früheren k.k. priv. Ungereigner Zuckerfabrik, die von 1870 bis 1947 in Betrieb und eine Zeit lang sogar die größte der Welt war. Der alte Fabriksschlot im heutigen Záhorská Ves ist aus dem gegenüberliegenden Angern gut zu sehen. Etwas nördlich davon war

ZUCKERFABRIK LEOPOLDSDORF. Die letzte Zuckerfabrik im Marchfeld hält noch ihre Stellung. „Kampagnezeit" ist zwischen Oktober und Jahresende.

die Zuckerfabrik von Dürnkrut von 1844 bis 1977 im Einsatz. In Hohenau stand das Aus des großen Arbeitgebers erst im Jahr 2006 an. Im Jahr 1867 war die Fabrik errichtet worden, in den 1950er Jahren waren noch gut 1.300 Arbeiter beschäftigt, von denen bei ihrer Schließung nur noch knapp 200 übrig geblieben waren.

Die Zuckerfabrik in Leopoldsdorf nahm ihren Betrieb erst im Jahr 1901 auf, zuerst als Rohzucker-, nach dem Ersten Weltkrieg als Weißzuckerfabrik. Heute wird dort Zucker für die weiterverarbeitende Industrie produziert. Die Rüben stammen aus dem Marchfeld, dem Wiener Becken und aus dem Burgenland. Aktuell sind an die 150 Mitarbeiter in Leopoldsdorf beschäftigt. Das Werk gehört zur Agrana, dem einzigen Zuckerhersteller Österreichs, der im Jahr 1988 aus der Fusion der niederösterreichischen Zuckerhersteller hervorging und sich vom nationalen Zucker- und Stärkeproduzenten bis zum internationalen Nahrungsmittelkonzern mit 9.000 Mitarbeitern mit Sitz in Wien entwickelt hat.

VOM RÜBENFELD AUF DEN MITTAGSTISCH:
Der Weg des Zuckers

Das Thema Zuckerrübe ist im Marchfeld durch die drohende Schließung der Leopoldsdorfer Zuckerrübenfabrik mittlerweile emotional besetzt. Ernteschäden durch den Rüsselkäfer wie im Jahr 2018 haben viele Rübenbauern auf andere Feldfrüchte umsteigen lassen. Durch Förderungen konnte die Zahl der niederösterreichischen und Wiener Rübenbauern im Jahr 2021 wieder auf 4.700 steigen – und damit auf fast so viele wie im Jahr 2016. Das Thema wird die Rübenbauern sowie die Arbeiter der Leopoldsdorfer Zuckerfabrik aber noch weiter beschäftigen.

Noch riecht es nach süßer Melasse während der Kampagne. Pro Tag werden dabei in jedem der beiden österreichischen Werke rund 12.500 Tonnen Rüben verarbeitet – etwa 240 Eisenbahnwaggons zu je 50 Tonnen, was je nach Dauer der Kampagne eine Menge von insgesamt bis zu drei Millionen Tonnen pro Jahr ergibt. Die Marchfelder Zuckerfabrik liegt nicht im Ort selbst, sondern am Bahnanschluss zwischen Leopoldsdorf und Obersiebenbrunn. Auf der einen Seite stechen die hohen Silotürme des Lagerhauses

ZUCKERSILOS.
In Leopoldsdorf ist es Industriezucker, der in den riesigen Speichern für die Weiterverarbeitung zwischengelagert wird. Speisezucker, auch unter der Marke „Wiener Zucker" bekannt, wird im Werk der AGRANA in Tulln hergestellt.

hervor, auf der anderen lassen die mächtigen runden Zuckersilos der Agrana erahnen, welche Mengen an Industriezucker hier gelagert werden. Bei unserem Besuch ist die Kampagne gerade voll im Gange. Traktoren laden den Inhalt ihrer Anhänger auf dem schon gut gefüllten Rübenplatz ab, und die Förderanlage schafft dabei immer wieder neuen Platz. Aus den silbrigen Schloten entweichen weiße Dampfwolken – nur der alte Ziegelkamin ist schon in Pension gegangen. Was nicht fehlen darf im Ensemble? Natürlich das Gasthaus zur Zuckerfabrik. Es wird für sein Speiseangebot nur einen Bruchteil der bis zu 480.000 Tonnen Zucker, die von den Zuckerfabriken hergestellt werden, benötigen – einer Menge, die den österreichischen Jahresbedarf im Moment noch deckt.

Was man braucht, um ein Kilo Zucker herzustellen? Rund sieben Kilo der bis zu 30 Zentimeter großen und 700–800 Gramm schweren Rüben mit einem Zuckergehalt zwischen 15 und 20 Prozent. Das begehrte weiße Gold wird über die Maische der gewaschenen und in Schnitzel geschnittenen Feldfrüchte gewonnen. Der eingedickte Saft kristallisiert und wird in Zentrifugen geschleudert. Übrig bleibt der getrocknete und in Silos gelagerte Zucker. In Tulln übrigens im zweitgrößten Zuckersilo Europas mit einem Fassungsvermögen von rund 70.000 Tonnen. Dort ist es wirklich noch der Speisezucker, der danach den Weg zu den Küchentischen der Österreicher antritt.

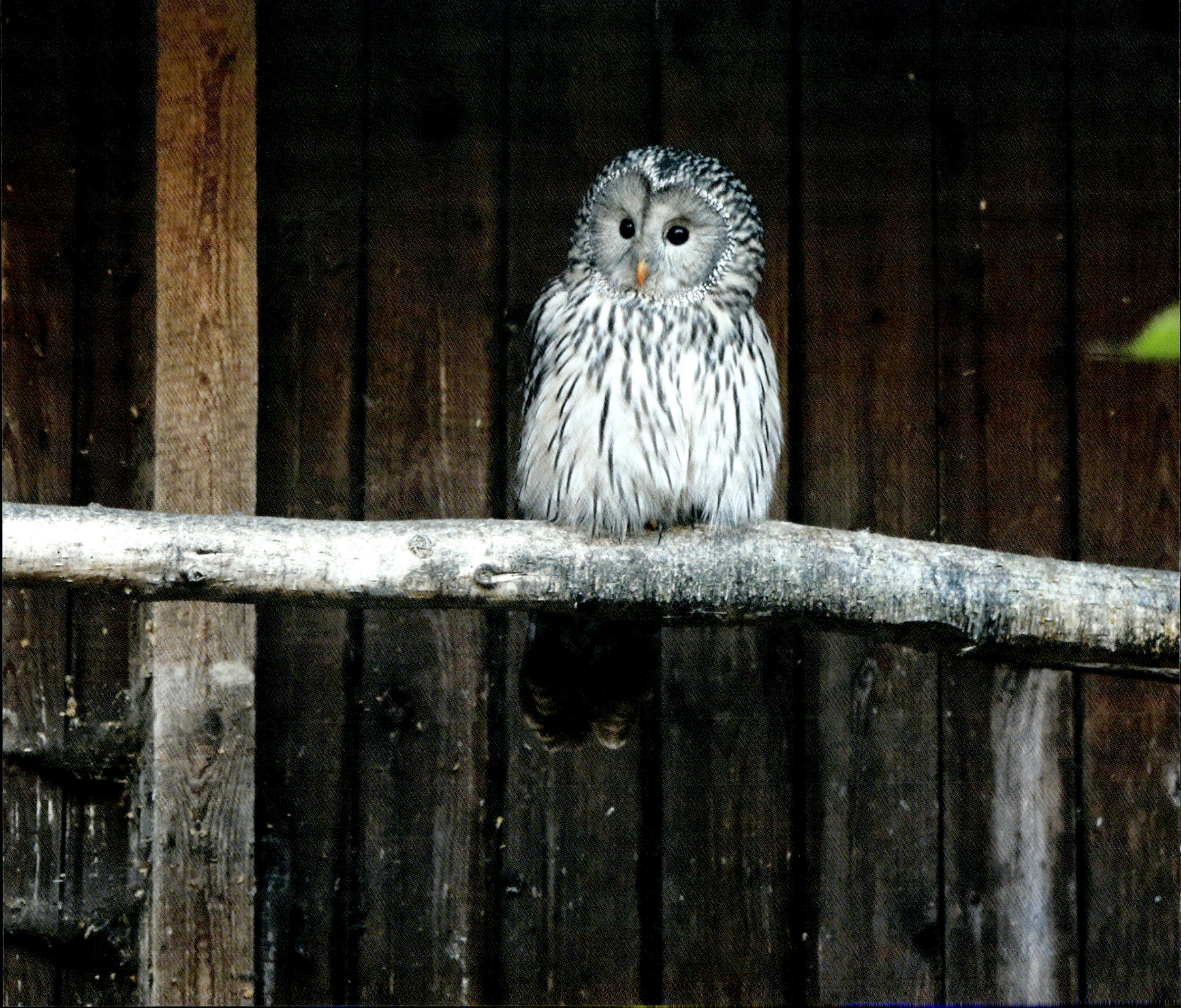

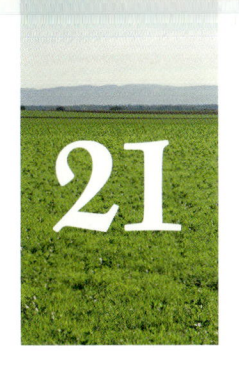

21 ARTENREICHTUM WIE SONST NIRGENDWO
Seltene Auwald- und Steppenbewohner

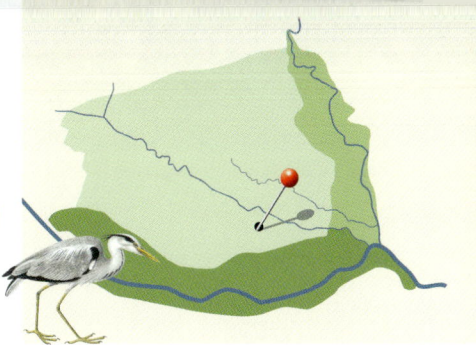

Gemeinde HARINGSEE

Geschützte Fauna und Flora in den Donau- und Marchauen sowie eine besonders angepasste Tier- und Pflanzenwelt in den Lebensräumen der Sanddünen und Trockenrasengebiete: Unerwartet zeigt sich das Marchfeld als besonderer Naturraum, der von feucht bis heiß alle Stückln spielt – nicht nur für Biologen interessant!

Letztes Refugium nicht nur für seltene Tiere

Vor Haringsee verlässt der Marchfeldkanal-Radweg den Rußbach, um über eine großräumige Umfahrung dem Trappenschutzgebiet auszuweichen, das sich nördlich des Orts ausbreitet. In der gut 1.150 Einwohner zählenden Gemeinde überraschen aber auch andere Einrichtungen: das Kulissenlager für Staats- und Volksoper, Burg- und Akademietheater, weiters ein Bücherspeicher der Nationalbibliothek – sowie die Eulen- und Greifvogelstation.
Ob Waldohreulen, Seeadler mit gebrochenen Flügeln oder aus dem Nest gefallene Waldkauze: Seit dem Jahr 1975 werden hier verunfallte oder verwaiste Wildvögel bis zu ihrer Genesung aufgepäppelt. Mehr als 70 Volieren auf 12.000 Quadratmetern bieten heute vorrangig Eulen oder Greifvögeln, aber auch anderen Wildtieren Schutz. Vögel, die nicht mehr in die Freiheit entlassen werden können, kümmern sich als Ammeneltern um die Aufzucht verletzter Jungvögel. Aber auch Feldhasen, Fledermäuse oder beschlagnahmte Schildkröten sind in der Auffang- und Pflegestation zu finden. In der Eulen- und Greifvogelstation Haringsee, in der bereits Prinz Philip als Präsident des World Wildlife Fund International zu Gast war, ist seit mehreren Jahren die Tierschutzorganisation der Vier Pfoten an Bord. Auch wir durften einen Blick hinter die sonst zum Schutz der Tiere verschlossenen Türen wagen.
Nördlich von Haringsee sichert der WWF in einem weiteren Projekt den Bestand des schwersten flugfähigen Vogels Europas. Die brachliegenden Äcker bieten Brutplatz und Lebensraum für die bis zu 16 Kilogramm schwere Großtrappe, die in der Marchfelder Ebene mit ihrem rotbraunen Kleid perfekt getarnt ist – wenn die Männchen nicht gerade bei der Balz die weiße Unterseite ihres Flügelgefieders auffällig nach oben richten.

Gemeinde HARINGSEE

Einwohner: 1.170

Katastralgemeinden *(alphabetisch)*

Fuchsenbigl
Haringsee
Straudorf

Oben: WALDOHREULE.
Aquarell: B. Wegscheider

Linke Seite:
HABICHTSKAUZ IN DER GREIFVOGELSTATION HARINGSEE. Asyl für schutzbedürftige Wildtiere.

285

286

Links: GREIFVOGELSTATION HARINGSEE. Mehr als 70 Volieren auf 12.000 Quadratmetern für verunfallte Eulen und Greifvögel, aber auch andere Wildtiere.

Unten: TRAPPENSCHUTZGEBIET HARINGSEE. Geschützter Lebensraum für den schwersten flugfähigen Vogel Europas. Das Trappenschutzgebiet wird am Marchfeldkanal-Radweg großräumig umfahren.

Unerwartet findet sich in der Agrarlandschaft dieser trockenen Ebene ein unglaublicher Artenreichtum – nicht nur bei der Großtrappe oder dem Triel, der in den Schottergruben von Markgrafneusiedl brütet. Das Trappenschutzgebiet ist Teil des Vogel- und Natura-2000-Schutzgebiets „Sandboden und Praterterrasse", das sich im östlichen Marchfeld auf 16.000 Hektar rund um Haringsee ausbreitet. In den Sandbergen von Oberweiden haben wir bereits das zweite Europaschutzgebiet des Marchfelds, die „Pannonischen Sanddünen", kennengelernt sowie die Weikendorfer Remise und die Wacholderweide Obersiebenbrunn (siehe auch Seite 112). Neben diesen Trockengebieten kommen im Marchfeld noch die Schutzgebiete der Donau- und Marchauen hinzu sowie weitere kleinere Zonen am Rand der Marchauen und weitere in der Gegend rund um Lassee. Auch der Schlosspark Obersiebenbrunn steht unter Schutz.

Vor allem in den Aulandschaften von Donau und March dürfen sich seltene Arten noch in einen geschützten Lebensraum zurückziehen. Das Marchfeld gilt als eine der Regionen mit der höchsten Biodiversität Österreichs. Was zu der Frage führt: Welche Pflanzen- und Tierarten haben ihre Heimat zwischen Donau und March sowie Stadt und Land gefunden – und welche davon lassen sich ohne großen Aufwand entdecken?

Zuallererst sind das ganz klassische Bewohner von Feld, Steppe oder Waldrand wie Kaninchen, Feldmaus, Feldhase, Rebhuhn, Fasan und Fuchs. Ziesel findet man in den Sandbergen von Oberweiden, aber auch in der Gartenanlage von Schloss Hof. Rund um die Flusslandschaften lassen sich Auhirsche und Rehe sowie Eichhörnchen und Spechte, Reiher und Kormorane erspähen.

Oben: FELDHASE und FELDMAUS. *Aquarelle: B. Wegscheider*

Ganz oben: ZIESEL und SUMPFSCHILDKRÖTE.

Oben: DOHLE.
Aquarell: B. Wegscheider

Wer am Aussichtsturm von Schloss Orth etwas genauer unter die Dachbalken lugt, wird Spuren der dort brütenden Turmfalken und Dohlen sowie der Grauen Langohren (einer Fledermausart) entdecken. Tauben, die sich gerne in den Belüftungsrohren der Lagerhaustürme aufhalten, zeigen sich dann meist von ganz alleine.

Von der Sumpfschildkröte bis zum Bienenfresser an den Donau-Auen

Je mehr der Auwald sich selbst überlassen wird und wieder von der Donau durchströmt wird, desto eher kehren auch die früheren Aubewohner wieder zurück. Der Nationalpark bietet heute Heimat für über 800 Pflanzen, über 30 Säugetier- und 100 Brutvogelarten, 60 Fisch-, 8 Reptilien- und 13 Amphibienarten. Im Totholz nisten sich Insekten, Käfer, Spechte und Fledermäuse ein, und die vom Flusswasser neu überspülten Uferbereiche und Schotterbänke zeigen mit Indikatortieren wie dem Flussregenpfeifer die neue Gewässergüte an. Der optisch markante Eisvogel mit seinen auffällig blauen Kopf- und Flügelfedern und dem rostroten Körper ist ebenso auf frisch angerissene Ufer angewiesen und nutzt diese für seine Bruthöhlen.

Auch Tiere, die bereits ausgestorben waren, sind in die Donau-Auen zurückgekehrt. Knapp hundert Jahre nachdem der letzte Biber bei Fischamend erlegt worden war, wurde er 1976 zwischen Orth und Eckartsau wieder angesiedelt. Und auch die Europäische Sumpfschildkröte weist heute wieder eine intakte Population auf. Dem Artenschutzprojekt, das der WWF gemeinsam mit dem Tiergarten Schönbrunn seit 2007 betreibt – über 400 Patenschaften wurden dafür geworben – verdanken wir in den Donau-Auen heute rund 1.500 Exemplare. Für die Nachwuchsförderungen werden Wiesen gemäht und Ruhezonen geschaffen, und auch das Gelege wird mit Gittern vor Fressfeinden geschützt. Wer das Maskottchen des Nationalparks Donau-Auen sehen möchte, fährt am besten ins Nationalparkzentrum nach Schloss Orth und besucht dort die Schlossinsel. Von Groß bis Klein sonnen sich hier einige Vertreter im Gehege, Ende August kommen die frisch geschlüpften Schildkröten dazu, die gerade mal so groß wie eine 2-Euro-Münze sind. Auch der Seeadler war im 20. Jahrhundert bereits ausgerottet und holt sich nun in den Donau-Auen wieder bis zu acht Kilogramm schwere Fische und Wasservögel aus der oberen Wasserschicht. Bei einer Größe bis zu 95 Zentimetern und einer Flügelspannweite bis zu zweieinhalb Metern ist das kein Problem. In den Donau-Auen leben nun einige Brutpaare. Auch in den March-Thaya-Auen hat er einen ruhigen Lebensraum gefunden, in dem er nicht gestört wird.

Der Bienenfresser lebt sowohl an der Donau als auch in den Trockenräumen des Marchfelds. Der exotische Vogel mit der türkisen Brust und gelben Kehle ist zwischen Mai und August dort zu finden, wo er Brutröhren bauen kann: in neu angerissenen Steilwänden entlang der Donau bei Haslau, in der ehemaligen Sandgrube von Lassee oder in den Hängen des Sandbergs am Thebener Kogel.

Oben: WELS.
Aquarell: B. Wegscheider.

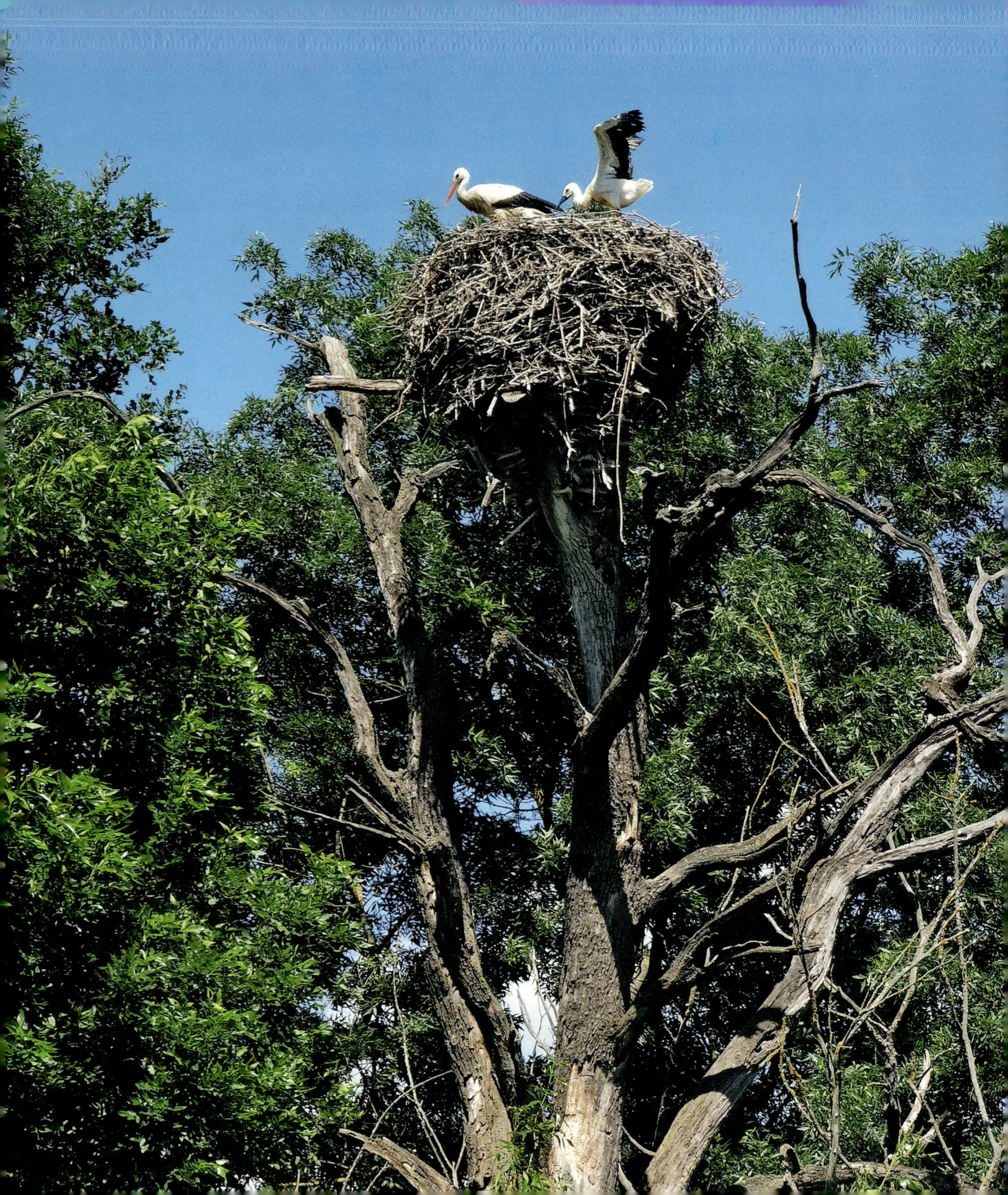

Storchen- und Vogelschau in den March-Thaya-Auen

Welchen Lebensraum bieten nun die March-Thaya-Auen? Auch hier sind neben über 500 bedrohten Tier- und Pflanzenarten Biber und Seeadler wieder zurückgekehrt, im Frühling und Sommer rufen Rotbauchunken markant aus den Tümpeln und Überschwemmungswiesen, und auch Schwarzstorch, Rot- und Schwarzmilan sowie der Eisvogel lassen sich blicken. Mehr als die Hälfte der heimischen Amphibien- und Reptilienarten haben ihren Lebensraum in den Auen an der March.

Die March als Tieflandfluss fließt aufgrund des geringeren Gefälles langsamer als die Donau. Der größte Unterschied zu den Donau-Auen sind aber die Weißstörche, die sich hier rund um die Futterwiesen im WWF-Schutzgebiet von Marchegg niedergelassen haben. Zwischen 40 und 50 Paare sind es pro Saison, die heute wieder auf den alten Eichen der Auen in den Storchenhorsten ihre Kleinen aufziehen. Zwischen drei und fünf Jungstörche warten im Nest auf Nahrung. Bei etwa 1,2 Kilogramm pro Kopf und Schnabel kommen da täglich schon gut fünf Kilogramm zusammen. Direkt gefüttert wird die Nahrung nicht, wie man vielleicht glauben möchte – nur Wasser wird von Schnabel zu Schnabel gereicht. Mitte August machen sich die rund 100 bis 120 Vögel nach Südafrika auf und lassen sich dabei in zwei Kilometer Höhe mit ihrer Flügelspannweite von 2,2 Metern vom Aufwind treiben. Hin und retour eine Strecke von fast 20.000 Kilometern – oder eine halbe Erdumkreisung. Neben den Störchen kann man in Marchegg auch die Konik-Pferde, eine alte Wildpferd-Rasse, bewundern, die für die Beweidung der Futterwiesen angesiedelt wurden. Und auch das Naturschutzgebiet „Kleiner Breitensee" bietet in Marchegg Schutz für Zugvögel.

Im Norden der March-Thaya-Auen findet sich übrigens ein weiteres Refugium für zahlreiche Vögel und Amphibien – in diesem Fall wurde das Feuchtgebiet sogar vom Menschen selbst geschaffen. Am Kühlteich der ehemaligen Hohenauer Zuckerfabrik kann man heute zahlreiche Zugvogelarten von der Plattform der vogel.schau.plätze aus beobachten. Wer mehr wissen möchte, kommt an Sommerwochenenden zur Vogelberingung des Vereins Auring in – wie könnte es anders sein – Ringelsdorf.

Oben:
SMARAGDEIDECHSE und GROSSER TEICHMOLCH.
Aquarelle: B. Wegscheider

Links:
KONIKPFERDE IN MARCHEGG.
Foto: © WTG_Schwarz-König und Sinzinger

291

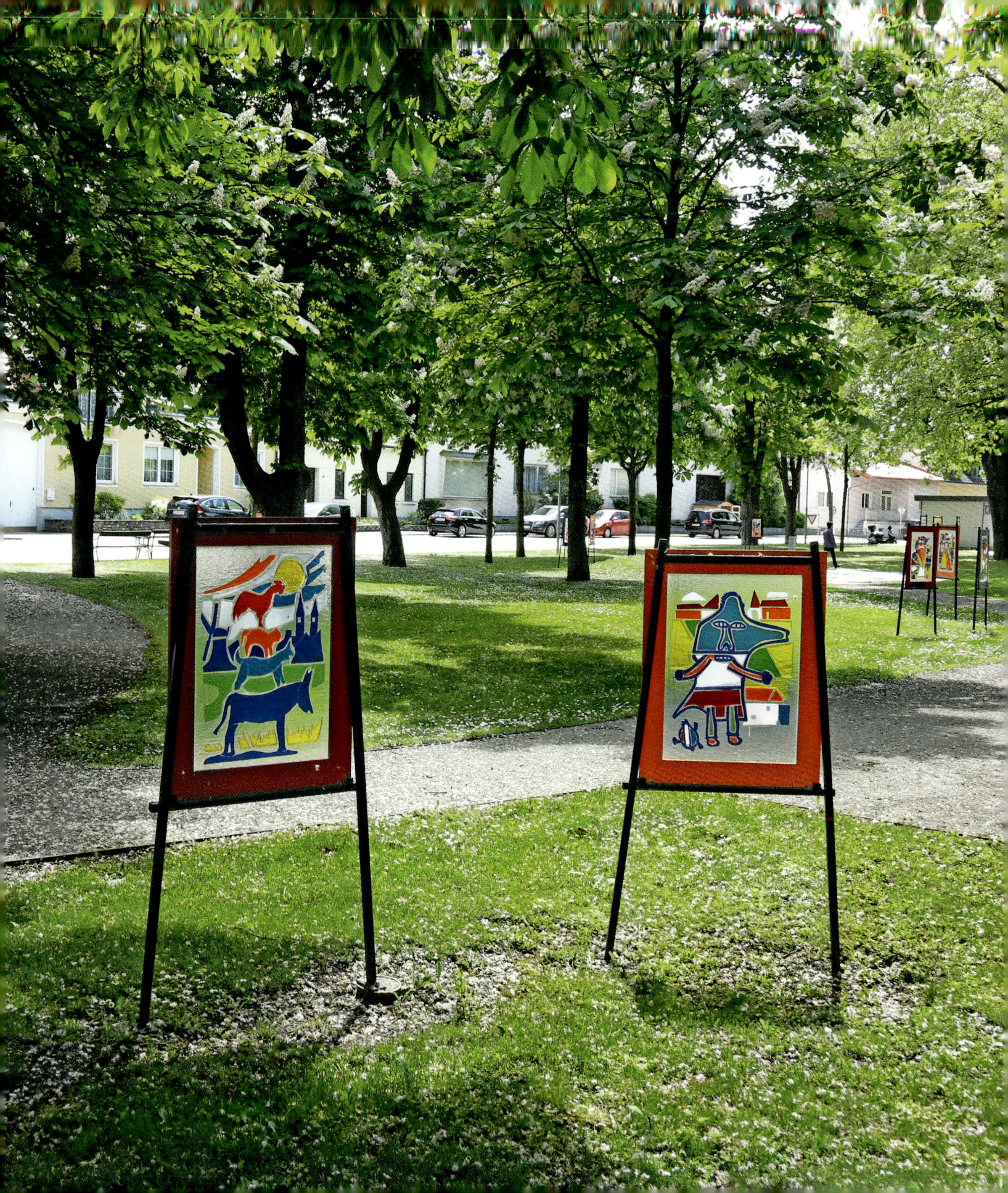

22 KUNST & KULTUR ZWISCHEN WIEN UND BRATISLAVA
Das Marchfeld geigt auf

Marktgemeinde LASSEE

Was lässt einen verzückt staunen, wenn man im Marchfeld übers Land fährt? Große Konzert- und Theatersäle fehlen, auch wenn die regionale Kunst- und Kulturszene recht umtriebig ist. Dem Ausflügler fallen bei seinem Besuch wohl eher die kuriosen, aber auch liebevollen Installationen auf, die in Gänserndorf und Lassee ihre jeweils eigenen Geschichten erzählen.

Marktgemeinde LASSEE
Einwohner: 2.952
Katastralgemeinden *(alphabetisch)*
Lassee
Schönfeld i. Marchfeld

Der europäische Gedanke am Dorfanger von Lassee

Der Marchfeldkanal-Radweg folgt nach Haringsee wieder dem Rußbach, um ihn bei Niederweiden in Richtung Schloss Hof zu verlassen. Wir aber wenden uns beim Stempfelbach dem Herzen des Marchfelds zu und fahren in Richtung Lassee weiter. Der Weg führt zuerst am Erholungszentrum mit seinen 14 Seen vorbei, danach an der heute barockisierten, einstigen Wehrkirche im Zentrum der 2.950 Einwohner zählenden Gemeinde, die wir bereits auf Seite 269 kennengelernt haben. Wenden wir uns hier nach Norden, zeigt sich ein weiterer Ort, der das Typische der Region im Namen trägt. Auch Schönfeld im Marchfeld ist eines jener typischen Angerdörfer im Marchfeld inmitten der zahlreichen „schönen Felder".

Am auffälligsten zeigt sich aber der Anger von Lassee selbst. Schön ist auch dieser, aber noch schöner ist das Kunstprojekt, dem sich der „Weinviertelkünstler" Gottfried „Laf" Wurm gewidmet hat, der in Lassee Wohnsitz und Atelier in einem alten Bäckerhaus hat. Der Maler und Grafiker ist bekannt für seine Landschaftsmotive aus der Region, die er in klaren Linien festhält: ob als Federzeichnung oder Aquarell, Linol- oder Holzschnitt, Ölbild – oder auch als Glasbild.

Am alten Dorfanger von Lassee leuchten die vom Glaskünstler Martin Suritsch erschaffenen Glasbilder, die

Linke Seite:
EUROPAPARK LASSEE. Ein schönes Projekt des Weinviertelkünstlers Gottfried „Laf" Wurm, aber vor allem wunderbare Kunstwerke von vielen europäischen Volksschulkindern.

294

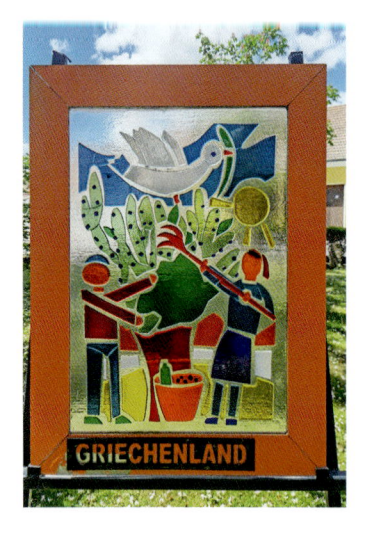

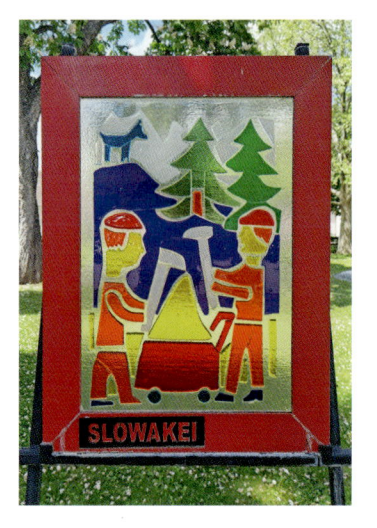

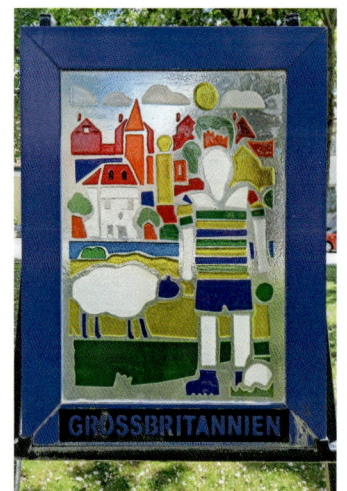

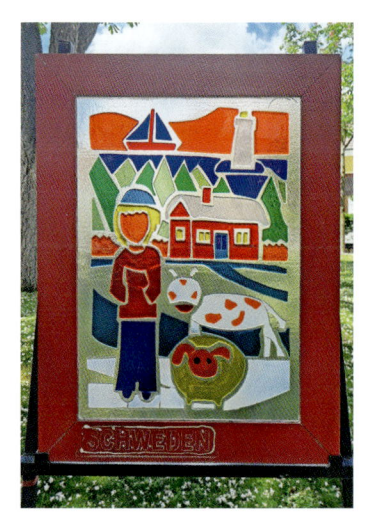

Gottfried Laf Wurm bearbeitet hat, sogar in der Nacht. Der schöne Anger mit Spielplatz trägt den europäischen Gedanken sogar im Namen: Der Europapark ist nicht nur Projekt des Weinviertelkünstlers, sondern vor allem von Volksschulkindern aus allen EU-Ländern. Jedes der Bilder wurde von einem Kind aus einem anderen Land entworfen. Was für eine schöne Idee, die dadurch noch umso mehr dazu einlädt, den Dorfanger von Lassee genauer zu betrachten.

EUROPAPARK LASSEE. Neben den Glasbildern zeigt sich auch in der weiteren Gestaltung des Dorfangers, wie schön beschaulich es in den Gemeinden des Marchfelds zugeht.

KLEIN, FEIN UND REGIONAL:
Die Marchfelder Kunstszene

Die Glasbilder im Lasseer Europapark kann man bei einer Tour durch das Marchfeld nicht übersehen. Doch welche Veranstaltungen locken in die Region östlich von Wien, und was gibt es an Kunst im Marchfeld zu sehen und zu hören?
Von der Philharmonie Marchfeld, dem Sinfonieorchester mit Sitz in Gänserndorf, das laut Selbstbeschreibung „steilen Klang ins flache Land" – und nicht nur nach Schloss Hof – bringt, haben wir bereits berichtet. Das Orchester, das sich hauptsächlich aus Gänserndorfern zusammensetzt, spielt Konzerte mit einem Repertoire von der Barockzeit bin in die Moderne.
Klassische Musik im Marchfeld veranstaltet das KiM, unter anderem bei Konzerten in Schloss Orth oder Eckartsau. Im einstigen Gefängnis von Groß-Enzersdorf wird „Kultur im Kotter" gemacht, das Programm im „Kultur-Wohnzimmer der Marchfelder" reicht von Lesungen über Theatervorführungen bis zum Filmklub und Kabarett. Das KUMST,

Kulturzentrum Marchfeld Strasshof, bietet Künstlern von Jazz bis Theater Bühne und Raum, und BAUERs Bühne in Obersiebenbrunn bringt Veranstaltungen von Musik über Lesungen bis zum Kabarett. Mit Kulinarik lassen sich diese auch im KU.BA im Marchfeld vereinbaren – und zwar im Gasthaus Breinreich in Wittau, Teil der Stadtgemeinde Groß-Enzersdorf. Weitere Theater- und Kulturgruppen runden das Angebot ab.

Kunst aus der Region zeigt das Kunst.Lokal in Groß-Enzersdorf, ebenso das alte Feuerwehrzeughaus in Weikendorf als „Kunstraum", der von außen frei einsehbare Ausstellungen präsentiert. Bei der Sommerszene Gänserndorf chillt man zu Musik und Kulinarik, beim Höfefest zeigen die Marchfelder Tracht – und Künstler aller Sparten, was Groß-Enzersdorf in punkto Kunst und Kultur, Musik und Kulinarik anzubieten hat.

Das „Stadtl" bringt daneben noch seine Lage im Spannungsfeld zwischen Großstadt und Naturraum ins Spiel: Beim „Konzert in der Au" lauscht man Klassik-Klängen am Rande der Flusslandschaft, während beim Filmfestival „Suburbinale" der Stadtrand den thematischen Bezug setzt. Weitere Spielorte liegen neben Groß-Enzersdorf auch in der Seestadt Aspern sowie in Essling.

EIN ORT ALS GESAMTKUNSTWERK:
Von Säulen, Gänsen und einem verrückten Marathon

Was bleibt dem Ausflügler, der sich keine Karte für die oben genannten Veranstaltungen reserviert hat? Immerhin eine spontane kleine Tour durch Gänserndorf als Schmalspur-Variante des Marchfelder Kulturlebens. Man kann die Inszenierung in der Bezirkshauptstadt nämlich nicht übersehen – auch wenn man nur auf der Durchreise ist.

PROTTESER TOR. Detailansicht der Darstellung eines Bohrkerns, die im Maßstab 1:1000 die geologischen Formationen des Standorts wiedergibt.

Fangen wir mit den „Stadttoren" an, die in den 1990er Jahren an den Ortseinfahrten Gänserndorfs errichtet wurden. Aus Schönkirchen kommend fährt man in die alte Gänsetreiberstadt durch zwei Säulen ein, die an den Schlot der alten Ziegelfabrik erinnern. Beim Protteser Tor zeigen die Säulen im Maßstab 1:1000 die geologischen Schichten einer zehn Kilometer langen Tiefenbohrung. Südlich von Gänserndorf wurden die Säulen des Safaripark-Tors in den Kreisverkehr des Stadtteils Gänserndorf-Süd verfrachtet. Zebra, Leopard, Tiger, Elefant, Okapi, Axishirsch und Giraffe erinnern noch heute an den beliebten Freizeitpark – und auch diese Säulen wurden vom Künstler Manfred H. Bauch errichtet.

Links oben:
PROTTESER TOR. Die Säulen dieses „Einfahrtstores" nach Gänserndorf erinnern daran, dass sich unweit davon mit dem Matzner Feld das größte geschlossene Erdölfeld Mitteleuropas befindet.

Links unten:
KREISVERKEHR GÄNSERNDORF SÜD. Die sieben Säulen zeigen das Fell bzw. die Haut von Zebra, Leopard, Tiger, Elefant, Okapi, Axishirsch und Giraffe.

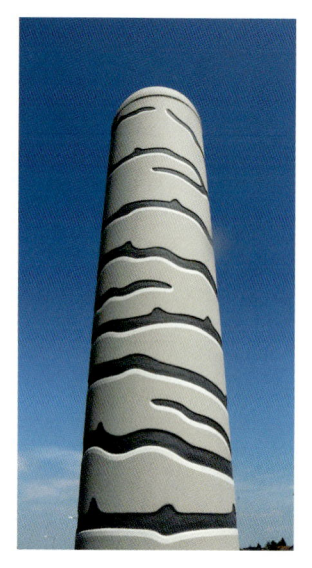

Oben: KREISVERKEHR GÄNSERNDORF SÜD. Tierfellmuster erinnern an den alten Safaripark, der im Jahr 2004 für immer seine Tore schließen musste.

Im Lauf der Jahre kamen weitere Kunstwerke als „Säulenwald" vor der Volksschule oder als „Lichtwächter" am Friedhof dazu. Und auch der „Gänsemarsch", der als Rundweg vom Stadtzentrum zum Landschaftspark führt, soll von Info-Gänsesäulen eingefasst werden. Generell ist Gänserndorf voller Gänse: Ob es die echten im Landschaftspark sind oder jene, die im Stadtzentrum an vielen Stellen als überlebensgroße Figuren aufgestellt wurden. Jeder, der einmal in der Bahnstraße – Einkaufsstraße Gänserndorfs – unterwegs war, wird die originellen Werbeträger bewundert haben, die sich im Gegensatz zu ihren richtigen Artgenossen nicht vor dem bekannten Gänserndorfer Martinifest zu fürchten haben.

Aber auch in manchen Gänserndorfer Kreisverkehren findet man die Gänse. Eines dieser Verkehrsleitsysteme sticht allerdings besonders hervor, vor allem dann, wenn man es von oben betrachtet. Vier Rennbahnen samt Start- und Ziellinie wurden in der „Laufbahn" vor der Marchfelder Bank aufgemalt, die schon einmal zu einem kuriosen Sportprojekt verführte. Der Extremsportler Rainer Predl absolvierte hier im Jahr 2020 in 4 Stunden, 25 Minuten und 1 Sekunde einen kompletten Marathon. Und das in insgesamt 1.828 Runden.

GÄNSERNDORF. „Gans der Gans verschrieben" hat sich die Bezirksstadt nicht nur im Stadtwappen. Mit zahlreichen Gänsefiguren wird man auch im Stadtzentrum des alten Gänsetreiberdorfs an den Ursprung von „Genstribindorf" erinnert.

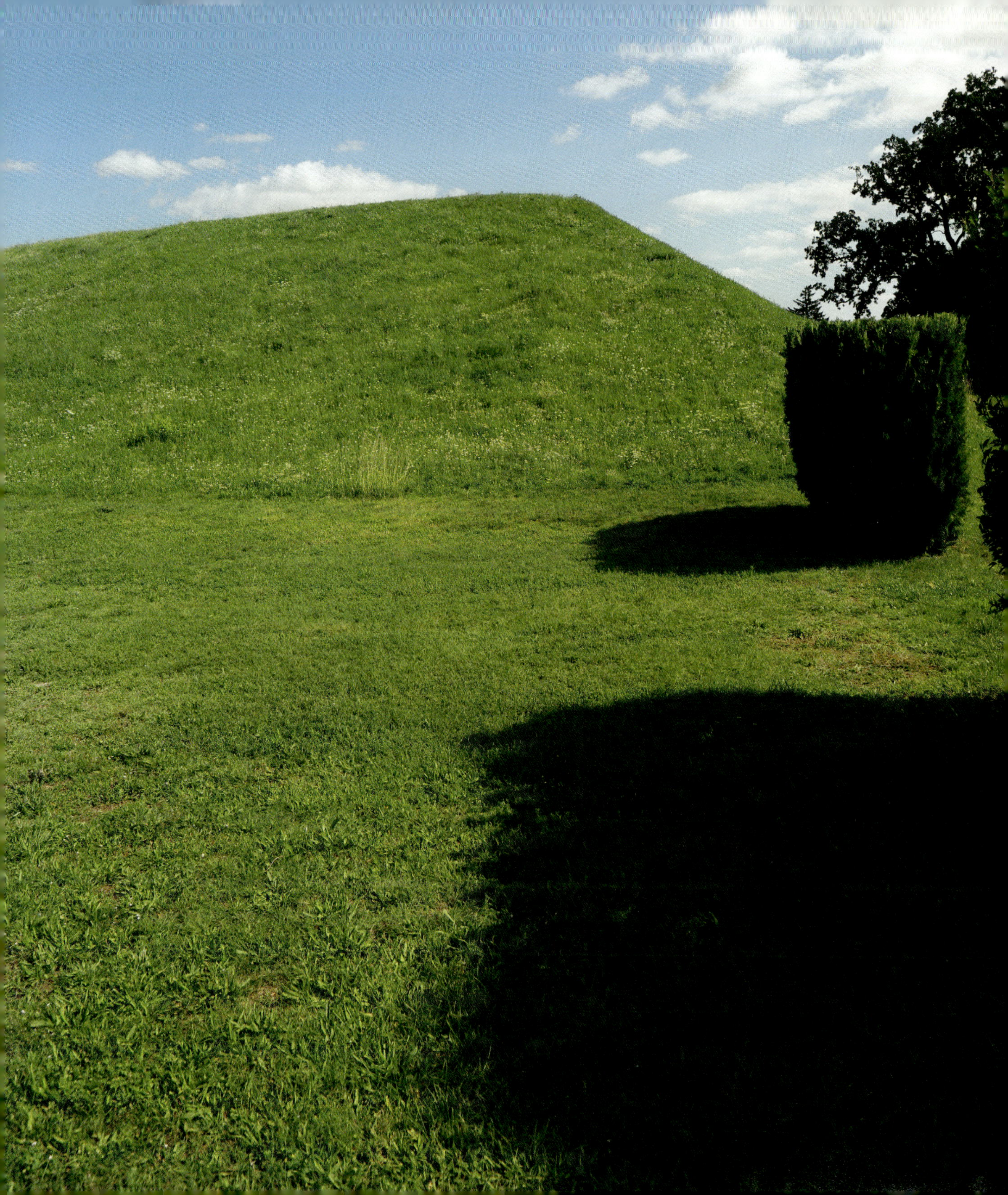

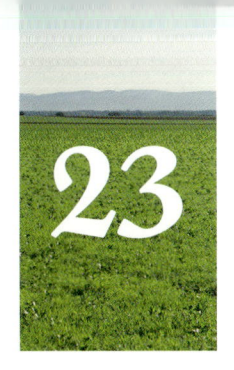

23 EIN TRAUM FÜR ALLE, DIE KURIOSES LIEBEN
Das gibt es nur im Marchfeld

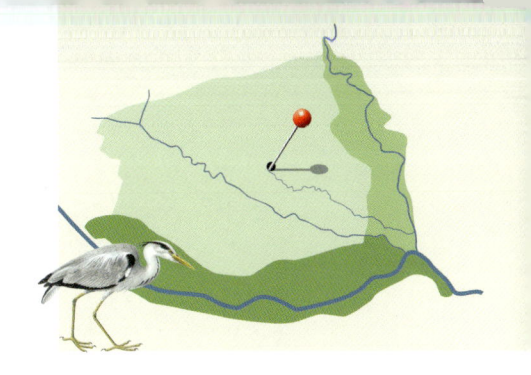

Gemeinde UNTERSIEBENBRUNN

Warum gibt es gerade im Marchfeld Österreichs erstes und einziges Autokino? Ein paar Meter weiter westlich, und schon läge dieses tatsächlich auf Wiener Stadtgebiet. Wer neugierig ist, entdeckt noch weitere Schmankerln, die man in anderen Regionen Österreichs suchen muss.

Treffpunkt der schnellsten Sportgrößen

Was finden wir, wenn wir dem Stempfelbach von Lassee weiter in Richtung Westen folgen? Die Gemeinde Untersiebenbrunn im Herzen des Marchfelds, die die sieben (also vielen) Quellen des Stempfelbachs im Namen trägt. Die Pfarrkirche, deren Wehrmauern noch heute stehen, haben wir bereits auf Seite 269 erwähnt. Als alte Wehrkirche stellt sie keine unübliche Erscheinung im Marchfeld dar. Neben einem Gräberfund aus dem 5. Jahrhundert gibt es in der gut 1.750 Einwohner zählenden Gemeinde etwas, was ziemlich einzigartig in Österreich ist: die Untersiebenbrunner Windhunderennbahn.

Im Herzen des Marchfelds hat die internationale Kurzstreckenbahn des „Wiener Windhund Rennsport Vereins" ihre Zelte aufgeschlagen. 360 Meter lang ist die Strecke, die die Windhunde von den Startboxen bis zur Ziellinie zurücklegen müssen. Als Hetzhunde nehmen sie nicht die Spur oder Fährte wie andere Hunde auf, sondern verfolgen die Beute auf Sicht – in diesem Fall einen künstlich gezogenen „Hasen". In früheren Zeiten wurden die Windhunde noch bei Jagden eingesetzt, danach wurden für die Ausübung des Sports eigene Parcours geschaffen. Auch heute noch finden die

Gemeinde UNTERSIEBEN-BRUNN

Einwohner: 1.768

Katastralgemeinden *(alphabetisch)*

Neuhof
Untersiebenbrunn

Linke Seite:
RODELBERG STRASSHOF. Man glaubt es kaum: Beim Freizeit-Treffpunkt der Marktgemeinde soll es sich um die höchste Erhebung des Marchfelds handeln.

Rennen bei sogenannten „Coursings" statt – oder auf einer der Windhunderennbahnen, von denen es im Marchfeld noch eine in Marchegg und österreichweit nur noch zwei weitere in Krenglbach (Oberösterreich) und Inzing (Tirol) gibt.

Wo der höchste „Berg" im Marchfeld über der Ebene thront

Vor einigen Jahren beherrschte das Projekt des Marchfeldkogels die öffentliche Meinung. Rund um die Schotter- und Kiesgruben von Markgrafneusiedl war auf 112 Hektar Fläche ein 40 Meter hoher Hügel geplant, der aus Bauschutt aufgefüllt und danach begrünt werden sollte. Von einem „Berg" zu sprechen, wäre wohl etwas übertrieben – aber aus dem Schuttkogel wäre somit die höchste Erhebung des Marchfelds geworden. Das umstrittene Projekt wurde nicht umgesetzt, die Frage bleibt nun aber im Raum stehen: Was ist denn nun die höchste Erhebung des Marchfelds?

Auch wenn die Sanddünen von Oberweiden landschaftlich interessante Höhe-Punkte in der sonst so flachen und eintönigen Ebene des Marchfelds darstellen: Mit maximal 161 Höhenmetern sind sie es nicht. Auch nicht die Kirchenruine Markgrafneusiedl, die am Ausläufer des Kleinen Wagrams leicht erhöht über der Ortschaft thront. Auch nicht die kleine „Hochschaubahn" in Form der Landesstraße, die bei Pysdorf im sonst so flachen Umland über die Schienen der Marchegger Ostbahn führt. Auch nicht der Brückenscheitel der „Brücke der Freiheit" hinter Schloss Hof. Wenn, dann käme wohl eher Schloss Hof selbst in Frage, das auf 163 Metern Seehöhe auf einer kleinen Anhöhe über die Marchniederung hinunterblickt.

Man glaubt es kaum: Bei jenem Punkt, der noch höher liegen soll, handelt es sich tatsächlich um einen „Berg" – wenn auch nur der Strasshofer Rodelberg damit gemeint ist. Ausgerech-

RODELBERG STRASSHOF. Die höchste Erhebung des Marchfelds zeigt ganz klar: Bei diesem Landstrich im Osten Österreichs handelt es sich nicht nur um eine weite, sondern um eine durchgehend flache Ebene.

Linke Seite:
WINDHUNDERENNBAHN UNTERSIEBENBRUNN.
Foto (rechts unten):
©*Tanja Pazdernik*

net er soll die höchste Erhebung des Marchfelds sein. Wie schön, dass der Rodelberg nicht nur im Winter genutzt wird, denn auch bei schönem Wetter versammeln sich am höchsten Punkt des Marchfelds Jung und Alt, ob zum Spielen, BMXen oder zur Strasshofer Sonnwendfeier.

Das erste und einzige seiner Art – und das gerade noch im Marchfeld

Eigentlich lustig, dass es „Autokino Wien" heißt – wo dieses doch genau genommen in Groß-Enzersdorf liegt. Zugegebenermaßen direkt dran an der Stadtgrenze, und zwar dort, wo sich Stadt und Land übergangslos treffen. Somit wäre die Bezeichnung fast wieder korrekt.

Beim Marchfelder Filmtheater handelt es sich um Österreichs erstes und einziges Autokino – auch wenn während der Corona-Pandemie viele Freiluftkinos wie Pilze aus dem Boden geschossen sind. So richtig echt – und retro – gibt es Filmeschauen vom Autositz aus aber nur hier, nämlich seit 1967, wenn auch mit Pausen. Eine Insolvenz im Jahr 2015 zwang das Kino zum Schließen, mittlerweile ist der einstige Lost Place wieder zum Leben erwacht. Im Jahr 2020 sollen mehr als 50.000 Besucher am Groß-Enzersdorfer Stadtrand „geparkt" haben!

Die Bildfläche breitet sich auf riesigen 525 Quadratmetern aus, der Ton kommt direkt übers Autoradio beim Kinobesucher an – und wer möchte, erhält per RDS am Radio Display noch Zusatzinfos zum Film. Optimal also für alle, die sich gerne während des Filmgenusses über das Geschehen unterhalten – oder einfach nur mit der Chipstüte rascheln wollen. Auch der Kinobesuch mit Kind und Kegel (oder Hund) funktioniert so bestens. Kinobuffet gibt's in Groß-Enzersdorf natürlich auch.

AUTOKINO IN GROSS-ENZERSDORF. Eine Legende, die wiederauferstanden ist. In Österreichs erstem und einzigem Autokino erlebt man Retro-Kino-Feeling vom Feinsten. Die Corona-Pandemie verhalf dem Freiluftkino, das seine besten Tage eigentlich schon hinter sich hatte, zu neuem Schwung.

Einzigartig am Wiener Autokino ist das besondere Publikum, das man wohl nur im Marchfeld in einer solchen Vielfalt findet. Damit sind nicht jene Besucher gemeint, die sich schon seit über zwei Jahrzehnten am größten Flohmarkt Österreichs treffen. Nein, dabei handelt es sich um ganz andere Kinogeher. Bereits zum zweiten Mal sind die Marchfelder Bauern mit ihren speziellen Kraftwagen der Einladung gefolgt. 70 Traktoren, ob grün oder rot, zählte man im Jahr 2021, die aus den diversen Marchfeldgemeinden für einen Kinoabend unter freiem Himmel herangetuckert waren.

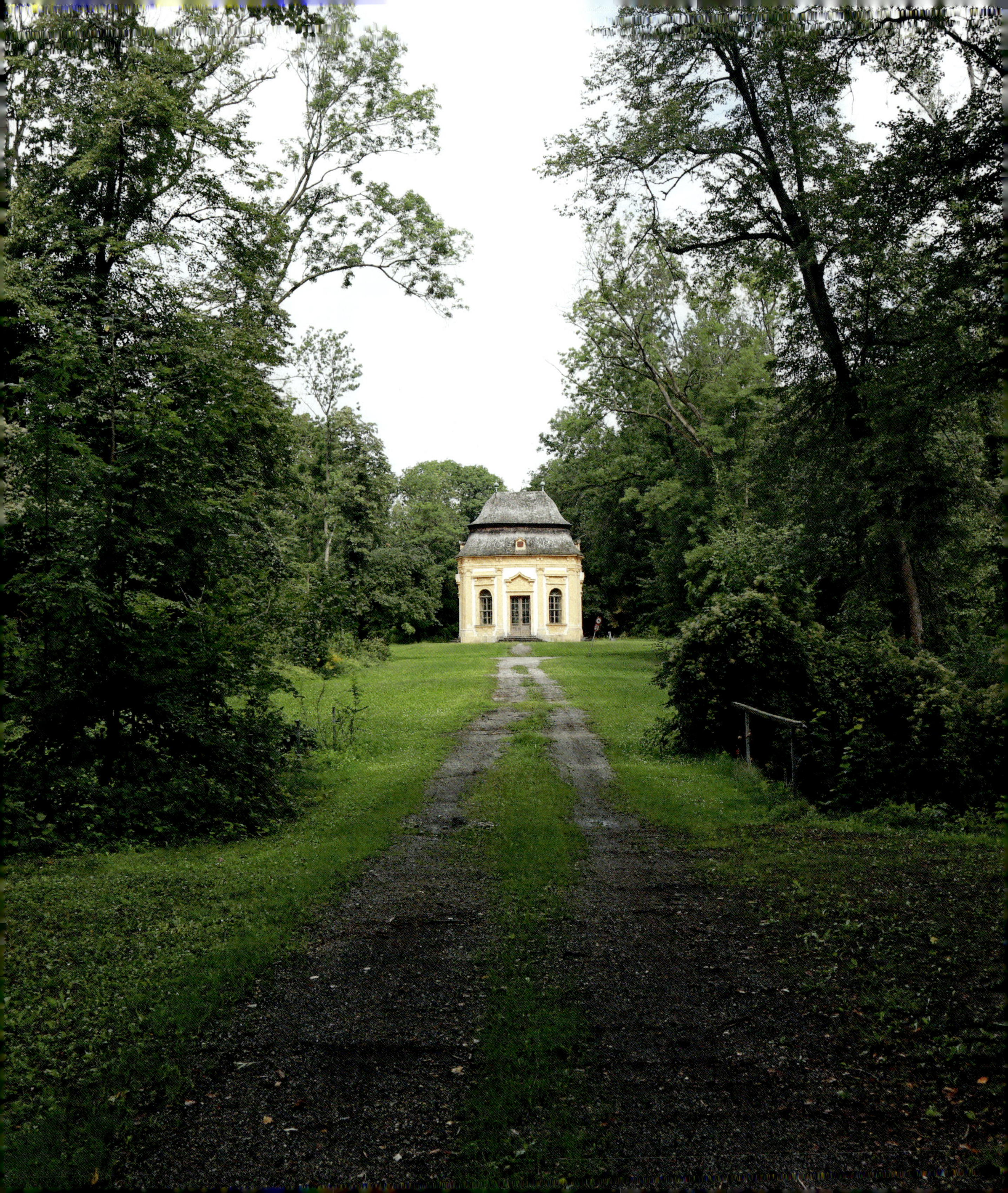

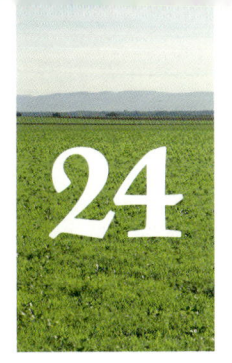

24 VERSTECKTES JUWEL
Das geheime Schmuckkästchen in der Mitte des Marchfelds

Marktgemeinde OBERSIEBENBRUNN

Es wird noch eine Weile dauern, bis man auch diesen Geheimtipp wieder besuchen kann. In der Zwischenzeit lohnt es sich allemal, sich in Obersiebenbrunn jenem lebensspendenden Projekt zu widmen, das heute dafür sorgt, dass sich das Marchfeld noch immer als das bezeichnen kann, was es ist: die Korn- und Gemüsekammer Österreichs.

Ein Infrastruktur-Projekt, das neue Naturräume erschuf

Ein kleines Kapitel müssen wir noch aufschlagen, bevor unsere Reise zu Ende geht – und uns mit dem beschäftigen, was so wichtig für die Kornkammer und den Gemüsegarten Österreichs ist. Die letzte Station unserer Reise führt nach Obersiebenbrunn und zeigt sich als schöner Abschluss im Herzen des Marchfelds. Wer dem Stempfelbach von Osten aus folgt, fährt zuerst an einer schnurgeraden Allee in die 1.750 Einwohner zählende Gemeinde hinein. So lange, bis dieser in den Schlosspark abbiegt und den Blick auf ein letztes eindrucksvolles Marchfeld-Juwel freigibt.

Aber auch der Stempfelbach selbst ist eindrücklich, nämlich wichtig: Er ist Teil des Gewässersystems des Marchfeldkanals. Der 32 Kilometer lange Bach, der sich aus mehreren Quellen nordwestlich von Obersiebenbrunn speist, zieht sich über Untersiebenbrunn und Lassee sowie an Schloss Hof und Niederweiden vorbei bis zu seiner Einmündung in die March. Und zwar ziemlich genau bis zu jener Stelle, an der die Marchdammkapelle an die Bezwingung des Menschen über die Natur erinnert.

Der Stempfelbach wird durch den Obersiebenbrunner Kanal mit Donauwasser gespeist, das bereits davor durch den Marchfeldkanal sowie den Rußbach geflossen ist. Letzterer schlägt sich fast parallel zum Stempfelbach, aus Großrußbach bei Stockerau kommend, quer durchs Marchfeld und vereint sich in der Nähe der Marchmündung mit der Donau. Mit 71 Kilometern ist er das

Marktgemeinde OBERSIEBENBRUNN

Einwohner: 1.750

Linke Seite:
NAPOLEONTEMPEL, OBERSIEBENBRUNN.
Ein Kleinod, das sich gut versteckt.

Oben und rechts:
STEMPFELBACH IN OBERSIEBENBRUNN. Donauwasser wird im Marchfelder Gewässernetzsystem durch den Marchfeldkanal, den Rußbach sowie den Obersiebenbrunner Kanal bis zum Stempfelbach geleitet.

Unten:
GELBBAUCHUNKE.
Aquarell: B. Wegscheider

längste Marchfeld-Gewässer. Dazu kommt im Marchfeld nur noch der Weidenbach, der nördlich von Gänserndorf in die Region stößt und bei Zwerndorf in die March mündet. Neben den Bachläufen und Mäandern von Ruß- und Stempfelbach sorgten früher auch die Marchauen für sumpfige Böden im Südosten des Marchfelds. Heute handelt es sich um Agrarland, von dem rund 40 % bewässert werden muss – und zwar mit Hilfe des größten künstlichen Gewässernetzes Österreichs.

Steigender Wasserverbrauch aufgrund der intensiven Landwirtschaft und des vermehrten Gemüseanbaus nach dem Zweiten Weltkrieg sowie der immer stärkeren Eintiefung der Donau ließ den Grundwasserspiegel im Marchfeld ab den 1970er Jahren stark sinken (in den Jahren 1983 und 1984 sogar um je einen halben Meter). Und das in einer Region, die noch dazu mit einem Jahresniederschlag von unter 550 Millimetern als eines der trockensten Gebiete Österreichs gilt. Abhilfe

Oben:
FELDBEWÄSSERUNG. Intensiver Gemüsanbau machte den Bau des Marchfeldkanals notwendig.

309

Oben: DISTELFALTER MIT RAUPE. *Aquarell: B. Wegscheider.*

Rechts: RUSSBACH BEI LEOPOLDSDORF. Ein Naherholungsgebiet nicht nur für Wiener: Am Marchfeldkanal entlang lässt es sich herrlich Rad fahren oder spazieren.

Links: RUSSBACH BEI LEOPOLDSDORF. Fauna und Flora sind wieder an den Rußbach zurückgekehrt. Eine dünne Auwald-Ader in der sonst so trockenen Region.

schuf der Bau des Marchfeldkanal-Systems in der Mitte der 1980er Jahre. Als erstes Teilstück wurde der Marchfeldkanal fertiggestellt. Die Erstflutung zum Rußbach in Deutsch-Wagram erfolgte im Jahr 1992. Bis ins Jahr 2004 entstand ein 100 Kilometer langes Gewässerverbundsystem mit 50 Brücken und 8 Wehren, das heute pro Sekunde bis zu 6.000 Liter Donauwasser von Langenzersdorf ins Marchfeld bzw. vom Rußbach weiter über den Obersiebenbrunnerkanal in den Stempfelbach befördert.

Aus dem gigantischen Infrastrukturprojekt ist speziell an den Ufern des Marchfeldkanals im Wiener Umland ein Naherholungsgebiet entstanden. Nebenbei verbesserte sich auch die Gewässergüte entlang des ganzen Flussverbundsystems, sodass sich die ursprüngliche Tier- und Pflanzenwelt samt ihren mehr als 50 Fischarten wieder ansiedeln konnte. Am schönsten lässt sich das Gewässerverbundsystem dann erleben, wenn man am Marchfeldkanal-Radweg über die imposanten Holzbogenbrücken aus der Stadt radelt und das erste Mal in die Gemüsefelder des Marchfelds eintaucht.

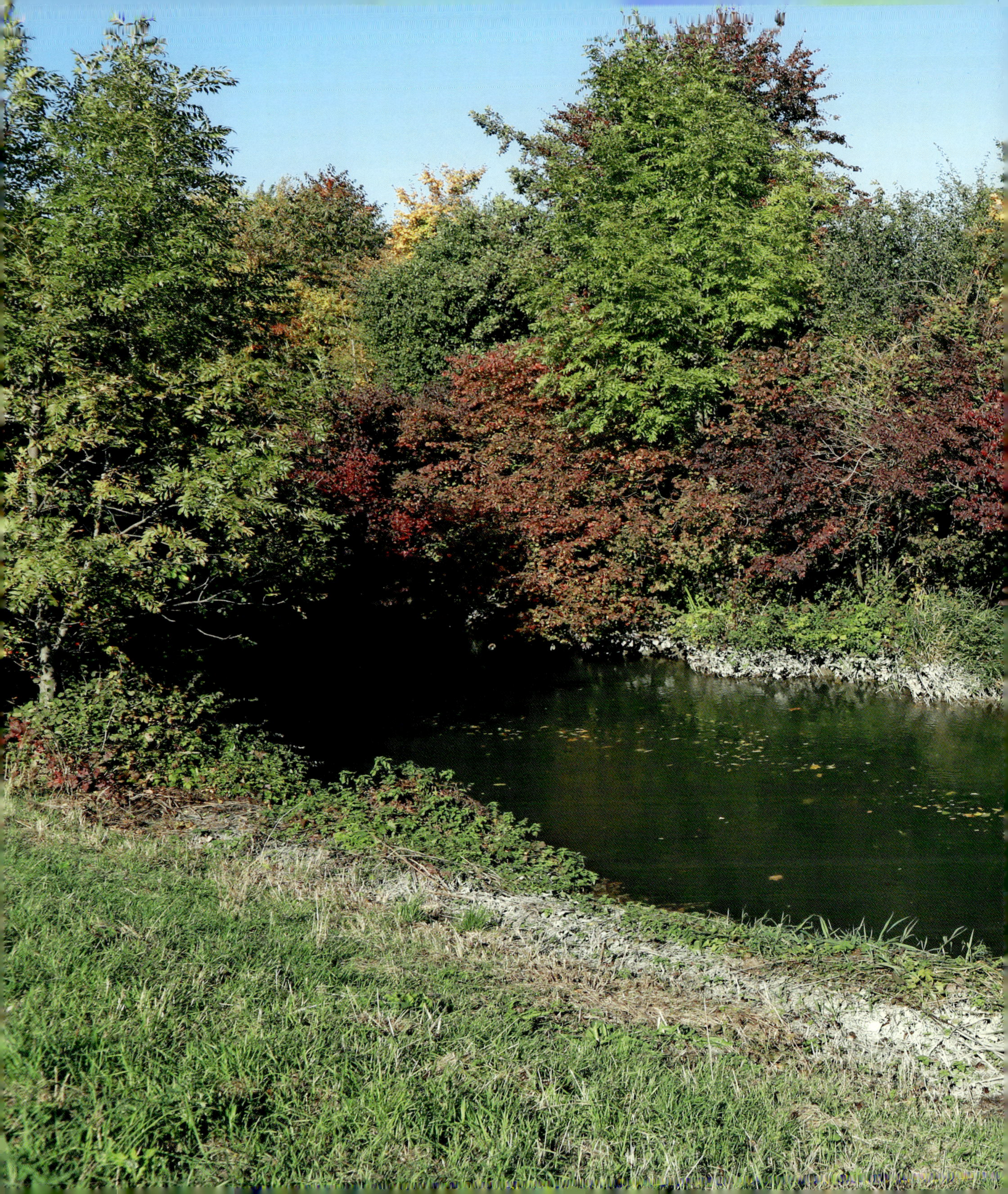

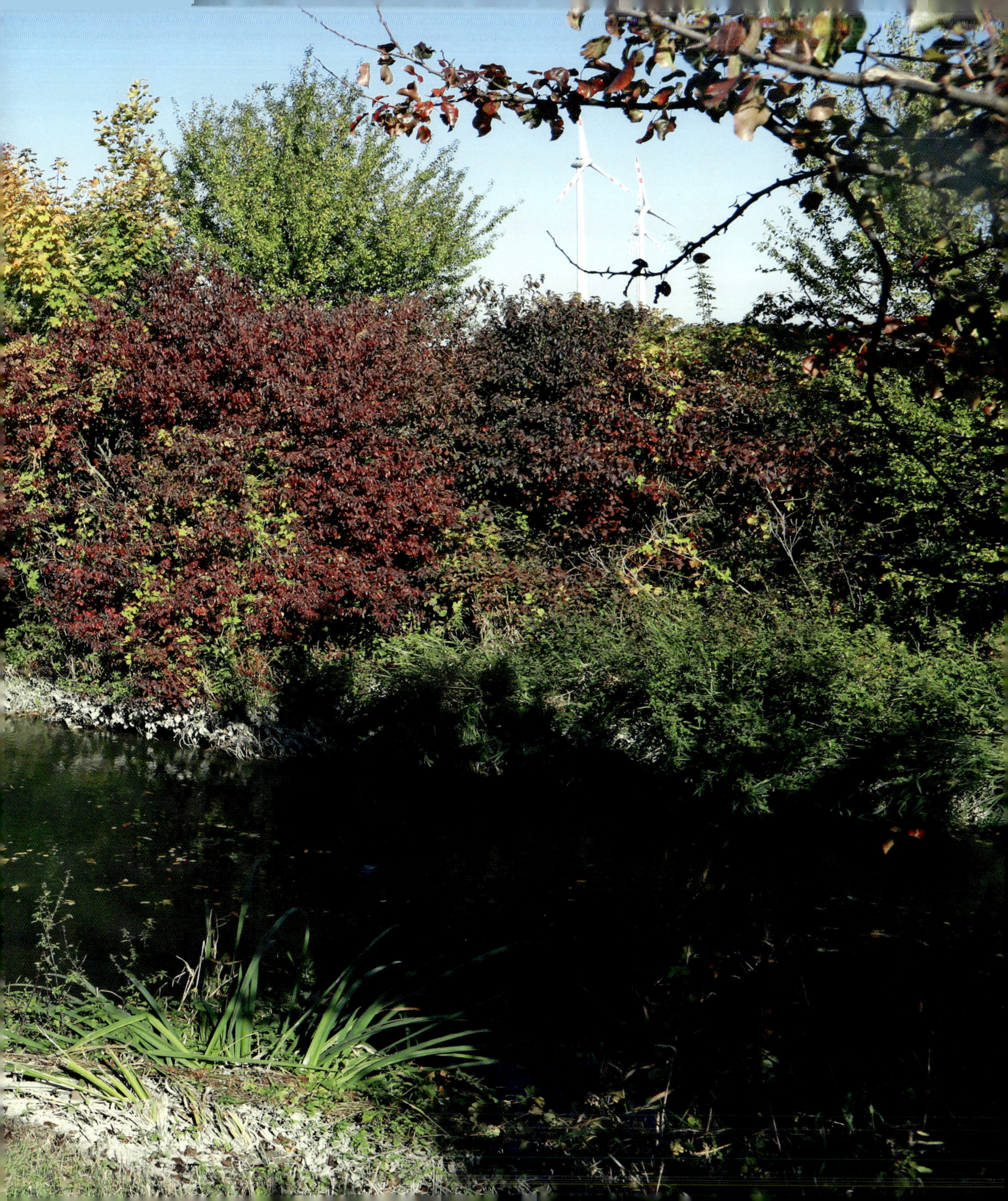

Verstecktes Kleinod im Zentrum von Obersiebenbrunn

In Obersiebenbrunn ist es, wie bereits erwähnt, der Stempfelbach, der durch den Schlosspark führt. Lassen wir unsere Reise im Herzen des Marchfelds hier nun mit einem wunderschönen Kleinod zu Ende gehen, das man nicht alle Tage zu Gesicht bekommt und das dennoch zu den Markenzeichen des Marchfelds gehört: einem Barockjuwel, das zu den Marchfeldschlössern zählt, wenn es auch nicht mehr touristisch genutzt werden kann.

Das letzte Schloss in der Riege dient seit 2001 der Koptisch-Orthodoxen Kirche als Kloster und steht Besuchern daher leider nicht mehr offen. Auch für den Schlosspark heißt es aufgrund eines gewaltigen Eschensterbens seit dem Jahr 2018: Betreten verboten! Will man den Medienberichten glauben, soll der Park in Zukunft wieder für Einwohner und Besucher geöffnet werden. Daher wagen auch wir einen Blick hinein – und bemerken: Aktuell dürfte das tatsächlich nicht so oft vorkommen. Äste liegen verstreut im Schlosspark herum und das Areal wirkt ziemlich verfallen. Wie schade, handelt es sich dabei doch um einen echten Schatz.

Unten und rechte Seite oben: SCHLOSS OBERSIEBENBRUNN. Das Barockschloss, das einst im Besitz Prinz Eugens war, wird seit 2001 von der Koptisch-Orthodoxen Kirche als Kloster genutzt.

Links:
PRINZ-EUGEN-PAVILLON. Acht sternförmig angelegte Alleen führen zu diesem Juwel, das sich im Schlosspark von Obersiebenbrunn versteckt.

Schloss Obersiebenbrunn war einst Geschenk Kaiser Karls VI. an Prinz Eugen, mit dem er sich im Jahr 1725 für den Sieg über die Türken bedankte. Der etwa 49 Hektar große barocke Park diente wie in Schloss Hof und Niederweiden als Jagdrevier. Das Schloss wurde unter dem Feldherrn barockisiert, der es als private Rückzugsstätte und Ort für diplomatische Geheimverhandlungen nutzte. Bereits in Obersiebenbrunn hat der berühmte Bezwinger der Türken, der auch als wohltätiger Gutsherr bekannt war, die Ortsbewohner beim Bau der Schlossmauer beschäftigt – so wie er es auch in Schloss Hof mit den Kriegsveteranen tat, die bei ihm in Dienst gestanden waren.

Faszinierender als das Barockjuwel selbst präsentiert sich allerdings der Park: Acht Alleen führen sternförmig zum sogenannten Prinz-Eugen-Pavillon, einem elliptischen Gartenhäuschen mit Mansardwalmdach, das in den ersten Jahren nach der Schenkung nach den Entwürfen von Lucas von Hildebrandt errichtet wurde. Groteskenmalereien im Inneren des Pavillons zeigen Szenen aus dem Land- und Jagdleben. Die Wasserbassins im Park sind heute allerdings nicht mehr mit dem Wasser des Stempfelbachs gefüllt. Auch Schlosstheater und Wasserspiele stehen heute in Obersiebenbrunn nicht mehr am Programm.

Wenn es nach den Vorstellungen mancher ginge, sollten die Teiche im Schlosspark nach dem Vorbild Schloss Laxenburgs bald wieder mit Wasser – und der Park mit Leben gefüllt sein. Wollen wir hoffen, dass der Wunsch nach zahlreichen Besuchern nicht nur für Obersiebenbrunn, sondern auch für das ganze Marchfeld in Erfüllung geht. Es hätte so viel zu erzählen!

Mitte: EUROPÄISCHE SUMPFSCHILDKRÖTE.
Foto: Brigitte Huber

Oben: WECHSELKRÖTE.
Aquarell: B. Wegscheider

Linke Seite:
PRINZ-EUGEN-PAVILLON. Allegorische Fresken und Groteskenmalereien von Jonas Drentwett zeigen Szenen der höfischen Jagd sowie Erntemotive.

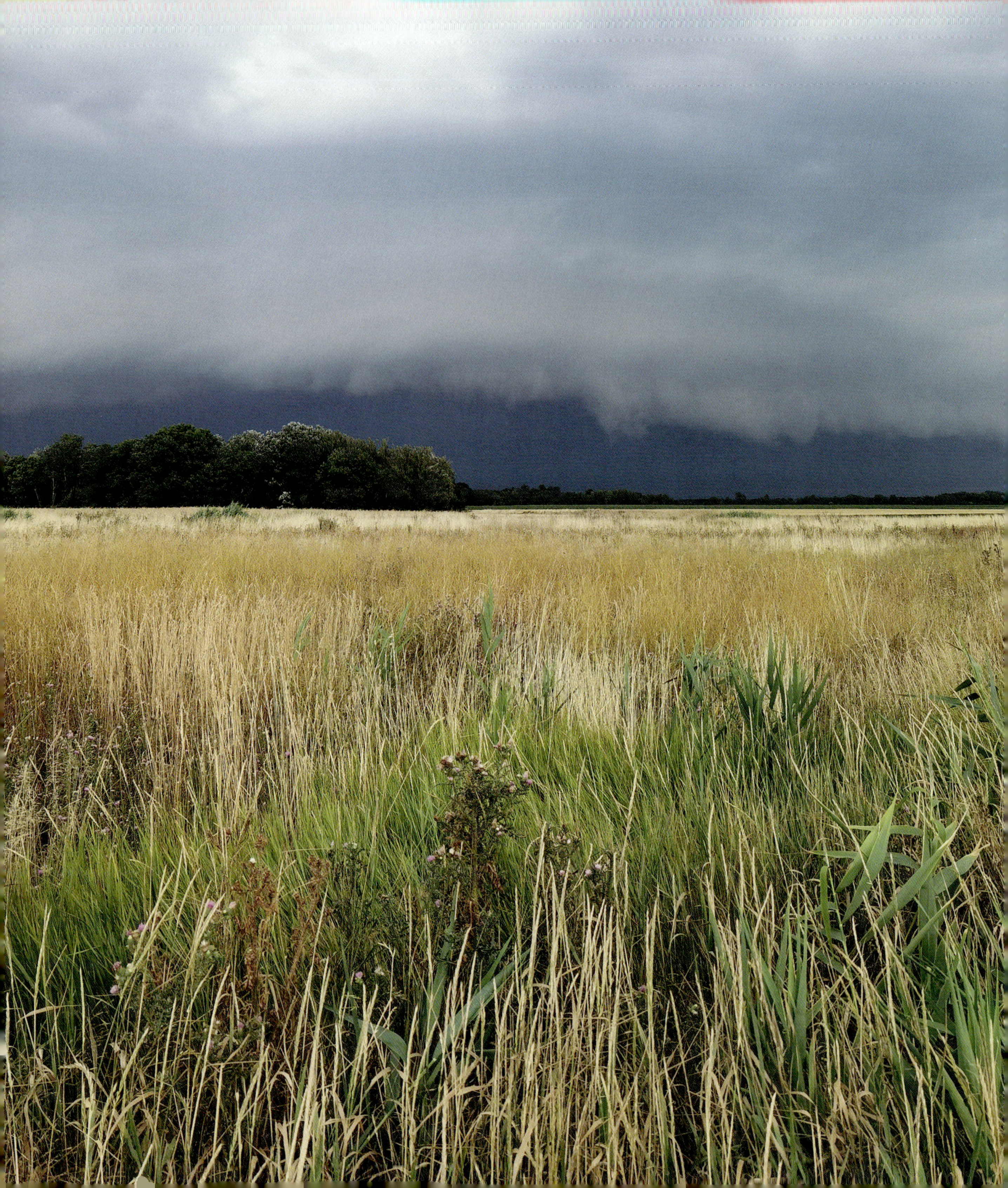

ANHANG

HISTORISCHER ABRISS

8./9. Jh. Erste planmäßige Besiedelung des Marchfelds.

864 Erstmalige Erwähnung der heutigen Burgruine Theben.

955 Die Ungarn werden bei der Schlacht auf dem Lechfeld zurückgedrängt. Wenige Jahre danach kommt das Marchfeld als Teil der Mark Ostarrichi, des späteren Herzogtums, in den Besitz der Babenberger.

11.–13. Jh. Besiedelung des Marchfelds zur Zeit der Landnahme durch bairische Klöster.

1021 Schenkung der „insula Sahsonaganc" an das Kloster Weihenstephan. Schloss Orth wird erstmals urkundlich erwähnt (Wasserburg).

1030 Schloss Oberhausen wird erstmals urkundlich erwähnt (Wasserburg).

1058 Die Regionsbezeichnung wird erstmals urkundlich als „Marahafelt" erwähnt.

1180 Schloss Eckartsau wird erstmals urkundlich erwähnt (Wasserburg).

1260 Schlacht bei Kressenbrunn: Ottokar II. Přemysl dehnt nach der Übernahme des Babenberger-Erbes seine Macht weiter aus.

1261 Stadtgründung Marcheggs durch Ottokar II. Přemysl (bis vor Kurzem noch im Jahr 1268 vermutet). Errichtung des heutigen Schlosses als Teil der Stadtbefestigung (Wasserburg).

1278 Schlacht bei Dürnkrut und Jedenspeigen: Nach dem Sieg Rudolfs I. über Ottokar II. Přemysl beginnt die 640 Jahre währende Herrschaft der Habsburger.

1396 Groß-Enzersdorf wird zur Stadt erhoben.

1426 Marchegg wird unter den Hussiteneinfällen zerstört.

1477 und 1482 Matthias Corvinus verwüstet im Rahmen der Ungarnkriege das Marchfeld.

1529 Schloss Orth und Marchegg fallen der Ersten Türkenbelagerung zum Opfer.

1530 Die Ansiedlung der Marchfeldkroaten beginnt.

1645 Im Dreißigjährigen Krieg wird Eckartsau von den Schweden in Brand gesetzt und Orth geplündert.

1683 Gänserndorf fällt der Zweiten Türkenbelagerung zum Opfer.

1703 Die Kuruzzeneinfälle ins Marchfeld beginnen.

1725 Prinz Eugen erwirbt Schloss Hof und lässt das Renaissance-Kastell zu einem Barockschloss umbauen.

1725 Schenkung Schloss Obersiebenbrunns durch Kaiserl Karl VI. an Prinz Eugen.

1726 Prinz Eugen erwirbt Schloss Niederweiden.

1755 Nach dem viertägigen Barockfest auf Schloss Hof im vorangegangenen Jahr erwirbt Maria Theresia die Schlösser Hof und Niederweiden.

1760 Maria Theresia erwirbt Schloss Eckartsau.

1809 Schlacht bei Aspern am 21. und 22. Mai. Napoleon wird das erste Mal empfindlich geschlagen.

1809 Schlacht bei Wagram am 5. und 6. Juli. Der Franzosenkaiser besiegt die österreichische Armee unter Erzherzog Carl und beendet damit den Fünften Koalitionskrieg.

1824 Die Habsburger erwerben Schloss Orth für den familieneigenen Privatfonds.

1830	Jahrhunderthochwasser der Donau.	**1947**	Fertigstellung des Strasshofer Heizhauses.
1837	Erste Dampfeisenbahnfahrt Österreichs zwischen Floridsdorf und Deutsch-Wagram. Der reguläre Fahrbetrieb wird ein Jahr später aufgenommen.	**1949**	Im Matzner Feld wird mit der Erdölförderung begonnen.
1847	Die Bahnlinie nach Marchegg wird eröffnet.	**1954**	Die von Wien einverleibten Gemeinden kehren wieder nach Niederösterreich zurück.
1866	Die Franzosen dringen im Deutschen Krieg bis zum Rußbach vor.	**1956**	Aus der sowjetischen SMV geht die ÖMV hervor.
1890	Erste urkundliche Erwähnung der Marchegger Weißstorchkolonie.	**1958**	Gänserndorf wird zur Stadt erhoben.
1897	Erzherzog Franz Ferdinand erwirbt Schloss Eckartsau.	**1967**	In Groß-Enzersdorf wird das „Wiener Autokino" eröffnet.
1899	Der erste österreichische Radweg führt ins Marchfeld.	**1970**	Die Unteren Marchauen bei Marchegg werden unter Schutz gestellt.
1901	Die Zuckerfabrik Leopoldsdorf nimmt ihren Betrieb auf.	**1984**	Besetzung der Stopfenreuther Au.
1905	Der Marchfeldschutzdamm wird im Beisein von Kaiser Franz Joseph I. in Markthof eingeweiht.	**1985**	Deutsch-Wagram wird zur Stadt erhoben.
		1986	Die Niederösterreichische Landesausstellung findet in Schloss Hof und Niederweiden statt.
1908	Der Verschubbahnhof in Strasshof wird errichtet.	**1996**	Gründung des Nationalparks Donau-Auen.
1918	Ende der Österreichisch-Ungarischen Monarchie in Eckartsau am 13. November (zwei Tage nach der Verzichtserklärung Kaiser Karls I. auf die österreichischen Regierungsgeschäfte in Schönbrunn).	**1996**	Der Marchfeldspargel wird als geschützte geographische Angabe (g.g.A.) europaweit anerkannt.
		2001	Schloss Obersiebenbrunn wird Kloster der Koptisch-Orthodoxen Kirche.
		2002	Jahrhunderthochwasser der Donau.
1919	Kaiser Karl I. verlässt am 23. März mit seiner Familie über den Bahnhof Kopfstetten das Land und geht ins Schweizer Exil.	**2004**	Der Safaripark Gänserndorf schließt für immer seine Tore.
		2004	Fertigstellung des Marchfeldkanals.
1927	Ausweisung des ersten Naturschutzgebiets Österreichs in der Weikersdorfer Remise.	**2005**	Schloss Orth wird Sitz des Nationalpark-Zentrums Donau-Auen.
1938	Einige Orte im Marchfeld werden in den 22. Wiener Bezirk eingemeindet.	**2005**	Öffnung des Grenzübergangs Hohenau.
1941	In Strasshof wird das Zwangsarbeiterlager in Betrieb genommen (bis 1945).	**2012**	Eröffnung der Rad- und Fußgängerbrücke in Schloss Hof.
1945	Straßenbrücken über die March werden von der Wehrmacht zerstört.	**2019**	Fertigstellung der 7. Gartenterrasse in Schloss Hof.
1946	Beginn der Tiefkühlgemüseerzeugung im Marchfeld.	**2022**	Niederösterreichische Landesausstellung in Marchegg sowie Fertigstellung der Rad- und Fußgängerbrücke in Marchegg.

LITERATUR

Baier, Adolf: Schloss Obersiebenbrunn und seine Geschichte. Verlag Berger, Horn – Wien 2018.

Baumgartner, Bernhard/Oswald, Karl: Niederösterreich. Landschaft – Botanik – Geologie. NP Buchverlag, St. Pölten – Wien 2000.

Bouchal, Robert/Sachslehner, Johannes: Lost Places in Wien & Umgebung. Styria Verlag, Graz 2021.

Bundesdenkmalamt Österreich (Hg.): DEHIO-Handbuch – Die Kunstdenkmäler Österreichs. Niederösterreich nördlich der Donau. Verlag Anton Schroll & Co, Wien 1990.

Eigner, Herbert/Eigner, Herbert sen.: Das Marchfeld. Sutton Verlag, Erfurt 2020.

Gruber, Alexandra/Muhr, Wolfgang: 50 Dinge, die ein Niederösterreicher getan haben muss. Styria Verlag, Wien – Graz 2018.

Hofer, Anton (Hg.): Weinviertler Hausbuch. NÖ Bildungs- und Heimatwerk, Wien 1989.

Huber, Brigitte: Rundumadum. Am Rand vom Land. Eine Entdeckungsreise an den Grenzen Österreichs. Kral-Verlag, Berndorf 2022.

Jordan, Sonja/Eigner, Herbert: Weite Welt Marchfeld. Edition Weinviertel, Gösing/Wagram 2011.

Klima, Hermann: Die Schlacht bei Groißenbrunn anno 1260. Entscheidung im Marchfeld. Lit Verlag, Wien – Berlin – Münster 2010.

Kollár, Daniel/Ovečková, Jana/Ovečková, Maria: Österreich-Slowakisches Marchland. Dajama, Bratislava 1996.

Lukan, Karl: Das Weinviertelbuch. Kulturhistorische Wanderungen. Verlag Jugend und Volk, Wien – München 1992.

Rademacher, Christina: Nationalpark Donau-Auen. Ein Führer durch die Natur zwischen Wien und Bratislava. Falter Verlag, Wien 2018.

Rademacher, Christina: Unterwegs zwischen Wien und Bratislava. Genussvoll durch Marchfeld und Donauauen. Pichler Verlag, Wien – Graz – Klagenfurt 2016.

Zellhofer, Karl: Verschwundenes Marchfeld. Mit Gedanken von Gottfried Laf Wurm. Edition Winkler-Hermaden, Schleinbach 2019.

Im Kral Verlag sind zahlreiche Wander-, Rad- und Freizeitführer für ganz Niederösterreich erschienen. Auch für kulturgeschichtlich Interessierte bietet der Verlag eine Vielzahl an lesenswerten Büchern. Ein Blick ins Gesamtverzeichnis zahlt sich aus! Es kann kostenlos beim Verlag bestellt werden *(www.kral-verlag.at)*.

INDEX

ORTSREGISTER

Aderklaa, S. 142, **191ff.**, 214, 216, 238
Andlersdorf, S. **267**, 270
Angern an der March, S. **121ff.**, 136f., 146, 171, 260
Aspern (Wien 22), S. 20ff., 28, 213f., 216, 296
Baumgarten an der March, S. 117, 153, 187
Bockfließ, S. 143, 147f., 187f.
Breitensee, S. 260, 270
Breitstetten, S. 173ff., 238, 274f.
Deutsch-Wagram, S. 169ff., **179ff.**, 188f., 215ff., 235, 253f., 255, 260ff., 271
Devínska Nová Ves, S. 124f., 128f., 270
Dürnkrut/Jedenspeigen, S. 89, 187, 204ff., 210f., 282
Eckartsau, S. 44, **63ff.**, 168, 198, 270, 275
Engelhartstetten, S. 75, 201, 260
Franzensdorf, S. 238
Fuchsenbigl, S. 144
Gänserndorf, S. 143, 147, **151ff.**, 185, 187, 187, 235, 254f., 262, 271, 295ff.
Glinzendorf, S. 28, 216, 238, **259ff.**, 268
Groißenbrunn, S. 75, 80, 86, 206, 276f.
Groß-Enzersdorf, S. **15ff.**, 84, 144, 156, 213f., 221, 235, 262, 267ff., 271, 295f., 304f.
Großhofen, S. **235f.**, 268
Hainburg, S. 75
Haringsee, S. 238, **285ff.**
Hohenau an der March, S. 94, 122, 282, 291
Jedenspeigen: siehe Dürnkrut
Kopfstetten, S. 72, 269f.
Lassee, S. 117ff., 142, 144, 146ff., 235, 254, 262, 266, 268ff., 279, 289, **293ff.**
Leopoldsdorf im Marchfelde, S. 142, 170f., 235, **279ff.**
Loimersdorf, S. 270
Mannersdorf an der March, S. 135ff., 186
Mannsdorf an der Donau, S. 27, 30, 261, 268

Marchegg, S. **91ff.**, 122, 125f., 144, 148, 170 f., 194, 201, 235, 254, 271, 291, 302
Markgrafneusiedl, S. 109, 145, 148, 214, 235f., **247f.**, 259, 268, 270, 287, 303
Markthof, S. 30f., 75
Niedersulz, S. 238ff.
Oberhausen, S. 17ff., 144, 268
Obersiebenbrunn, S. 117, 144, 147, 215f., 287, 296, **307**, 314ff.
Oberweiden, S. **107ff.**, 112ff., 142, 144, 149, 185, 256f., 259, 261ff., 279ff., 303
Orth an der Donau, S. 30, 44, **47ff.**, 184, 268, 275, 288f.
Parbasdorf, S. **203**, 214
Pysdorf, S. 221, 268, 303
Probstdorf, S. 51, 148, 268
Prottes, S. 248ff.
Raasdorf, S. 214, **221**, 229, 238f., 268
Rutzendorf, S. 268
Schloßhof, S. 75, 122, 124f., 276
Schönau an der Donau, S. 30, 42ff., 198, 254f., 268
Schönfeld im Marchfeld, S. 112, 238, 293
Stillfried, S. 136f., 170, 187, 271ff.
Stopfenreuth, S. 27, 30, 32, 44, 75
Strasshof an der Nordbahn, S. 112, 149, **163ff.**, 176f., 207, 235, 250ff., 296, 303f.
Stripfing, S. 141
Tallesbrunn, S. 152
Untersiebenbrunn, S. 148, 188, 269, **301f.**
Wagram an der Donau, S. 30, 63, 261, 270
Weiden an der March: siehe Oberweiden
Weikendorf, S. 116f., **141ff.**, 187, 296
Wittau, S. 268, 296ff.
Witzelsdorf, S. 238
Zwerndorf, S. 153, 270

322

SEHENSWÜRDIGKEITEN & AUSFLUGSZIELE

Schloss Hof, S. 75, 243
Schloss Niederweiden, S. 86
Schloss Marchegg, S. 91
Schloss Orth, S. 47
Schloss Eckartsau, S. 63
Schloss Obersiebenbrunn, S. 314
Schloss Sachsengang, S. 17
Schloss Jedenspeigen, S. 89, 209
Burgruine Theben, S. 128

Nationalpark Donau-Auen, S. 22., 27, 54, 212
Marchauen, S. 94, 124
Sandberge Oberweiden, S. 112
Remise Weikendorf, S. 116
Naturwege Lassee, S. 117

Autokino Groß-Enzersdorf, S. 304
Erlebnispark Gänserndorf, S. 159
Heizhaus Strasshof, S. 164, 250
Dampfmaschinenmuseum Breitstetten, S. 173
Napoleonmuseum Deutsch-Wagram, S. 217
Museumsdorf Niedersulz, S. 238
Erdölmuseum Prottes, S. 248
Zentrum der Urzeit Stillfried, S. 271
Marchfelderhof Deutsch-Wagram, S. 179
Eisenbahnmuseum Deutsch-Wagram, S. 170
City Cine Deutsch-Wagram, S. 188
Heimatmuseum Strasshof, S. 177
Europapark Lassee, S. 293

Donauradweg, S. 197
Marchfeldkanalradweg, S. 200

☞ Detaillierte Routenbeschreibungen der Autorin für die Radwege samt Tipps für die Rückreise und weiteren Infos finden Sie auf den Radtour-Seiten ihres Ausflugsblogs: *www.ausgeflogen.at*.

☞ Wer Lust auf noch mehr Entdeckungen hat, findet viele weitere spannende Bücher auf der Internetseite von Robert Bouchal. Besuchen sie: *www.bouchal.com*

☞ Bei Interesse an den Aquarellen von Bruno Wegscheider ist ein 248-seitiges PDF eines Gesamtkatalogs zur Flora und Fauna Mitteleuropas abrufbar unter *bruno.wegscheider@icloud.com*

Impressum

1. Auflage 2022
Alle Rechte vorbehalten

Copyright © 2022 by Kral-Verlag, Kral GmbH
J.-F.-Kennedy-Platz 2
2560 Berndorf

E-Mail: office@kral-verlag.at

Text: Brigitte Huber *(www.ausgeflogen.at)*

Alle Fotos (wenn nicht anders angegeben):
Robert Bouchal *(www.bouchal.com)*

Aquarelle zur Fauna des Marchfelds:
Bruno Wegscheider

Umschlag, Buchgestaltung und Bildbearbeitung:
Bruno Wegscheider

Lektorat: Petra Vock

Printed in EU
ISBN 978-3-99103-059-1

Besuchen Sie uns im Internet:
www.kral-verlag.at

DIE AUTOREN

Brigitte Huber

Brigitte Huber hat es immer schon zu den „kleinen feinen Ecken" hingezogen. Die gebürtige Weinviertlerin, die heute in Baden bei Wien lebt, betreibt mit ihrem Reiseblog *ausgeflogen.at* eine Inspirationsquelle für alle, die gerne „on the Road & on the Rad", auf Städtetrip oder mit Kindern in Österreich und Europa unterwegs sind. Nach langjähriger Tätigkeit im Vertrieb geht sie seit Kurzem ihrer Leidenschaft für Reisen und Schreiben als freie Texterin nach.

Robert Bouchal

Der Fotograf und Autor zahlreicher erfolgreicher Bücher widmet sich seit über 30 Jahren der Erforschung und Dokumentation seiner Heimat Österreich. Die Auseinandersetzung mit geschichtsträchtigen Orten ist dem Höhlenforscher und Filmemacher ein besonderes Anliegen, und interessante und dunkle Orte ziehen ihn magisch an. Durch seine akribische Recherche entwickelt er sich zu einem Experten für das unterirdische Österreich.
Die Verwirklichung und Darstellung einiger seiner sehr aufwändigen Projekte sind auf: *www.bouchal.com* und auf seinem YouTube-Kanal:
www.youtube.com/user/robertbouchal zu sehen.